浅利慶太

叛逆と正統——劇団四季をつくった男

梅津齊
Hitoshi Umetsu

KEITA ASARI

日之出出版

浅利慶太——叛逆と正統——劇団四季をつくった男

目次

序

劇団四季の存在を知ったのは、一九六一年の秋口であった。

アルバイトの帰りに、まだ書き終わっていない卒業論文の「梶井基次郎」気取りで洋書の丸善札幌の店内を一回りし、そこから筋向かいの富貴堂書店に行き、真っ直《す》ぐに福田恆存氏のコーナーに向かった。新潮社版のシェイクスピア全集が並んでいるのを見るのが好きだったからだ。その日はアルバイトのお金が入ったので、決めていた『オセロー』を買うことにしていた。滞っていた四年目の授業料はやっと分割払いが終わっていたので、久しぶりの買い物だった。普段は古書店で立ち読みをすることが多く、新本書店ではそれがしにくいので、買うと決めた時以外は新本屋には行かないようにしていた。そんな私が福田版のシェイクスピアだけは古書ではなく新本にしていたのである。

私は『オセロー』に手を掛けながら引く手を止めた。福田本のコーナーに別の背文字があった。その日、私は目標を変え、新刊を求めることにしたのである。『私の演劇教室』がそれだった。それが私の運命を大きく変えることになった。どうということもない題名だったが、

『私の演劇白書』に続くもののように思われたからかもしれない。特に明確な意識はなかったが、私はそれを開き、目次に目を通した。

日本の演劇運動
——劇團四季に望む——

その見出しの短い二行は、私の両の眼をしっかり捉えて離さなかった。私は急いで頁を開いた。

度々書いたことだが、戦後、演劇運動の擔ひ手としての名譽は、獨り劇團四季にのみ歸せられる。

この一行をなんどもなんども繰り返しながら、市電で十五分はかかる住まいまで、私は歩いていた。それから余り日を置かずに、今度は劇団四季の演出家浅利慶太氏のエッセイが雑誌「文學界」に見開き二頁で掲載されているのを偶然見つけたのである。私はドキドキしながら急かされるように走り読みし、書店を飛び出していた。福田、浅利の連合軍に襲われているような錯覚に陥っていたのかもしれない。浅利さん（以後このように記す）のエッセイの内容は覚えていないが、身辺雑記のようなものではなく、当然の如く演劇に関わることであって、それが私を激しく動揺させたのである。自分は何も持っていない。何も失うものはない。のたれ死に——望むところだ。妙な思い込みだけが強くなっていた。

福田氏の一文に出会うまでは全く知らなかった劇団四季だったが、私を追いかけるように、二、三週間遅れてその劇団の中心人物に、まるで出会い頭にぶつかりでもするように会ってしまったのである。偶然というには余りにできすぎた邂逅《かいこう》に、私はもう手もなく劇団四季とそのリーダー浅利さんに参ってしまったのである。後に「文學界」のエッセイは、アヌイ、ジロドゥ劇団と呼びながら半ば嘲笑っているつもりかもしれないが、冗談ではないというようなことだったようにも思われたり、本格的劇場の出現によって日本の貌《かお》が大きく変わるというようなことだったのかもしれないなどと、どれも後で知ったことに惑わされたのかもしれず、先輩の演出部員に心当たりはないか尋ねたが分からなかった。直接浅利さんに聞けばと言われもしたが、私にはそれができなかった。入団試験での余りに常軌を逸した大失敗の後でもあり、第一、私は浅利さんがこわくてそんなことは尋ねられなかったし、それを聞いてどうするのだと言われれば、それはそれで、又墓穴を掘ることになりかねないと思っていたからである。

二十年前（一九九九年）に『浅利慶太の四季　著述集』四巻本が慶應義塾大学出版会より出

版され、過去に発表されたものを網羅しているというので隅々まで探したが見当らなかった。そうして遂に私のささやかな願いは不可能になり、私の劇団四季との出会いに一点の曇りを遺すこととなったことを、まるで潔癖な少女のように傷ついている理由は何だろうと時として思う。やがてすべてが忘却の彼方へ消え去ることになるというのにである。

私は一九六二年四月に、劇団四季の演出部員になった。成り行きでそうなったのだが、二次試験の面接で、抱腹絶倒の余りにも馬鹿げたことを仕出かし、周囲を呆れさせたことが、おそらく浅利さんに私のペーパーテストの最低点を無視させ、合格に押し上げさせたのであろうと理解していた。

◆

怒涛のような日々が澄ました顔をして近付いていた。劇団総会の日時が電文にあり、それが合格通知だった。

演技部研究生と演出部員の新人が紹介され、来春までのスケジュールが大まかに発表された。七月に第二十八回公演『エレクトル』(ジャン・ジロドゥ作)があり、そのキャスティング発表が四月末日稽古場に張り出されること。主役級の女優二人は新しく入団したこともあり、テーブル稽古（立ち稽古に入る前の戯曲研究。二人は、ジロドゥ作品は初めてだった）を五月いっぱい。その後一ヶ月半の稽古で幕を開ける。年内はその他、新たに高校演劇教室用に二作品の追加仕込み。『にんじん』（ジュール・ルナール作）と『アンチゴーヌ』（ジャン・アヌイ作）の主役をダブルキャストで。既に小学生向けのものは音楽劇『ヘンゼルとグレーテル』（劇団文芸部作）があり、これは二年目に入っており、その大道具であるお菓子の家の補修をしなければならなかった。そして『アンチゴーヌ』の装置と小道具は準劇団員以下の者たちの手作りと決まった。『にんじん』の道具は金森馨のデザインで外注となった。続いて十周年記念特別公演は翌年二月中旬から三月中旬までの一ヶ月。その内容を聞いて私は仰天した。おそらく、こんな非常識な冒険をするのはこの劇団しかないと思った。アヌイ、ジロドゥ四作品を交互公演で二度繰り返すというものだった。演目は『永遠の処女』（ジロドゥ作）、『アンフィトリオン38』（ジロドゥ作）、『ひばり』（アヌイ作）、『間奏曲』（ジロドゥ作）だった。この稽古スケジュールを組むこと自体が大変だった。稽古場は一つしかないのである。この秋から稽古開始。四作品は再演、再々演のものばかりで、十周年の成果を問うということであった。創立メンバーは勿論、主要劇団員はダブル・トリプルで配役されるため、台詞が他の作品と混ぜこぜになるのではないかと余計な心配もした。

稽古は十二月まで夜と決まっていたので、演劇教室があろうと夜の稽古は殆ど参加できた。

私は俳優たちの過労を思っていたが、彼らは私の想像を裏切った。そしてある日、自分が裏方の一員であることを思い知った。劇場は『エレクトル』で経験した劇団四季の慣れ親しんだ第一生命ホール、第一生命館の六階だった。ここで一ヶ月に四作品を交互に二代わりするのである。当然ながら一作品に一人の舞台監督がつくのだが、そのサポート役は若手の俳優や研究生である。これは大変な作業だった。

裏方の私たちは、一度終わった大道具類を六階の楽屋まわりといわずホールの両脇の廊下といわず、どこもかしこも道具置き場にするしかなく、その整理と出し入れに若手の俳優や研究生の手を借りなければならず、これにも私たちは期間中悩み続けた。そんな中でも開演のベルに間に合うように息せき切って一階客席の後にそっと立つ私は時々浅利さんと一緒になることがあり、「裏は大丈夫か。変な奴だなあお前も」と声をかけられたものだった。

こうして私は四季での遅れを取り戻そうとしていたのである。そのお陰か、私は九月から月給をもらうことになった。手取り一万円だったが、それで無理なアルバイトはしなくてよくなった。

入団から丸一年で、私はこの十周年特別公演の四作品を稽古からじっくり勉強でき、他に前年七月の『エレクトル』、高校演劇教室の『アンチゴーヌ』と計六作品のアヌイ、ジロドゥ劇と浅利さんの演出法を学んだ。この一年間の集中特別講座によって、浅利さんと劇団四季についての基本的な知識と劇団運営の手法を学ぶことができ、建設中の日生劇場の稼働による劇団四季の役割と将来についての浅利さんの基本的立場はギブ・アンド・テイクとの見当もついた。劇団四季が日生劇場を支援するように動かなければ劇場としてはかなり厳しいものになるであろうと判断できた。演劇界全体の雰囲気は日生劇場に興味津々ではあったが、敢えて距離を取っているように感じられた。三十歳未満の青年重役、浅利慶太と石原慎太郎の両氏についての演劇界における信用という面も確かにあったであろうが、それよりヨーロッパスタイルの、しかも劇場機構としては世界最先端の技術の粋（ドイツ）を完備した本格的中劇場を使いこなせるかという問題もあった。元々お呼びではないと考え、だからこちらもということであったのかもしれない。日生劇場は、アメリカ帝国主義の先兵だ、などと考えるのが「新劇界」の言いぐさだったからである。時代は一気に実力主義、商業主義に流れを変えていくのではないかといった不安感も見えていた。日生劇場を任された総責任者として浅利さんは、劇団四季の実力を華やかに確実に知らしめる必要があったと私は特別公演が終わってから気が付いた。十周年記念公演はその意味で成功した。プログラムに浅利さんの「みつけた四季」があった。四季が現代劇における〈新古典主義〉の栄光を生み出すことができるようにとの願いと、それを目標にすることを述べていた。これを読むだけでも私には躍るような喜びが湧いてきたものだった。

特別公演の中日（二月二十八日）に、東京ステーションホテルで劇団四季創立十周年記念を祝う会が催された。発起人は、女優の田村秋子氏をはじめ千田是也、福田恆存、三島由紀夫、吉田秀和、戸板康二、安藤鶴夫の各氏ら二十五名である。浅利さんの事績を考える時、私は創立十周年記念公演を企画し実施した浅利さんの勢い、強さ、常識を無視した強固な意志を貫いたところを見なければならないと考えた。浅利さんにこれらがなければ、今日の劇団四季はなかったのである。田村秋子氏をはじめとする二十五名の錚々たる人士が名を連ねているのは、勿論この秋に開場する日生劇場をも睨んでのことであったろう。だが、とにかくこの十周年記念の四作品を一挙に、しかも二度繰り返し上演するというサービス精神と自己主張に乾杯をということであったはずだ。劇団四季というより、あくまでこれを率いる浅利慶太の過去・現在・未来に拍手をということであったと私は理解していた。

浅利さんの業績を敢えて挙げたがらない人、無視したがる人がいることは承知している。それぞれの想いはあろう。そういうことも含めて、毀誉《きよ》褒貶《ほうへん》は優れた人物には常について回る。浅利さんは当然ながらそういう人物の一人であった。

浅利さんの事績について第一に挙げたいことは、一九五五年十二月号「三田文学」に発表した演劇評論「演劇の回復のために——新劇を創った人々へ」で、築地小劇場以来の誤った演劇的残滓《ざんし》の縫いぐるみを着込むような体質の「新劇一般」を否定したことである。その上で、自分たちが創立した劇団四季は、いかなる演劇が可能であるかを実践を通して問い、その方向性を示したものであった。それが十周年公演に現れているのだと私は思った。浅利さんとしてはこの四連続公演は、直接的には日生劇場を実質的に運営していくことになる演劇集団としての話題と実質の両方を狙っていたに違いない。浅利さん率いる劇団四季はその実質的主宰者である浅利さんによって名は売れてきたが、その実態は名前ほどには充実していないと見られていた。その差が縮まってきたのである。

第二に、日生劇場のオーナー弘世現社長の長年の夢——子どもに美しく正しい夢を与えたい——を実現させるにあたって浅利さんが採った方法が、ミュージカル仕立てにすることだった。これが日生名作劇場〈こどものためのミュージカル・プレイ〉として、都内の小学六年生を対象に招待し、一九六四年より毎年新しい作品を提供することにしたものだった。昼間の空いている劇場を利用したのである。初年度はアンデルセンの童話『はだかの王様』のミュージカルで八十回、約十万六千名の小学生は食い入るように舞台に釘づけとなり、はだかの王様に対し劇中の町の人々と共に一生懸命に歌で王様の誤りを指弾したものだった。この成功は回を重ねるごとに学校や保護者の感謝の手紙の数の多さになっていった。やがて都内から全国に飛び出すことになる。北は札幌から南は福岡まで全国十一都市に拡大。その間、劇団四季は財団法人舞台芸術センターを設立し、全国二百企業のメセナ（企業による文化活動支援）の恩恵を受けながらも、なお赤字は解消されないまま運動を続けてきた（現会長佐々木典夫氏による）。北海道の離島から沖縄の島々まで拡大拡張し、現在までの観劇児童は日生名作劇場以来一千万人は優に超えている。この努力の積み重ねが第三の浅利さんの事績をしっかり支えていることを劇団四季の各部門の責任者、古株の俳優、スタッフは忘れたくても忘れられないはずである。因みに、日生名作劇場初年度分の総出演料をそのままプールし、劇団四季は初めて自前の稽古場を持つことになった。場所は渋谷区代々木参宮橋。敷地一〇七・二四坪、建築面積延べ一三四・五二坪、軽量形鋼三階建て。一九六五年七月十四日、劇団創立記念日に落成。一同感涙にむせぶ。

第三は浅利慶太が一世一代の賭けだったと述懐していたブロードウェイ・ミュージカルを凌駕する勢いの大ロングランを日本において実現したことである。一九八三年十一月十一日が『キャッツ』日本公演の初日。以来二〇一九年三月十二日で一万回達成。なお三十七年目に突入したロングラン（ブロードウェイなどとは単純に比較はできないが）は、この先も当分の間ロングラン記録を伸ばし続けることになる。その後、次々に上演されてきたミュージカルはディズニー作品も加勢して、ブロードウェイからディズニーのミュージカルまで、どれもロングランを続けている。これら後続の大型ミュージカルは、すべて『キャッツ』が開拓した土壌で活躍しているのであり、その基礎になっているのは一九六四年以来休みなく続けられてきた〈こどものためのミュージカル・プレイ〉あるいは〈こころの劇場〉と名称は違えどそこに込められた劇団四季の願いであって、中でも浅利さんの願いは、見事な大樹に育ったのである。チケットの流通革命（コンピュータ発券）も隠れた大革命であった。

これらの大事業に伴い、芸術の生産工房を先を読んで建設したことも見逃せない功績である。俳優とスタッフの教育を同時に可能とする四季芸術センター（神奈川県横浜市青葉区）の第一期工事の南館は一九八三年築、約一二〇〇坪で五つの稽古場、小道具制作室、オフィス。その後二〇〇六年に建てた二階建ての新館は約五〇〇〇坪で、大中小、十の稽古場、個人レッスン用の二十五の研究室、トレーニングジムやスポーツマッサージ室、医務室の他、衣装やかつらの制作室もあり、劇団の「生産拠点」である。営業、制作、宣伝、国際、総務などのオフィスもある。なお、新館の稽古場は、俳優の足首、膝、腰の負担を軽減するために床の材質を吟味し、音響にも充分配慮されている。最大の稽古場は一四四坪あり、床は可変式で実際の傾斜舞台と同じように、自由に設定できる。スタッフ、俳優にはアジアを中心に海外出身の俳優も多く、全俳優の五分の一、約百二十名を数えたこともあった。

特に中国との文化交流は、当時の佐藤栄作首相と周恩来中国首相の意向により、一九七二年に浅利さんが《中国上海舞劇団》を招聘したことから始まった。以来今日まで日中文化交流は半世紀に及んでいる。中でも周恩来元首相が設立した中国を代表する演劇大学「中央戯劇学院」に四季は全面協力を惜しまなかった。その結果、中国初のミュージカル専科が誕生。浅利さんは彼らにオリジナルミュージカル『人間になりたがった猫』が格好の教材と判断して提供し、全面支援のもとで、日本と北京公演を実現。これが一九九六年。交流は続き、二年前（二〇一七年）四季で経験をつんだ俳優と四季の社員としてその厳しさを嫌というほど叩き込まれたスタッフが、ミュージカル『人間になりたがった猫』のライセンスを受け、北京と上海で大成功を収めたのである。四季との長年の文化交流の成果が見事に結実したのだ。四季の経営陣の喜びはひとしおであったろう。この吉報を浅利さんはどんな気持ちで聞いたことか。

テントの「キャッツ・シアター」から始まったロングランミュージカルは、様々な劇場問題の解決のため独自の劇場展開を始めることになる。『キャッツ』は東京から大阪・名古屋・福岡・札幌と移動しながら、各地で二十七万〜五十万人規模の観客を掘り起こし劇団四季の専用劇場を生み出していく。

二〇一九年十月現在は、再開発で閉館中のものも含め、九劇場を擁し、ロングランを続行中であることも積極的な経営を進めてきた浅利さんの劇団四季のみが可能にしたことを付け加えておきたい。

おそらく三十歳前後のことと推量するのだが、文芸評論家江藤淳氏は「浅利は芸術の極北を目ざす芸術家ではない。観客のよき楽しませ手である」というようなことを言っていた。浅利さんもそのことを引いて、江藤は俺のことを見抜いていると笑っていたことがあった。

つい最近、演劇雑誌「悲劇喜劇」(二〇一九年九月号)に演出家鈴木忠志氏が、浅利さんを評して演劇の未来を創れたというようなことを述べていたが、例えば、それが演劇学校のようなことを指しているのであれば、浅利さんと劇団四季はそれも視野に入れてやってきたのである。その遺産は今後も生かされていくであろう。鈴木氏はまた、第二国立劇場について、トラブルの原因は浅利さんにあったというようなことを述べているが、氏も又、文化庁の役人の愚痴や流言飛語に〝なるほど浅利ならばそうであろうなあ〟と、いとも簡単に納得したのかと思うと少々残念である。第二国立劇場の奇々怪々は、錚々たる著名人が恥ずかし気もなく浅利落としの穴をあちこちに掘って、結局自分たちがその穴に落ちたという寂しい話なのである。

本書のサブタイトルに「叛逆と正統」なるやや大仰に思われる表現を用いたが、浅利さんはまさにこのことばを信念として生きた演劇人であった。浅利さんにとって市民社会に最も似つかわしい演劇はどのようなものかということにすべてのエネルギーを投入してきた。それが浅利さんの演劇についての正統な演劇論の土台となるものであり、諸々の方法や演目はそこから生まれたものだった。もっと分かりやすく言えば、浅利さんが愛し、求めていたものは次のような日常なのであった。

ジュヴェ　……ときどき肥った初老の紳士が若い娘と腕を組んで、足どりも軽く輝くばかりの顔をして歩いているのをバスの窓から見掛けますが、きっと前の晩見た芝居がいい芝居だったんですよ。その人たちは多分わからなかったでしょうが、芝居以外のことは今日みんなわかるんです。天気も人生も、プラタナスの葉も馬の耳も……もちろんよく書かれた芝居ですよ。文体は一週間の間にしわくちゃになった魂をアイロンをあてたように滑らかにしてくれるんです……

（『パリ即興劇』ジャン・ジロドゥ作、寺川博訳、白水社）

浅利慶太という人は、本質的に詩人であった。詩集こそ出さなかったけれど、ミュージカルの多くの訳詞、特に『キャッツ』は、T・S・エリオットの難解な詩篇の見事という他はない訳詞が、それを余すところなく証明している。

第一章
わが心高原に
—加藤道夫との出会い

稽古場での浅利慶太（中央）

ジロドゥに魅せられて

演劇の感動は「八割が戯曲の文学的要素」から生まれる。「俳優や演出などの魅力は残り二割」に過ぎない。

これは浅利慶太芸術監督の六十年にわたる演劇上のゆるぎない信念である。「八割二割」は浅利の口癖でもあるが、理念としてそのように戯曲の文学性を重視するに至ったのは、フランスのというより、二十世紀という時代がフランスに狙いをつけて生み落とした数人の劇作家の中からポール・クローデル、ジャン・アヌイとジャン・ジロドゥ、とりわけジャン・ジロドゥの戯曲に彼が文字通り完全に魅せられたことを措いてない。その結果、一九五三年に創立された劇団四季がアヌイ、ジロドゥ劇団と半ば揶揄されることになるが、それもざっと十年で鳴りをひそめる。言い飽きたか疲れたか、あるいは一九六一年七月に公表された、ヨーロッパスタイルの大劇場の支配人に弱冠二十八歳の浅利慶太が就任するという日本演劇史上空前のニュースに驚く余り顎が外れ舌が宙に浮いたかのどちらかであったはずだ。この劇場は二年後に落成する。日本最大の生命保険会社日本生命が日比谷の一等地角に建設したもので、名称は株式会社日本生命会館(日生劇場)。浅利は柿落としに、世界最高のベルリン・ドイツ・オペラ総勢二百八十名のいわゆる引っ越し公演を充てた。

話を元に戻そう。演出家、プロデューサー、芸術監督の浅利が俳優と共に残り二割の仕事に打ち込むという時、それは特にジロドゥの作品に内包されていることばがことばを呼び寄せることを指す。あるいは、ことばがことばの実体を極めようとすることを指す。実感する感性を殆ど口移しで俳優に注ぎ込み、骨格を作り血肉を造って五臓六腑を与え、俳優たらしめる。これが八割で、これこそ演出家の仕事だと述懐していると理解しなければならない。その上で、改めて二割とは、舞台美術、照明、俳優を含む舞台上の表現を効果あらしめるための仕事、他の演出家のことばを借りれば舞台上の交通整理に近い。舞台上で語られることばが最も難解とされたのは、おそらくジャン・ジロドゥのメタファーをいかに正しく語るかである。この困難を克服する過程が四季節であり、しかし、それはそのまま劇団四季の実績に他ならなかったのである。その後に生まれた巷の新進の創作劇などでも、滅法早口でセリフを噛もうが舌を噛もうがスピードだけは落とさないという舞台に客が集まるようになっていく。耳が慣れてきたわけではない。早口とスピード感のある体操が面白かっただけなのだが。時代はそのように変奏されながらも変わっていき、その頃には誰も四季節などとは言わず、かつての揶揄を思い出しさえもしなかったのである。

浅利慶太がそもそもアヌイ、ジロドゥ、とりわけジロドゥのことばの魔術に惹かれたのは、それを手引きした先達の高い理想と情熱、つまり、手引き者自身のジロドゥに対する燃えるような一種の信仰によってであった。その熱き人の名こそ、四季の生みの親、浅利が何よりも大切にしてきた恩師加藤道夫であった。

加藤道夫がいつどのようにして慶應義塾高校演劇部あるいは浅利慶太の前に現れ、名実共に演劇の大先輩として慕われることになったかについては詳しくない。ただ、浅利の一年先輩であった林光（作曲家）がこう述べているところが何ともユニークで面白い。

「……この頃の加藤さんは芥川比呂志さんなんかと文学座にいて、その傍ら、慶應義塾高校で英語を教えてたんです。僕らにとっては、その前から言わば憧れの演劇人で、そのうち、当の加藤さんが日吉にいるぞって話になって、みんなで覗きに行こうよって。しばらくは〝加藤さん覗き〟って遊びをやってました」

（「ラ・アルプ」一九九七年四月号、劇団四季）

多感にして、とびっきりの詩的感性を持つ十七、八歳の高校生にとって、加藤の話す演劇の伝統、ギリシャ劇、シェイクスピア、ラシーヌ、クローデル、アヌイ、そしてジロドゥの作品を演じることのみが、自分の仕事、天から与えられた仕事と疑わないようなルイ・ジュヴェの俳優として演出者としての活躍の話は、彼ら演劇少年たちにとってのすべてだった。先生が語るジロドゥの少年時代、故郷のベラックの変哲もない風景が蠱惑に満ちたものと化し、デビュー作『ジークフリート』のセリフ、恋人ジュヌヴィエーヴが戦争で記憶を喪失し、今やドイツの高官となっているジークフリートにかつての二人の生活を、パリの街並みを、一匹の飼犬が待っていることを感情を抑えに抑え、淡々と語りかけるセリフに一喜一憂した。又、愛するルイスを想いながら死んでゆく薄幸の美少女テッサの物語に、あるいは『間奏曲』の宇宙と人間の見事な交感に。『エレクトル』の〈黎明〉や水の精オンディーヌが、愛するハンスのため運命に逆らうその健気さに、加藤の語りは熱を帯び次第に軽やかに。その声と心に早熟の浅利少年は身も心も奪われたのである。

加藤はジロドゥについてこう述べている。

兎に角、それは一匹の華麗な蝶が飛び立ったのに似てゐる。飛び立った一匹の蝶は、永い間自然主義リアリズムに依って汚され、陳腐な日常性に屈従してゐた近代劇の迷宮に、忽焉として光の扉を開き、限りない《擴ごり》の中へ脱出し、自在奔放に飛翔して、忘れられてゐた眞の《舞台幻想》の世界に我々を導いて行ったのである。

（『加藤道夫全集』「ジャン・ジロゥドゥの世界」原田義人・中村真一郎・芥川比呂志編、新潮社）

英語教師として現れた加藤道夫

加藤道夫は寡黙な人だったと聞くが、おそらくジロドゥについて語る時、まさに氏に憧れ師と仰ぐ若者たち、中でも浅利少年には演劇の神様、現代演劇の救世主のように見えたに違いない。

この頃の加藤道夫の様子を氏の年譜から少し見ておきたい。

一九四六年に「三田文学」は『なよたけ』を連載する。これは、加藤の生存が演劇仲間によって確認されたためであろう。加藤はその年の夏に帰国する。彼は体力の衰えをものともせず、芥川比呂志とチェホフの『熊』を演ずとある。翌四七年には慶應義塾大学予科に奉職。帰国後は次第に体力も回復するが、健康不安は終生加藤を苦しませることになる。この年マラリアを再発。病臥すること多く、それでも加藤は理想の演劇を模索していた。一九四七年、長岡輝子、荒木道子、芥川比呂志らと共に劇団「麦の会」を結成。一九四八年「ジロゥドゥの世界とアヌイの世界」（オンディーヌとユーリディス）を「悲劇喜劇」（八月号）に発表。「アメリカ戯曲の特徴」（寫実精神と詩）を執筆（十月）、「日本演劇」に発表。この年十二月、「なよたけ」に依り、原民喜、鈴木重雄と共に第一回水上瀧太郎賞（三田文学賞）受賞。三十歳。翌一九四九年、「麦の会」を解散し、文学座座員となる。この年、慶應義塾大学講師となる。九月に倉橋健と共訳のサローヤン『我が心高原に』を文学座アトリエで上演、演出。
この舞台の劇評について、当時アメリカ留学中の倉橋健に書き送った加藤の手紙がある。この僅か四年後に加藤道夫は自殺することになるのだが、当時の新劇界の狭量が、新進の才能を潰しにかかる腹黒い策謀の一端がここに表れていないか。

……あの芝居は半数は非常に感動して呉れましたが、半数はまるで悪意ある批評をする傾向でした。一般の天邪鬼批評家には勿論不評で、内村直也などと言うひとは日頃から僕に遺恨があったのか、こゝぞとばかり（多分個人的感情的な）ひどい批評を書きました。それに依ると、「加藤氏がサローヤンを本当に理解してゐるのか疑りたくなる」のだそうで、いやはや全く恐れ入りました。でも、本物を観てゐるシドニイ・B・ホイップル氏のニッポン・タイムズの評は僕の心、俳優諸君の心を和らげて呉れました。利害関係のない批評家が一番穏健なようです。

（『ウィリアム・サローヤン戯曲集』加藤道夫・倉橋健訳、早川書房、傍点引用者）

内村直也は一九〇九年生まれで慶應義塾大学経済学部出身の劇作家であり、当時既に新劇界の一方の重鎮と目されていた。氏にとって新進の劇作家、評論家として活躍する加藤道夫はその思想信条と共に気になる存在だったと推察することは容易である。特に加藤道夫の演劇理念が反自然主義リアリズムであることと、文学座座員ということ、それにフランス、アメリカなどの演劇に通じ、自身も力を尽くしてきたエリアで追撃を受けているようにも感じていたかもしれない。そうでなければ新聞の劇評に演出者にして翻訳にも関わっていることを知りながら、「加藤氏がサローヤンを本当に理解してゐるのか疑りたくなる」などと書けるはずがない。先輩面で高圧的な物言いは、劇作家にして演劇研究者の加藤を完全にアマチュア扱いにしているとしか私には思われないのである。この数ヶ月後に加藤道夫が毎日新聞に書いた「新劇への不信」に見る明らかな演劇観の違いを内村はそれまでの加藤の評論から感じていたせいであろうとは思うが、加藤潰しがあったのではと思わずに居られない。後に劇団四季が新劇界から潰しかけられたことを思えば、余りに我田引水になるが、不思議といって不思議ではなく、面白いといえば面白い構図と思われなくもない。世の中は常にこんなもので、その圧力も反発も各々のエネルギーの程度問題となるのであろうか。

慶應義塾高校演劇部が、早稲田大学高等学院との合同発表会で上演したのがこの『わが心高原に』であった。これを演出したのは浅利が高校三年の時であり、文学座アトリエ公演の翌年であった。演劇部OBの林光によれば、慶應には上演に適する会場がなく、その点で「どうもこっちは大隈講堂を借りたくてそうしたんじゃないかと（笑）」（「ラ・アルプ」一九九七年四月号）。これが合同発表会の真相だったようだが、慶應の演劇部としては、加藤先生が毎日ホールで苦労したことなどを考え、師の名誉挽回の気持ちもあって大隈講堂をと考えたのではなかろうかと私は推察する。中でも演出の浅利慶太は別な意味でこの作品に熱い想いを抱いていたのではないかと思われる。それは表に出さず、「加藤先生の敵討ち」を合い言葉に仲間とその成功を確信し、雄たけびを上げていた。

倉橋健は「加藤道夫とサローヤン」で次のように述べている。

「わが心高原に」は、その後、慶應と早稲田の高校の学生たちが大隈講堂で演劇研究発表会をおこなったとき、慶應側によってとりあげられた。一九五〇年か五一年の十一月だった。演出は浅利慶太で、音楽は林光だった。これは高校生とは思えない、すばらしい舞台だった。加藤は、自分が演出した文学座のより遙かにいい、と絶賛した。浅利は、これにそそのかされて演劇の道を歩む決心をかためたというが、あるいは劇団四季の芽は、この舞台づくりの中から生れたのかもしれない。

（『ウィリアム・サローヤン戯曲集』）

『わが心高原に』は非常に詩的な戯曲である。題名が既に詩であり、林光によれば元々有名な民謡が先にあって、サローヤンはその歌を使って芝居を書いたから、僕の仕事はあまりなかったということだった。

わが心高原に

わが心高原に、わが心此処にあらず、
わが心高原に、鹿を追いつつ、
山鹿追いつつ、小鹿追いつつ、
わが心高原に、何処にありても。

さよなら高原よ、さよなら北地よ、
勇気の生れる郷、まことの国よ！
何処にさすらい、何処に彷徨うとも、
かの高原の丘を、我は永遠に愛す。

さよなら山々よ、聳ゆる雪の頂よ、
さよなら谿谷よ、緑なす谷間よ、
さよなら森林よ、茂れる森よ、
さよなら谿流よ、音高く流れる水よ！

（ロバート・バーンズ詩、加藤道夫・倉橋健訳）

この詩が戯曲のはじめに掲げられているように、『わが心高原に』は、人間はいかなる苦難に遭おうとも己を高く持つことを謳《うた》い上げたものであった。そしてそれは負け惜しみの言い訳なんぞではない。人間はそういう存在であり、そうでなくてはならないという自恃《じじ》のもとで自然に生きなければならないということなのである。それ以外に何があろうか。サローヤンはこの戯曲集の「作者の言葉」の中で、私は『わが心高原に』を一つの古典だと思っていると述べている。

物語はこうである。

九歳のジョオニイは、詩人で働きのない父ベン・アレグザンダアと祖母と三人で暮らしている。一家はアルメニアからの移民であった。父はジョオニイを使って近所の食料品屋から掛けで食料を手に入れている。ある日高原に、ある老俳優ジャスパア・マッグレガアがやってきて、世にも妙なるビューグルの独奏をはじめる。彼は「老人の家」から逃げてきたのだ。彼は水と一片のパンとチーズを所望する。父はジョオニイに食料品屋に行けという。(彼は、いつかのようにアトランティック・マンスリイが詩を買ってくれりゃ食料品屋の掛けなんぞはきれいにできると思っているが、見事当てが外れ、詩は返送されてくる)。この貧しい一家を取りまく人々はすべてみな善人であり、彼らは各々がみな何らかの絆で結ばれていることを、感じるともなく感じて生きているのである。ビューグルを聞いて近所の人々が沢山集まり、曲が終わると拍手喝采する。ジョオニイの父が喜び、半ばふざけながら老人を紹介する。ジャスパア・マッグレガア氏は現代における最も偉大なるシェイクスピア役者である、と思うと。

十八日後に老俳優は「老人の家」からの迎えで連れ戻される。「リア王」を主演しなければと言われ、その気になって帰っていく。それから暫くして、ジョオニイ一家はこの家を出なければならなくなる。家賃の滞納で住み続けられなくなったのだ。一家は食べ物もなくお金もない。そんなところへあのビューグルの音が聞こえてくる。老俳優マッグレガアが再び脱出してこの家に辿りついたのだ。彼は自由を求め、自由の中で死にたかった。貧しくとも誇り高い詩人、ベン・アレグザンダアの家で。ビューグルに近所の人達は食べ物を持ってやってくる。老俳優はビューグルを奏で、シェイクスピア風の台詞を朗唱して死ぬ。

貧しい者達の明日は大抵決まっている。「だが心配するな。ただパパについてくればいいんだ」という父に対し、ジョオニイは最後に一言こういう。

ジョオニイ　別に誰がどうってことはないいんだけど、パパ、ぼかあ、何かどこかに悪いとこがあるんだと思うな。

恩師加藤の上演作品を高三で演出

少年期、暗い時代を超えて一九五〇年『わが心高原に』の演出をすることになった浅利は戯曲を読みすすめるうちに、ふと、軽井沢の高原を想ったかもしれない。そこには母方の祖父の大きな別荘があり、美しい母と姉と時には父もいて、何度かの夏をそこで過ごしていた。

フランス文学者の本庄桂輔氏は浅利の尊父鶴雄氏の代から浅利家をよく知る人であった。氏は劇団四季創立三十周年、日生劇場開場二十周年特別公演として上演した『櫻の園』と『エクウス』のプログラムに「四季を見詰めて三十年」と題する長文の祝辞を書いている。その中に浅利夫人、つまり浅利の母堂の知られざる面影を記した部分があった。筆者の記憶では浅利が、かつて一度として触れたことのないと思われる母堂についての記述であり、それに関わる筆者の疑問にとって唯一の証言となったものであった。

……浅利夫人は場所も同じ軽井沢で、鶴雄氏が見初めた有名な麗人だった上に、スポーツはテニス、水泳はおろかオートバイで、軽井沢の高原を乗り回すという当時としては珍しく活発なお嬢さんだったから、鶴雄氏も相当獅子奮迅の活躍をして結ばれた仲だったのである。今ならオートバイぐらいで騒ぐなんてバカみたいな話だが、その頃はお転婆娘などという封建的な言葉も生きていて、何でもただ表面的にしか見ない日本人の悪い癖の現われだった。当時、浅利氏も私も同じ四谷区内に住んでいて家が近かったので、夫人の令妹など混じえ、私の家で暫くフランス語のお相手をしたことがあったが、夫人のいかにも良家に育った令嬢に相応しいおおらかな気質や淑やかな立居ふるまいと、この文の標題じゃないが、私はじっと見詰めて感心していたのである。

軽井沢行きの最後と思われるのは戦争末期の疎開だった。年譜に一九四四年十二月二十八日、東京への空襲が激しくなり、母、姉と共に長野県軽井沢町旧道二三九〇の田辺家別荘に疎開とある。軽井沢小学校（軽井沢国民学校）六年生に転入、いじめに遭い、一時不登校となる。十一歳であった。一九四六年四月、東京都杉並区今川町一〇に戻り、杉並中学校（現中央大学付属杉並高校）に入学。硬式野球部に入部。この頃の証言者に田邉量三氏がいる。後にビューティーサイエンス学会常務理事となった方であるが、小林コーセー（現コーセー）で企画、宣伝などを担当されていた頃、筆者は広告の版下をいただきに伺ったことがあり、その時初めてお目にかかっていた。第三十回公演で演目は『十字架への献身』。はじめてのスペイン古典黄金期の作品であった。

田邉量三氏は戦後日大に入学し、キリスト教を知るためにと仲間と本郷弓町教会に通う中、そこで立教女学院の学生三人と仲良くなる。その中の一人が浅利陽子さん、浅利の二つ上の姉だった。

……ある時陽子さんから、弟が野球選手になりたがって困っていると、相談を持ちかけられましてね。つい人生の先輩気取りで「とにかく今は勉強しなさい。基礎が大切だから」なんて、教会の屋上でお説教をいたしました。今にして思うと、まことに汗顔の至りです。慶太少年は、当時十三、四歳だったと思いますが、私の言うことに大変素直に頷いてくれまして。

（「ラ・アルプ」一九九七年十二月号）

私はこの述懐を目にした時、ひょっとするとこの頃、浅利姉弟は母堂を亡くされたか、あるいは重い病の闘病中だったのではなかったかと突然胸を突かれた気がした。理想家（戦後、五十歳にして俳優座の養成所に入るなど）の父に家庭内の相談には乗ってもらえず、頼れる母は既に亡くなっているか、あるいは病床にあるとすれば、弟を守るのは姉しかいない。十三、四歳の男の子にはやっぱりしっかりした大人の男の話でなくては、と考えたのは弟想いの姉の結論だったのかもしれないと。その姉に心配かけまいとして反発もせず、大人しく従って本郷弓町教会までやってきた少年の心中を想う。教会の屋上から遠くを見つめ、静かに田邉氏の話を聞く浅利少年の悩みは、それで終わらなかった。感じやすく早熟の少年の悩みは野球のことなどではなかったのではあるまいか。野球に夢中になれれば、身体を動かし汗まみれになれば強くなれるというようなことを漠然と考えていたようにも思う。浅利少年の心は、寂しく暗く重かったように思われるのである。その頃の想いに火がつき、そのまま『わが心高原に』の演出に彼をのめり込ませ、少年ジョオニイの心情につながっていったように想像されるのである。

田邉氏は、その後山手線の車中で数年ぶりに偶然出会った陽子さんから、彼女が秋田雨雀に付き、舞台芸術学院を経て劇団前進座にいること、またその折「例の弟が去年劇団を作って今年旗揚げ公演をしたばかりなので応援してください」と頼まれたと述べている。四季の旗揚げ公演は一九五四年一月である。従ってこの話はそれから間もない頃と思われる。陽子さんがいかに弟を心配していたかが分かるエピソードであろう。

浅利は姉の影響で舞台芸術学院に出入りし、姉と同期の作曲家いずみたくを知る。浅利にとって姉陽子は母親代わりの存在であり、女優としても尊敬し深く愛していたのであった。それにしても不思議に思うのは、浅利の手になる年譜にこの姉が思想上の悩みから自裁（一九五四年十月八日）したことと、尊父の没年も記しながら、母堂に関してはその没年は記されていないのである。十五年前、私は浅利の著書からこれに気付いた時、愛する母の死を信じられず、これを拒否した浅利少年がそのまま拒否し続けているのではと考えたものだった。触れられたくないことは誰にでもある。尋ねまいとしてきたのであったが、浅利論を考え書き始めてみると、それが気になってくる。いずれ分かる日もあろう。そう思っている。

再び話を戻そう。浅利演出の『わが心高原に』は、加藤道夫も倉橋健も観に来てくれ、倉橋健は先のような評価を残してくれたが、加藤道夫のは激賞そのものであった。これに関しては日下武史の敏捷《びんしょう》な働きがあった。

日下は慶應義塾高校新聞会の部員でもあり、『わが心高原に』の劇評をザ・ハイスクール・

ニュースの文化欄に載せるため加藤先生に依頼していた。「そしたら、それが素晴らしい文章じゃないですか。恐らく浅利もそうだと思うけど、僕は舞い上がった。これはもう、一生の仕事でやんなきゃダメだと思っちゃったわけ（笑）」。

その劇評の一部がこれである。「劇団四季創立二十周年記念パンフレット」（越見雄二編、日本ゼネラル出版）。

浅利演出の「わが心高原に」を観た加藤道夫はボオドレエルの詩を引用して次のように論評する。「君達は、ひとつの扉をあけたのだ。……呉々も忘れないやうに、その扉が、その扉だけが真の演劇の世界へ諸君を導き入れる唯一つの扉なのだ。……現在の舞台にのさばっている旧い新劇やふざけた新劇には呉々も影響されないやうに。やがて君達の手で新しい演劇芸術が開花する未来を僕は夢見てゐる。」

（「ザ・ハイスクール・ニュース」一九五〇年十二月十九日付、慶應義塾高等学校新聞会）

日下武史の好判断で始まったハイスクール文化欄の一文は、日本演劇史上に衝撃を与える演劇運動の起爆剤となったのであった。

以下は浅利の話である。

一九五三年になって劇団を結成すべく、加藤氏に相談する。

いよいよ劇団の創立を決意した日、報告を受けた加藤道夫氏の表情と言葉を、私は今でも忘れることができない。驚きにみちた氏の顔には二つの矛盾した表情が浮かんだ。一つはまごうことのない愛情であり、一つは白昼夢に酔う青年たちに対する不安と痛ましさだったと思う。「決心した以上は、一切の既成の劇団を頼ることはできない。従来の新劇とは隔絶したところで仕事をしなさい。それが君たちの理想の演劇をつくってゆく唯一の道です。ただもう一度よく考えてほしい。この仕事は日本の新劇界にあっては絶望的な努力を要する。一生経済的な貧困に耐えて生きていく自信があるのですか。青年のあいだには情熱ですべてを割り切ってゆける。だが、三十代、四十代になったとき貧困に耐えて情熱を持続させるのは並大抵のことではない。その決意があれば僕は喜んで君たちを祝福したいと思う」

（「劇団四季創立十周年記念特別公演パンフレット」「みつけた四季」、劇団四季）

これが加藤の答えだった。教え子たちは一九五三年七月十四日、劇団四季を結成した。加藤はひと月後に迫った劇団四季旗揚げ公演『アルデール又は聖女』（アヌイ作）のプログラムに

「『四季』の友人達」を書く。以下はその抜粋である。

数年前から僕はこの若い友人達と知り合った。友人達はその頃から演劇を志していた。その真剣な眼差しは遠い理想を追っていた。彼等は何時の間にか「四季」と云うグループを作り、演劇の実践を始めた。僕はサローヤンの「我が心高原に」やアヌイの「アンチゴーヌ」を観せて貰ったが、みんなの追い求めている光が、理想がほのみえて嬉しかった。僕は新鮮な芽生えを感じた。正しい道を進み始めている人達だと思った。

この若者達は初めから新劇の現実を否定していた。何か自分達から生れる新しい輝きを信じていた。だからこそ僕はこの人達の行末を楽しみにしている。彼等が現在の新劇に何物も誇るに足る美点を見出し得ないとすれば、その点にこそ彼等の希望がある。生きる権利がある。やがて若い生命達は輝くであろう。花咲く時が来るだろう。そして、唯、何物か新しいもの、輝かしいものが生れゝばそれで充分なのだ。

劇詩人加藤道夫はこの一文に万感の想いを込め、一九五三年十二月二十二日自裁する。『四季』の友人達」は浅利慶太に忘れ得ぬ加藤道夫の絶筆として遺されたのである。

第二章
劇団四季創立と
加藤道夫の死

1954年『アルデール又は聖女』
左より井関一、水島弘、日下武史、藤野節子

劇団四季創立

劇団四季は、フランスの劇作家ジャン・ジロドゥを至高の劇詩人と見る加藤道夫の絶大なる影響のもとに結成された。二つの若いグループ、慶應義塾大学仏文科の演劇グループと東京大学仏文科の学生を中心とする学内劇団「方舟」が加藤の積極的なすすめにより一切のしがらみから自由な、新しい演劇集団として、一九五三年七月十四日を期して合併発足したプロの劇団であった。創立記念日の七月十四日は人も知るフランス革命記念日であり、パリ祭の日である。いかにも若い仏文科生中心の華やいだキザなペーパー劇団のようだが、その意識は旧い新劇の自然主義的方法論を否定し、新たに本来の演劇とは何か、いかなる演劇が可能かを激しく追求する志に燃え、まさに日本のジャック・コポー、ルイ・ジュヴェたらんとする意気に燃えていた。

一九五一年に「方舟」のリーダーだった諏訪正（後に毎日新聞論説室顧問）が、ジャン・アヌイの『アンチゴーヌ』（諏訪正訳・演出）を上演した折にプログラムの原稿を加藤に依頼したことがあった。その時の手紙に「林君達のグループと一緒になることは大賛成です。……あせらずに遠大な計画で、ひたすら精進を続けて下さい。僕の考えてゐる様な本当の劇壇が十年後に出来るかもしれない。楽しみです」とあったことを証言し、この頃合併の話が持ち上がったんだと思うと述べている（「ラ・アルプ」一九九七年六月号）。少なくとも、この話があった後も、ほぼ二年間の時をかけいかなる困難をも乗り越えられる肚を決めての合併だったことになる。

林君とは浅利慶太の一級上で慶應義塾高校卒業後東京藝術大学に進んだ作曲家林光のことである。当時慶應グループの他に諏訪正ら東大グループ「方舟」の連中も加藤宅に集まってジロドゥ、アヌイの話に聞き入っていたのである。特に加藤のフランス語の美しさは、後に仏文科の白井浩司教授も折紙をつけているが、もう一人、東京大学文学部哲学科在学中の吉田直哉はジロドゥのセリフをすばらしいフランス語でそらんじる加藤に魅せられた。

僕はあんなにきれいなフランス語の朗唱は聞いたことがありません。アテネ・フランセの先生よりうまかった。

（「ラ・アルプ」二〇〇〇年二、三月号）

吉田は東大新聞の編集をしていたが、「悲劇喜劇」に掲載された加藤の論文に衝撃を受け、『『なよたけ』の作家に聞く」という企画を立てて取材に行き、すっかり感化されてジロドゥかぶれになってしまう。一九五三年に卒業後ＮＨＫに入局するが、一年後に入局した吉田夫人節子さん（東北大学仏文科卒）ともう一人社会部の同僚の三人でジロドゥの傑作『オンディーヌ』を辞書を片手に読み始めたというのである。加藤道夫の恐るべき感化力というべきであろう。

やっと旗揚げ公演に漕ぎつけて

十名の創立メンバーは直ちに旗揚げ公演にとりかかった。上演したいものはアヌイ、ジロドゥ作品だけでも忽《たちま》ち十指に余ったが、若さと現状を考えれば今演《や》れるものは多くない。結局、アヌイの『アルデール又は聖女』に落ち着いた。

その頃はアヌイもジロドゥも殆ど翻訳が出版されておらず、一九五一年の「方舟」の公演『アンチゴーヌ』も劇団リーダーであった諏訪正の訳・演出であり、その二年前に芥川比呂志訳・演出で上演されている（文学座アトリエ公演）のが多分本邦初演であろう。そしてこの試みは、この年文学座に入った芥川と加藤の初仕事となった。

劇団四季の旗揚げ公演『アルデール又は聖女』も学生演劇以外では初演であり、これも諏訪正訳で本にはなっていなかった。『アンチゴーヌ』が各地の学生演劇、自立劇団で演じられるようになるのは、おそらく鈴木力衛・岩瀬孝監修の三冊本『アヌイ作品集』が白水社から出された一九五七年以降であったはずであり、その訳は芥川比呂志である。一九四四年、ドイツ占領下のパリで、ドイツ兵が客席を取り囲むといった状況下で上演されたという曰くつきの公演であった。抵抗に生き、抵抗のために死ぬ王女アンチゴーヌの生き方は、フランスの若者の心を激しく揺すぶったものだった。この作品も当然、旗揚げの候補になったであろうが、「方舟」が一九五一年に演っていてメンバーの水島弘や日下武史らが出演していたことや、演技陣と配役の面から『アルデール又は聖女』が選ばれたのであろう。一九四八年の比較的新しい作品であることや、通俗性もあり、喜劇の要素もあり、そしていわゆるアヌイらしい〝純粋〟もある。人間関係が複雑な家庭劇であるところが、若い劇団でもある程度見せられるといった判断があったからではなかったかとこれは推測である。

作業は台本のガリ版切りから始まった。公演日は一九五四年一月二十二日から三日、五回の公演。会場は芝中央労働委員会会館である。皆貧乏だったが意気は上々だった。今日貧しいことが彼らをいよいよ新しい演劇に夢中にさせていた。そして稽古も軌道にのってきた十二月二十二日、ちょうど公演のひと月前の夜、彼らの行為の後ろ盾とも道案内とも頼む恩師加藤道夫先生が、何の前兆もなく自殺したのである。彼らは文字通り言葉を失った。梯子を外された気持ちになったかもしれない。筆者はその報せの瞬間を、創立メンバーの誰にも尋ねたことはなかったが、彼らはそれが嘘でも誤りでもないと咄嗟《とっさ》に理解したであろう。だからといって自殺の原因が何であったかに思い当たる節があったからではない。しかしまた、全く何もなかったというわけでもなかったであろう。戦争中に罹患したマラリアの再発から肋膜炎になり、それが肺浸潤になって療養生活が続いていたことも、そのため演劇活動も執筆活動も思うに任せないことを、彼らも薄々気付いていたからである。加藤道夫は戦争のことは何も話さなかったが、一九五三年五月に河出書房（現河出書房新社）より刊行された『加藤道夫集』（新文学全集）の著者自身の年譜から『なよたけ』を書き置いて南方マニラ、ハルマヘラ島を経て、東部ニューギニアのソロンなる集落にたどり着き、以後、終戦まで全く無為にして記すべきことなしと書いていることも知っていた。人間喪失。マラリアと栄養失調で死に瀕したと記されていたことも知っていたからである。

自著の年譜によれば、加藤道夫は慶應義塾大学英文科でエリザベス朝演劇を学び、大学院では主としてシェイクスピア、ベン・ジョンスンを研究。その傍らアテネ・フランセに通い、また高津春繁にギリシャ語を学ぶ。ヴァレリー、リルケ、ジロドゥ、クローデルらを好んで読み「能」に興味を持ち、中村真一郎らと共に通う。一九四三年、陸軍省通訳官の試験に合格。秋『なよたけ』執筆。一九四四年春、『なよたけ』脱稿。四月南方へ赴任、とある。

一九四六年、戯曲『なよたけ』（五幕）は「三田文学」に五回にわたって連載されるが、その間に加藤は帰国する。以来七年間、彼にとって病と闘う日々は多かったが、その間隙を縫って同期の芥川比呂志や既に文学座座員の長岡輝子、荒木道子らと劇団「麦の会」を結成する。だが一九四九年三月、彼の戯曲『挿話』（エピソオド）が文学座で初演（長岡輝子演出）されたのを機に「麦の会」を解散し芥川らと共に文学座座員となる。又、療養中も劇作、翻訳、演劇評論を書き続け、座の若者たちを刺激し、勇気を与え続けていた。

一九五三年十二月、伊豆古奈温泉で絶筆とされている「感想」を書く。おそらくは病気療養の湯治を兼ねていたのであろうが、そこからいつ帰宅したのかは正確には分からない。

その時治子夫人に宛てた加藤の手紙を同僚で親友の矢代静一が写したものがある。昭和二十八年十二月十日付の消印で、これは古奈温泉ではなく、同じ伊豆の嵯峨沢温泉から投函されている。

環境も静かで非常に素晴らしい宿屋ですが、宿料が高いので（千二百円）一週間いて、翻訳の清書をしたら帰るつもりです。こんな贅沢な宿屋にいると毎日苦労している治坊のことを考えて心苦しい。でも若林の家ではどうしても落着いて仕事も手につかないので、勘弁して下さい。岩波のミュッセだけはどうしても今月中に渡してしまわねばならないので。

来年は必ず小さな家をみつけ引越すから、もう少し我慢して下さい。来年は必ずいいことがあるように努力します。身体の調子はいいです。
十六日の夜には帰ります。風邪などひかないように頑張って下さい。

九日夜　　道夫

治子様

（『旗手たちの青春』矢代静一著、新潮社）

世田谷区若林の家は加藤の両親をはじめ三家族の他、姪の加藤幸子によれば、他にも出たり入ったりで、とても賑やかだったという。加藤の思索、創作の場としては恵まれたものではなかった。その上マラリアに始まる病である。

こうして手紙にあるように十六日の夜に帰宅したとして、二十二日までの六日間に一体何があったのか。治子夫人と芥川比呂志への遺書はほぼ同じ文面で、矢代静一によれば、いささか気になることが述べられていたようである。それについてはいずれ触れるとして、それ以外に文の乱れもなく、死の直前に書かれたもののようではない。予《あらかじ》め余裕を持って書かれたものであろうと判断されたようである。その夜、文学座アトリエ公演『抜けられません』（アルマン・サラクルウ作）の初日の観劇で夜おそく帰宅した治子夫人が真っ先に発見した。周囲を気遣いつつ、余り醜くなく、自分に罰を与えよう。加藤道夫はそう考え、その通り実行したのであろう。
岩波の仕事と静養を兼ねての古奈温泉で、まずは劇団四季の旗揚げ公演のために「『四季』の友人達」を書き、岩波のミュッセを意識しながら、思わず「感想」を書いてしまったのであろうか。そうして気分を変えるため嵯峨沢温泉に移って仕事を完成させたのか。その「感想」は、誰にというものではなく、強いて言えば、自らに向かって書かれたもののように思われてならない。

感想

この數年間をふりかへってみて、自分は隋分いゝ加減な生き方をして来たものだと思ふ。人間は自分を取り巻く〈社會〉と云ふ實は極めて不自由な限界状況の中に拘束されてゐる。さうしなければ生きて行けないのだ。うまく生きて行くことはうまく拘束されて行くと云うことだ。例えば、作家は注文に追はれて生きてゐる。追はれなければ彼は社會的地位を確保出来ないのだが、實は多くの作家はその為に内面的には段々死んで行くのではないかと云ふ氣がする。我國の文化・経済の状態がさうさせるのである。落伍しないやうにするにはこの悲劇的歯車にからみ合はねばならない。からみ合って行きながら立派に本質的な仕事をして行くには作家は心身共に餘程健康でなければならない。

生來神経の弱い僕などは來る日も來る日も唯書かねばならぬと云ふ恐迫《ママ》観念に取り憑かれてゐる。健康の状態が書くことを拒み始めると一種のノイローゼに襲われて、完全な無為の状態が來る。こゝ三度目の午年を迎へて、せいぜい健康になって、のんびり落伍しないやうに努力したい、と思ってゐる。

(『加藤道夫全集』)


これが古奈温泉の古い建物と調度に囲まれ、ぽつねんとして孤独を客観視しえた時に湯煙の間から見えた自分のあるがままの姿だとしても、それはそれほど稀有な心境ではない。温泉に浸ってぼうっと山野でも眺め、滝の音、谷川の流れでも聴こうと思うような者ならば似たような空想をするものだ。だが、理想に燃え、その実現に努力しようとした芸術家が、戦争によって心身共に健康を奪われ、自分に代わり自分を乗り越えて若い弟子たちが苦難を恐れず理想を求めるのは嬉しくもあるが、その一方で自分の目論見が常に頓挫するのを見ていなければならないのは相当辛く、「三度目の午年」、三十六歳を目前にして、この私の腐った身体と折れた心は果たして立ち直れるものかどうかと値踏みしているように思われるのである。

劇詩人、加藤道夫

加藤道夫が人として劇作家としてどのような人物であったのか、次に挙げる三人の追悼文からあれこれと想像されることは多い。それぞれ少し長いが敢えてできるだけ引用したい。はじめは岸田國士の追悼文である。

加藤道夫の死

またひとり、作家が自殺した、といふ感じ方でこのニュウスを受けとつた人々がずいぶんたくさんあつたと思ふ。

私は、とくに身近な友人の一人として、彼が死を撰んだ理由を正確につかみたいのだがいろいろの事情を綜合して考へても、最も重要なたゞ一つの理由を挙げることは不可能だといふ結論に達した。

彼の所属していた文学座に宛てた遺書に、「芸術上の行き詰り」といふ理由をはつきり告白してゐるけれども、彼が主観的にさう考へることそのことが、われわれには納得しかねるほど、客観的には、多くの支持者に取り巻かれ、多彩な仕事のプランと取り組み、着々それを実行に移してゐたのである。……

その処女作「なよたけ」は西欧的教養の燈火をかゝげて、わが古典の林に踏み入り、そこに演劇の泉を汲まうとした幼々しい試みが半ば成功したといつていゝ注目すべき新鮮味をもつた戯曲で、彼の劇作家としての力量は既に、この一作によつて高く評価された。忘れてならぬことは、この凛然としたところのあるロマンチックな作品が、戦争中に、発表の目当てもなく書かれたことである。

ニューギニヤ戦線から幸ひに帰還することができた彼は、直ちに自己の体験に基く諷刺劇「エピソード」を発表上演したにも拘はらず、それ以後の作品には、どこか疲労と焦燥の影がみえ、われわれが期待した第二の傑作は容易に生れなかつた。

その代り、たしかにその代り、彼は、新劇の若いジェネレーションの精神的支柱の一人となり、やゝもすれば目標を見失はうとする一群の後輩の先登に立つて、確信と情勢に満ちた道案内の役をつとめた。……

彼の讃仰おかないジャン・ジロオドゥーは、ルイ・ジュヴェにめぐり会つて、その才能ははじめて見事に花開いたのであつたが、彼は彼の親友芥川比呂志のなかに、いつか、ジュヴェの日本版を発見して、真に好運の緒とする筈であつた。誰も彼も、その日を待つてゐたといつていゝのである。……

こんなことを、私はたゞ気休めの繰り言として言つてゐるのではない。今迄、彼と一緒に芝居の仕事をしてゐた人々の心のなかに、新劇の楽屋や稽古場の一隅でぢつと腕組みをして立つてゐる彼の物言ひたげな姿は、おそらく、長い年月の間、生きつゞけることと、私は信じる。それはどこか、予言者めいた、配役の妙を思はせる姿ですらあつた。

（『岸田國士全集28』岸田國士著、岩波書店）

一九五三年一二月二三日（水）前夜加藤道夫が自宅で縊死したことを、《毎日新聞》の日下令から午後に電話で聞き、加藤宅に駆けつける。

これは三島由紀夫の日記である。その二年後「毎日マンスリー」（九月号）に三島は「加藤道夫のこと」を書く。三島はこの時三十歳であった。

加藤道夫のこと

加藤氏は戦争に殺された詩人であったと思う。その死は戦後八年めではあったけれど、ニューギニアにおける栄養失調、そこからもちかへったマラリア、戦後の貧窮、肋膜炎、肺患、かういふものが、悉く因をなして、彼を死へみちびいた。彼の戦後の八年は、おひおひ幸福へ向ってゆくやうに見えはしたが、音楽におけるライトモチーフのやうに戦争と死が底流をなして響き、結局、もう少しで光明の見えさうな事情までもが、彼を死へ追いやるための緊密な伏線として働いた。云っても返らぬことであるが、もしもう少し生き延びて、この状態を克服し、客観視する時が来たならば、この夢想家は、戦争と死のおそるべきドラマを書いたであろう。

私は何の誇張もなしに云ふが、生まれてから加藤氏ほど心のきれいな人を見たことがない。芸術家が自分の美徳に殉ずることは、悪徳に殉ずることと同じくらゐに、云ひやすくして行い難いことだ。われわれは、恥かしながら、みんな宙ぶらりんのところで生きてゐる。

私は加藤氏の戦後の仕事は、右のやうな事情を参酌して、いたはらねばならぬものと思う。たゞ「なよたけ」だけが、彼の出征前の最後の仕事であり、青春の遺書であり、朽ちぬ健康の物的証拠である。彼の生前にこれを上演しなかった劇壇といふところは、残酷なところだ。(歌舞伎によるダイジェスト的上演はあったけれど)。その完全な初演は、あるひは彼を死から救ったかもしれないのである。こんな事情を目前に見るにつけ、私は芝居に心中立てをして、芝居に殺されるのは真平だと思ふ。

この短文を草するために、私は「なよたけ」を再読した。……王朝時代のデェモン「あんなあな」に犯された青年文麻呂が、現実に傷ついて滅亡に瀕しながら、これを見事に転化させて芸術家として再生する、その転調に戯曲の主題は悉くかかっている。一人の芸術家の誕生がドラマの主軸をなしてゐるこの作品は、世界の戯曲のうちでもユニークなものである。加藤氏が、これを書いたとき、おそらく目前の死をいきいきと予感して書いた。死の予感の中で、死のむかう転生の物語を書く。芸術家が真に自由なのはこの瞬間なのである。これだけ堂々と文麻呂を死から救った氏が、後年氏自身を死から救うことができなかったのは、あるひは晩年の氏の中で、かかる芸術家の聖寵、幸福な転生が、すでに信じられなくなってゐたためではないか、と想像することはいたましい。

還暦を過ぎた岸田國士に分からないことを三十歳の三島はしっかり見据えていたと言うべきであろう。岸田國士のように経済的にも芸術的にも恵まれていた日々は加藤道夫の青春にはなかったし、敗戦によりようやく自由にはなったものの彼の心身は病に侵されていたのである。三島が彼をそのように見ていたことは、三島自身徴兵検査を首尾よくすり抜けていたことと無縁ではなかったであろう。しかも、この十五年後に、三島もまた自裁する。加藤道夫について、文麻呂を救ったようには自分を救えなかったと書いた三島は自らを悲劇のヒーローに模して舞台上の死と錯覚しそれを押しすすめて死んだのかもしれない。筆者には加藤がこの戦争を生き抜き、新しい演劇に打ち込もうとして賭けに出たように思われてならない。自ら陸軍省の通訳官を志望したのがそれである。試験に合格しなければ、召集令状が来るのは避けられない。この時期のそれは確実に前線であり、死である。しかし、試験に合格すれば、たとえ前線に派遣されても、少なくとも兵隊としてではない。それに彼は賭けたのであろう。結果として彼は賭けに半ば勝ち、半ば敗れたのである。

加藤道夫の突然の死で、劇団四季の旗揚げ公演は直ちに恩師加藤道夫の追悼公演となった。浅利慶太の追悼の辞である。

加藤さんの死

加藤さんはいい人だった。

加藤さんは僕等に、最初に劇の美しさを教えてくれた。演劇人としての、生き方を教えてくれた。自分を守り、自分を主張すること、そして拒否と、創造への渇望とを。

加藤さんは最後に、その仕事の苦しさと、自分が敗北したことを示しながら死んでしまった。

加藤さんは何にも傑作を書かなかった。たゞ種を播いただけで、何も獲ずに死んでしまった。先生の死はみじめだったに違いない。

今さら、先生の死を歎く事は無益だ。死んだ人をいくら責めても仕方がない。僕達が出来ることは唯一つ、先生が希みながら果たす事が出来なかった新しい演劇の魅力を創り、その光で彼の墓標を照らすのだ。

一九五三年は暗い年だった。あまりにも素直だった一人の詩人は死んだ。しかし、彼の名と、彼の言葉は永久に僕達の歴史の中に残るだろう。古きものへのその厳しい拒否の故に、新しいものへのその烈しい憧憬の故に。

幾年かの後、新しい世代の力によって舞台が再びその名誉を回復する時、彼の遺した者達によって舞台にさまざまの花が咲き開く時、彼の名は再び人々の記憶の中に甦り、彼の死は新たな涙をもって真に弔われることになるだろう。

（劇団四季旗揚げ公演『アルデール又は聖女』プログラム、劇団四季）

リアリスト浅利慶太の目は涙で曇ったが、師加藤道夫を誤りなく見ていた。師の本質を詩人と見、その余りにも繊細で感覚的な情緒が病によっていよいよ研ぎすまされていくのを確実にとらえていたのである。そうして彼はいつの日にか、それも、そう遠くない日に『なよたけ』を上演し、恩師の墓前にきっと報告することを一人誓っていた。

追悼公演、そして託されたもの

ここにもう一人、演劇には関係のない東大生で、後にNHKドラマの顔となった男が見た、加藤道夫の姿がある。前出、元NHKテレビ演出家、吉田直哉の加藤との幸運な出会いの風景である。東京大学文学部西洋哲学科の学生であった吉田直哉が、東大新聞の文化担当だった頃のことである。

……その頃「悲劇喜劇」という雑誌に、加藤さんが衝撃的な論文を発表されていて、大変憧れていたんですね。そこで、「『なよたけ』の作者に聞く」という企画を一方的に立てて、取材に向ったわけです。世田谷の松陰神社にあった加藤さんのお宅というのが古い洋館で、広い庭が、元は芝生だったんでしょうけれど、手入れがされていないので廃園のようになっていて、ちょっと不思議な雰囲気がありましたね。……

ジロドゥの話が中心でしたね。中でも『間奏曲』が最高だとおっしゃっていました。ジャック・コポーの演出論を引き合いに出して、「こうやらなきゃいかん」とか。僕がそれに相槌を打つものですから、喜ばれて、気炎をあげる相手に選ばれたみたいで（笑）。一時は毎週のように伺いました。そのうち、「慶應にね、なかなかいいのがいるんだよ」という話になって、その時から浅利慶太という名を聞くことになるわけです。……「ヒロインのイザベルとなよたけはちょっと似ているんじゃないですか？」と伺ったことがあるんです。超自然的なものとの交流や博物学的なところですね。そしたら加藤さんは「よくそこまで見抜いたね」と冗談のようにおっしゃいました（笑）。そのぐらい、自分はあの作品の影響を受けてるんだと。

そして、薬屋とイザベルの会話を、台本も見ずに、美しいフランス語で朗誦されたんです。それから今度は日本語で、「さあ、このひと時の名をなんと言います？」「大きな声で言いますの？」「そう」「黄昏と言うんだそうですわ」。ここまで訳した途端、加藤さんはワッと泣き出したんです。僕はびっくりして、言葉もなくその様子を見ていました。加藤さんは「ここで、魔法の杖を一振りしたように次元が一変するんだ」と。つまり、形而上の世界に入るということなんですね。「ジロドゥは形而下と形而上の世界を瞬時に往復できる。これがねえ、僕なんかにはとても書けない」と、そうおっしゃるんです。

（「ラ・アルプ」二〇〇〇年二、三月号）

浅利慶太他の四季の創立メンバーに吉田直哉のような体験があったかどうか分からない。だが、加藤道夫を新しい演劇の先覚者、先導者と固く信じ敬愛してきた彼らは、等しく加藤を劇詩人とみなしてきた。特に加藤のジロドゥに対する思い入れは殆ど信仰に近く、そこに加藤の弱点があることを吉田のように自由な精神と率直さを持つ若者も、浅利慶太のように優れて感覚的、懐疑的な若者も等しく感じていたように思う。

吉田の十二月二十三日は、歳末特別警戒について、捜査三課長の話を録音するために早朝から警視庁に行っていた。そこで顔見知りの広報担当者に「加藤道夫という芝居関係の人が自殺して、今朝発見されましたよ」と知らされ、吉田は真っ青になって取材をキャンセルしタクシーで加藤宅に向かった。彼は加藤と翌年の夏に長崎旅行をする予定だった。吉田は父が長崎医科大学教授だったため長崎育ちだった。そんなことから彼は加藤に現代の隠れキリシタンの話をすると、加藤はそれに大いに関心を示し、「西洋趣味じゃない、もっと新しいものをやりたい。近いうちに是非長崎へ調べに行こう」ということになっていたのである。これが一九五三年春のことだった。吉田がNHKに入局したばかりで、翌年まで延ばしてもらったことが吉田にとっては何とも残念なことになった。彼はタクシーの中で呆然とそんなことを考えていたかもしれない。ここに加藤のカトリックに対する強い関心を見ることができる。親友矢代静一も又、加藤のカトリックへの強い興味に触れている。筆者は未見であるが、加藤の未発表の「覚書ノート」に二人のキリスト教の聖人の言の写しがあると矢代が書き写している。いつ頃かは分からないが。

主よ、汝はわれらを汝のために造り給えり。
われらの心は汝に息《いこ》うまで安きこと能わず。
——アウグスチヌス。

神は、我等面々を離れ給うこと遠からず、
蓋し彼にあってこそ、我らは且つ活き、
且つ動き、且つ存在するなれ。
——パウロ。

一九五二年十月、文部省芸術祭委嘱作品で大難産だった『襤褸《ぼろ》と宝石』が俳優座により三越劇場で初演となった。演出は千田是也である。この舞台の出来は矢代静一によれば本も舞台もお世辞にもいいとは言えないものだったようである。その上「雲の会」とのつながりもあって、錚々たる文士が大勢見にきたというのだ。終演の後親しい者たちで、加藤の労をねぎらうことになったが、これも又、結果的に裏目に出た（この間の事情は矢代静一の『旗手たちの青春』に詳しい）。加藤道夫がこの夜の慰労の席で、どれほどの屈辱に耐えたか、そのショックはいかばかりであったかと、一行読むごとにその先を心配した。矢代の描写は見事であった。
その年の暮れも押し迫って矢代は加藤宅で「カトリック入門書」を手渡され、一緒にカトリックを勉強しないかと誘われる。矢代はずっと後になってカトリックの洗礼を受けているが、彼は加藤との縁について偶然を超えたものと感じることの多かったことに再三触れている。それから十年ほど経って改めて手に取った、かの「入門書」の一節に、加藤がわざわざ定規をあてて朱線を引いているのに気付く。矢代は、何かが加藤を病的にリゴリスト（厳格主義者）にし、それが彼自身を神の恩寵に値しない者と決めつけてしまったのではと考えたのかもしれない。

自殺は最大の罪悪である。

朱線はこれに引かれていたのである。
加藤が自分を裁いた夜、二階の姪加藤幸子が深夜に帰宅した治子夫人の悲鳴を聞いた。幸子の母堂によると「床に坐って足を投げ出したような恰好で、ほんの少し腰が浮いている状態で、こと切れていた」という。後日、治子夫人から矢代静一が聞いたところによれば、本棚の上段についているパイプに道夫が着ていた寝間着の紐を結び付けて、ということであった。私が劇団四季で文学座に友人がいる先輩から聞いた状態とは身体の向きと、紐は本棚ではなく机にということだったが、大体において似ており、紐に対し徐々に体重をかけていく意志の強さが行為を成就させるといった難しい死に方には違いはなかった。そのように聞いてから五十年以上を経て、今、知る加藤道夫の縊死の姿は改めて、それはまさに自らに対する懲罰を意味していたのであろうと思わずにはいられなかった。

加藤道夫の死後二十八年、現代の名優芥川比呂志が亡くなった。

芥川の通夜について浅利慶太は次のように感想を述べている。（抜粋）

芥川さんの通夜の席の片すみに、加藤さんを敬愛していたかつての学生たちが顔をそろえた。朝日ジャーナルの編集長をしていた宮下展夫、毎日新聞学芸部長を終え、今、余録欄を書いている諏訪正人、ＮＨＫでテレビを作っている吉田直哉らである。みな、加藤さんを通じて芥川さんの知遇を得た人々である。話は自然に加藤さんの死に及ぶ。今夜は芥川さんの通夜なのである。それが自然に加藤さんの通夜のような空気になる。やはり、この二人は双生児だったのか。

（「本」一九八二年二月号、講談社）

そうして浅利は、二人が巨大な才能を持ちつつもその割に大きな仕事を残さなかったのは、結局二人が戦争で負った傷と病気の故だったのかもしれないと結んでいる。

劇団四季旗揚げ公演は、生憎の寒波に見舞われた。その雪の中、三日五回の公演は終わった。劇評家の根村絢子（後に作家丸谷才一氏夫人）は後にこう述べている。

外では粉雪が舞っている寒い午後で、客席に置かれたあわれなストーブから洩れる、いがらっぽい煙に悩まされながら、私は最後まで観ました。お世辞にもうまいとは言えなかったが、熱演の合い間になんとなく知的な雰囲気が漂っていて新鮮な魅力があったからだと思います。でも観客は数えるのが気の毒なぐらいしかいませんでした……

（「劇団四季創立二十周年記念パンフレット」）

創立メンバーの日下武史はどういうわけか初日ではなく、千秋楽のことなんだけど、と楽日のことを次のように追憶している。

三日間の公演で、楽は猛烈な雪になった。交通も途絶えて、終演後、線路の上を大雪を踏みしめて帰ったんだけど、不思議なことにそれが明け方のような気がするんだ。雪明りがすごく明るくて、だあれもいなくて、何だか白昼夢みたいにね。とにかく、何かやった、成し遂げたって感じで終わってるんだね。

（「ラ・アルプ」一九九七年五月号）

みんなが無我夢中だったのだ。それ以外は何も考えなかった。考えられなかったし考えたくなかった。

加藤先生の追悼公演は済んだ。だが、浅利慶太は考えていた。自分たちに託されたものが予想外に重いものになった今、年に一、二回の公演活動を続けるだけでは多くの弱小劇団に埋もれ、自分たちの目的も存在理由も漠たるものになるだけだと。従って早急にしなければならないことは新しい演劇を創り続けるための方法論、即ち自前の演劇理論を確立し、独自の舞台を創造し続ける核とする。それを社会にアピールしなければならないと。

雪明かりの中で新たな覚悟と共に雪を踏む浅利は、あと少しで二十一歳になろうとしていた。

そしてまた、高校演劇でサローヤンの『わが心高原に』の演出を加藤道夫に高く評価されてから僅かに三年二ヶ月のことだった。

第三章
演劇の回復のために
―新劇を創った人々へ

1987年『アンチゴーヌ』
日下武史、野村玲子 ©山之上雅信

第三次「三田文学」創刊者の一人、山川方夫

劇団「四季」ができた頃、私はまだ慶應の英文科の学生で、ただ漫然と日本の小説のつまらなさに腹を立てていた。一切合財が気に食わない時代だから新劇を見に出掛けるというオツな気分にはとてもならない。聞けば「四季」というところは役者が舞台の上で吠えるところだというので、誰がそんな芝居を観てやるものかと一人で力んでいた。

ややあって、私は「三田文学」に批評を書きはじめ、自分のエッセイと並んで載った浅利慶太という人の文章を読んで驚いた。ここに新劇の全称否定をやりはじめた男がいる。しかも彼こそは「四季」の演出家だったのである。だとすれば、「四季」の芝居というものは多分「新劇」ではなくて「劇」であるに違いない。役者が吠えるのも「劇」を創り出すための必要不可欠の何かしらなのかもしれない。観に行くに如《し》くはない。そこである日浅利に聴いた、「なんでジロドゥやアヌイばっかりやるの。創作をおやんなさいよ」浅利は一言の下に答えた。「へ、俺はいい芝居しかやらねえよ」

劇団四季の創立五周年記念公演、第十六回公演の『オンディーヌ』のプログラムにこう書いたのは江藤淳であった。彼はこの後あっという間に小林秀雄以後の文芸評論家として押しも押

されもせぬ存在となるのである。

江藤は浅利より三ヶ月ばかり先に生まれているが、浅利が早生まれのため学年は同級であった。だが江藤が肺浸潤で高校（日比谷）を休学したため、慶應義塾大学入学は浅利の一年後になっている。浅利は慶應義塾高校から慶應義塾大学の仏文科、江藤が英文科であったこともあり、在学中に知り合うことはなかった。両者は一九五五年十二月号「三田文学」で図らずも隣り合わせになるのである。この若き二人を並べたのは当時「三田文学」の編集長であった山川方夫だったのである。

ここで山川方夫の略歴について少し割きたい。そうしなければならないほど、山川もまだ若く、しかも得難い才能を持っていた。彼は当時の日本の小説に対するある種の危機感から新しい才能の発掘に力を入れていたのである。彼がいなければ後の浅利慶太も江藤淳も私たちには無縁の人であったかもしれないからだ。

山川は慶應義塾大学の仏文科で浅利の三年先輩に当たる。大学の卒業論文は「サルトル」であった。一九五三年に大学院文学研究科仏文学専攻を中退し、翌五四年に田久保英夫、桂芳久と共に第三次「三田文学」を創刊、新人発掘に力を注いでいた。その結果、小説の曽野綾子、坂上弘、そして評論の江藤淳と演劇界の異端児浅利慶太を世に出す切っ掛けをつくったのである。

山川方夫は一九三〇年二月二十五日東京下谷区上野桜木町（現台東区上野桜木町）にて日本画家山川秀峰の長男として生まれ、品川区下大崎（現品川区下大崎五反田）に育つ。一九三六年慶應義塾幼稚舎に入学。一九四二年、慶應義塾普通部に進学。一九四五年、敗戦を疎開先の神奈川県中郡二宮町の別荘で迎える。一九四七年、慶應義塾予科文学部に入学、そのまま大学の文学部仏文科に進む。五二年卒。一九五三年、大学院文学研究科中退。一九五四年、田久保英夫、桂芳久と共に第三次「三田文学」を創刊。評論の江藤淳と演劇の浅利慶太に着目したのは同時代を生きる山川自身の想いと、編集者の眼力というよりは彼が理想を追求する優しいまなざしを持つ豊かな才能に恵まれた文学青年だったからだ。山川は自らの感性によって選んだ新人たちに場を与え、同窓ではあるが二つ三つ年上というだけで後に江藤淳が述懐するように、単行本の出版のために骨を折った。これは面倒見のよさというべきではない。自分のところではできないが、江藤に書かせた「夏目漱石論」を世に出さなければという義務感あるいは責任感というようなものであったように思われるのである。しかし、一九五六年「三田文学」の編集を退き創作に専念する。そして二年後の一九五八年『演技の果て』で第三十九回芥川賞候補となり、続く一九五九年『その一年』『海の告発』で第四十回も候補となる。以降第四十五回、第五十一回と同候補が続き、一九六四年の『クリスマスの贈物』で、第五十回直木賞候補にもなった。これ程恵まれた才能が、この翌年一九六五年二月十九日、突然消えた。父の別荘に近い二宮駅前の国道一号で不慮の事故に遭い、翌日死去。享年三十四歳。何とも悔やまれる最期であった。

彼の死後『山川方夫全集』（全五巻）が冬樹社より一九六九〜七〇年にかけて出され、『山川方夫珠玉選集』（全二巻）が同じく冬樹社より一九七二年に出版された。又、二〇〇〇年には『山川方夫全集』（全七巻）が筑摩書房と、その他文藝春秋、講談社、集英社、新潮社とそれぞれの文庫に収められた。彼の死後、筑摩書房の全七巻の刊行までの三十五年は、山川の才能にとって輝かしい記録になったことを付け加えずにはいられないのである。早逝の作家に対するこれ程の扱いは極めて稀有なことである。彼を敬愛した文学仲間の多さと共に、彼の作品の質の高さと彼の死を心から悼む者がいかに多かったかであろう。浅利慶太の「演劇の回復のために」が話題になるたび、周囲から山川方夫の名は必ず挙がったが、浅利自身の口から山川の名を聞いたことはなかった。だが、一九九九年に出版された『浅利慶太の四季 著述集3』の年譜、一九五五年に「三田文学」十二月号に編集長山川方夫の勧めでと記されているのを見て、そうであろうと納得した。それまでの筆者は浅利がどのような経緯で山川と出会い、「三田文学」に過激な論文を書くことになったのかが気になっていた。加藤道夫をよく知る仏文学の佐藤朔教授（後に浅利の主任教授）、同仏文の白井浩司教授他慶應仏文の教授陣の誰かが橋渡しをしたとも考えられたが、本人が直《じか》に乗り込んだとしても特に驚きはないと考えていた。浅利にはそういう行動力がその頃からあったと推測されたからである。筆者としては随分無駄なことを考えていたことになるのだが。とはいえ、重要なことは彼が確かに「演劇の回復のために――新劇を創った人々へ」を書き、江藤は「夏目漱石論」を書いたことである。

一九六六年に講談社から出された『夏目漱石』(普及版)の〝新刊への序〟に江藤は山川方夫への溢れる想いを書き連ねている。早逝した山川を思い、山川なくば吾《わ》れ無しの想いから江藤は書かずにいられなかったのである。少し長く引いておきたい。

もし、私が十年前の初夏のある日に、当時「三田文学」の編集長をしていた山川方夫に逢わずにいたら、この本はおそらく書かれていなかったはずである。偶然のいたずらというものはあるものだ。私はそれを悔むべきかよろこぶべきかを知らない。いま切実に感じられるのは山川がすでにこの世に居ないという奇妙な欠落の感触だけである。

私は昨日のことのように覚えている。自分がまだ慶應義塾英文科の学生で、将来について何の計画も持てぬままに、その頃銀座の並木通りにあった、「三田文学」編集室を訪れたときのことを。そこには私より三つか四つ年長の俊敏な青年がいた。それが山川と私の最初の出逢いであった。

山川は、私がある同人雑誌に書いた英国の女流作家キャサリン・マンスフィールドについての短文を読んでいて、文芸批評を書かせるつもりで私を招いたのである。私はしばらく考えて、夏目漱石のことでも書きましょうか、といった。山川は直に賛意を示した。彼が同意してくれなかったなら、私は漱石についてはおろか、批評を書き出すということさえなかったにちがいない。では何をしていたかと訊かれても、私には答えられない。

前の年いっぱい肺結核で寝ていた私には、根をつめて文章を書くという仕事がひどく辛かった。三ヶ月ほどのちに、信濃追分の農家で八十枚ほどの初稿を書きあげ、「漱石ノート」という無愛想な題をつけて鉄道便で送ってしまうと、もうこんな目に遭うのはたくさんだという気持になった。しかし、この原稿を山川が意外に高く評価したので、私は彼のすゝめるままに初稿を二倍近くに書きのばし、二度にわけて「三田文学」に発表することにしたのである。題も山川の忠告にしたがって「夏目漱石論」と変えた。

江藤のデビュー作『夏目漱石』は山川方夫や田久保英夫らの尽力で翌一九五六年に東京ライフ社から出版され、後に講談社、頸草書房、角川書店、新潮社によってより広くより多くの読者に愛されることになる。

「三田文学」に発表した激越な論文

おそらくこの頃の江藤も日本文学や日本の社会に対し釈然としないどころか、憤然とするところの多い文学青年だった。その江藤を驚かせた浅利の論文は、次のような書き出しで始まっていた。

既成劇壇の先輩のかたがた。僕らと貴方がたの間には、或る決定的な断絶があります。

この三十九文字に込められた浅利の想いは、師加藤道夫の想いを背負った分だけ、敢然として敵陣に切り込むまだ前髪の抜刀隊の趣がある。浅利は次のように続ける。

僕がここで明らかにしたいと思うのは、僕ら、つまり新しく一つの劇団に拠って演劇の仕事をしようとする一群の二十代の青年と、貴方がた、つまり築地小劇場の伝統を受けつぎ、吾が国の写実主義演劇の完成を目標にしながら、既成劇壇とよばれる、商業演劇を完成した人たちの間にあるこの断絶のことなのです。

築地小劇場以来貴方がたの歩いて来た道は確かに苦難の連続でした。貴方がたは、経済的困難、人々の無理解、無関心、それに政治権力の加えたさまざまの抑圧とたたかいながら、新劇とよばれる現代演劇に献身的情熱をかけ、今日の隆盛をきずき上げました。今日の新劇は、観客の増加によって経営の黒字を実現し、商業放送の発達によって生活を優に支え得る収入を得、ジャーナリズムの貴方がたに対する高い評価によって、人々の関心を貴方がたの仕事に注がせるようにし、すべてすばらしい安定の時代に入りました。もはや新劇には昔日のうすよごれた屈従と苦難の面影はどこにも見あたりません。貴方がたは勝利の証として、築地小劇場を出て以来の宿願だった俳優たちの小劇場の建設に成功したのです。この努力は確かに偉大なものです。貴方がたの足跡は、この国の直面する多くの困難を僕らに教え、僕らも又、この仕事をやりとげた貴方がたの情熱に尊敬を惜しまないものなのです。

けれども、それにもかかわらず僕らと貴方がたの間には決定的な断絶がある。僕らが偉大な成功を博した貴方がたの舞台にみるものは、尊敬と共に空虚さと不毛、つまり危機にさらされた演劇の姿なのです。

浅利はここから「僕ら」が「演劇」と呼ぶ名に与える「僕ら」の意味づけを謳い始める。手始めは戦後、自由に目覚めた青年、学生、進歩的文化人を雀躍《こおどり》させたフランスの思想家J・

P・サルトルの実存主義哲学の生齧《なまかじ》りであった。「僕ら」は若く、勢い込み、焦りもあった。当時の若者たち、特に大学生は、新たな未来に自らの人生に対し大なり小なり似たような気分の高揚をそれぞれに抱いていた。筆者がカミュの『シジフォスの神話』を手にしたのは高校一年になってすぐの頃と記憶しているが、その内容については殆どというより、全く分からなかった。読めと勧めてくれたのは、近くに住む福島出身で多摩美術大学か武蔵野美術大学出の中学の美術教師だった。彼は詩を書き、その詩をキャンバスの左肩に留め、いつもテーブルに並べた大小の色つき瓶を描いていた。「まわるまわる」というようなことばが何行も書かれていた。それは瓶のモチーフに直結するもののようであった。彼は筆者が中学卒業後、二年余り働き、遅れて高校に入学したことを知って、ならばカミュを理解できると考えたのであろう。難しすぎて分からないと言うと、急がず、考えながらゆっくり読めば分かる。返すのはいつでもいいと言うのであった。そして筆者はその八年後、無謀にも「演劇」を求めて東京へ出た。一九六二年の三月下旬のことである。

その頃の東京は、大学生は皆「実存主義哲学」の書籍を小脇に抱えているのではないかと思うほど、「サルトル」や「カミュ」の小説や彼らに関する評論に関心を持っているように思われた。ぽっと出の不勉強が感じた引け目だったのかもしれないが。

浅利慶太が「三田文学」に発表した激越な論文が、大学の演劇部、とりわけ仏文科の学生に衝撃を与えた。翌一九五六年には、弱冠二十三歳のカリスマ浅利慶太のもとに、演劇青年が一挙に押し寄せることになる。この頃筆者は高校生であったが、その時点で浅利の論文を読んでいれば、高校卒業と同時に上京していたかもしれない。知らなかったばかりにその後の数年を無駄にしたことを後悔したものだった。それはさておき、「四季」は創立三年目にして念願の稽古場を渋谷区永住町五〇番地に確保し、その年の九月より劇団四季演劇研究所を開設する運びとなる。「劇団四季創立二十周年記念パンフレット」（越見雄二編）によれば、この年五月に第六回公演『愛の条件——オルフェとユリディス』（ジャン・アヌイ作）を上演。それを機に演劇雑誌「四季」（A5判九十二ページ・定価百円）を創刊。創刊号は忽ち売り切れとなる。因みに内容は「新劇の混乱について」（浅利慶太）、「ジロドゥ論」（米村晰）、「アヌイ論」（浅利慶太）、「J・L・バロー断章」（水島弘）、「舞台芸術の姿勢」（金森馨）、「愛の条件」抄訳他、であった。

浅利論文が「新劇」の「全称否定」によって自己と劇団四季の存在を証明しようとしたとすれば、演劇雑誌「四季」の発行は、その浅利論文をフォローしつつ劇団四季の理念を若い観客に何としてでも伝えようとしたものだったと思われるのである。浅利が強烈な個性で存在をアピールしたことは「既成劇団」に多少とも嫌な想いをさせる程度で終わってしまうかもしれない。その上で、それだけでは済まないことも生じるかもしれない。それらを勘案しつつ考え出されたのが演劇雑誌「四季」の刊行だったのではないのか。先に記した創刊号の内容を見れば、この準備には一年位はかかる。一九五五年五月、第四回公演『野性の女』（アヌイ作）ではじめて新聞の批評にとりあげられ、「悲劇喜劇」（七月号）に劇評家の竹越和夫は次のように述べている。

……『野性の女』は、四季の若い人たちにとってはむつかしすぎたようである。その意気は買うにしても演技は戯曲の持つ内容からおいてきぼりを喰っているといっていい。それでいてぼくは、ここの人達のふしぎな演技の創造に大変魅力を感じたのである。演技の発想法が戦前からつづいている今日の名のある新劇団のベテランと言われている人々、その流れを汲む次の時代の俳優達とも非常に違う新鮮さをおぼえたのである……

これがほぼ一年前のことであった。同じくこの公演終了日の翌五月九日付東京日日新聞の「劇団めぐり(2)」に以下のようにある。

……今後のレパートリーにもアヌイとジロドゥのものがずらりと並び、十一月には芸術祭参加としてジロドゥのものを予定しているそうである。亡き加藤氏の薫陶を劇の上で結実

されることを期待して今後の動向をみよう　（房）

これらの反応を浅利以下十名の創立メンバーは、風が吹いてきたと感じたはずである。この兆しをただ当然のこととして眺めているだけでいいはずがない。浅利はこの頃、叔父が社長である東京田辺製薬（現田辺三菱製薬）の宣伝部に籍を置いていた。時間や社内規則からは自由な身であったと思われるが、とにかく宣伝とはいかなるものかは劇団内の誰よりも知っていた。また、社長の特別秘書のようなこともしていたと漏らしていたこともあり、後の浅利を知る者にとっては、彼が二十歳前後にして既に機を見るに敏な才覚を身につけていたことを疑わない。演劇雑誌の発行にはそのような先見の明があったと推量することは不可能ではない。それが彼の「演劇の回復のために」であり、演劇雑誌だったのであろう。そしてこれは、恩師加藤道夫の死から、惨憺《さんたん》たる旗揚げ公演を経、雪の夜に足元の雪の声を聴きながら独り浅利が考えていた行動計画の実行でもあったに違いない。

浅利の論文に戻る。「僕ら」と既成劇壇との断絶は次のように展開する。

何よりもまず僕らは、僕らがこの世界に生まれて來たことの背理性に鋭敏な感覚を持ちます。背理とはこの世界と僕らの間にどんな合理的なつながりも認められないということです。この世界は僕らのためにあるとは思えないし、僕らも又この世界に生まれて來た何の必然性もない。僕らは何の存在価値も与えられず、人生を生きるのだ。これが僕らの人生に対する唯一共通の態度です。人生は僕らにとっては、重いだけで何の足しにもならない迷惑至極な贈りものにすぎず、この人生の中で僕らが感じるものは絶対的な孤独だけです。乏しい僕らの人生体験について語ることはしたくないし又必要ではありません。けれども僕らは生きることの中からこの倫理を学んだと言いたいのです。それが倫理とよばれるのなら、人生にとって唯一の倫理である世界と人間との関係、僕らの生の背理性を。

浅利は、人生が無目的であると言い、それに意味を与えるのは人間以外になく、それは人間の存在が根本的に自由であるからだと説く。そして、この自由だけが人間の持ち得る唯一価値のあるものであり、人間の本質を規定すると。人間の生とはこの自由の実現に向かうすべての行為であり、生きる歓びがあるとするならば、その行為の中にこそあると説く。これらはサルトルの『存在と無』の影響といってもよく、当時この書は昭和一桁後半に生まれた若者の心をつかんでいた。しかもそれは実存主義哲学というよりも、実に文芸思潮として受け入れたものであり、中身はフランスの芸術運動の論理と感性そのものであった。浅利にとってそれは又、亡き師加藤道夫が一九四七年に「劇作」に発表した評論「演劇の故郷」において高い評価を与えていた戦後フランスの新しい演劇の動きについて次のように述べていることを受けてもいた。「ジャン・アヌイ、J・P・サルトルを中心とするA・カミュやシモオヌ・ド・ボーヴォワールらの実存主義戯曲運動は注目に値しよう」。そして又、加藤道夫が続けて引用しているその頃サルトルが発表した演劇論の次のような宣言（大略）である。これによって加藤はサルトルら反自然主義の劇作家たちがジロドゥを継ぐものと理解していた。

《我々は新機軸を作らんとするよりは、寧ろ伝統に復帰せんとしてゐるのだ。我々は性格や心理分析の時代から抜け出さなければならない。アヌイの「アンティゴーヌ」はひとつの性格ではなく、ひとつの赤裸な意思、純粋な自由なひとつの選択の象徴である。彼女の裡に情念と行動の区別はないのだ。我々は遺伝や環境によってのみ説明される人間性、特殊な情念や偏執を認めない。問題はそう云う人間性にあるのではなく、人間が自らをその裡に見つけ出す〈場《シテュアシオン》〉にあるのだ。人間と云うものはひとつの不確かな自由存在であり、彼はその己の〈場《シテュアシオン》〉の中に自分の存在を選択しなければならない。さういふ意味で、人生とは賭けである。我々は斯う云う見解から、人間の現在の生活状態に光明を投げかける或る幾つかの〈場《シテュアシオン》〉を舞台にのせること、そしてさう云ふ〈場《シテュアシオン》〉に於いて人間が行ふ自由選択に、観客たちをも参画せしむることの必要性を痛感する。我々はそれ故、自由な而も善意に充ちたひとりの人間の苦悩を呈示することには非常な関心を持つものである。自分自身の〈場《シテユアシオン》〉の中で自由な人間は、彼が望むと望まぬとに拘らず、彼が己の為に選択を行ふ時、同時に他のあらゆる人々の為にも選択をしてゐるのだ。之が我々の戯曲の主要な命題である。〈性格《カラクテール》〉の演劇の後継者として、我々は此の〈場《シテユアシオン》〉の演劇を持つ。我々の目的は、我々の人生に少なくとも一度は起こるところの、人間体験に最も在り得る〈場《シテユアシオン》〉を探求することにあるのだ。》

（『加藤道夫全集』「演劇の故郷」）

サルトルのこの主張を加藤道夫が次のように理解していたことを浅利はきっちり受け止めていた。

斯うして、彼は之等の新しい劇作家達がコルネイユの伝統から発してゐることを指摘する。心理分析を努めて排除し、人間の《アクト》そのものを重要視し、寧ろ行為にあらはれた人間の宿命を採り上げるのだと云ふ。《神話を作る人々》と題された此の小論文は、最後に我々の人間宿命の〈場《シテユアシオン》〉として、神話的世界に新しい〈劇《ドラマ》〉を構成することの意義を讃稱してゐる。

（『加藤道夫全集』）

演劇とは何か、いかなる演劇が可能であるか

一九五一年七月号「演劇」に加藤道夫は「演劇の変貌」と題する評論を発表している。加藤はこれをフランスの演出家、ジャック・コポーの演劇改良事業に向かう怒りの姿から書き起こしている。加藤はフランスの演劇が両大戦を経て、止むに止まれぬ欲求から新しい気運が運動に結実し、舞台そのものがしかと変貌していったと前置きし、その核が演出家ジャック・コポーの自然主義演劇に対する怒りだったと述べているのである。それは加藤が日本の「新劇」に抱いた「怒りと絶望」でもあった。

加藤道夫は主張する。

> 自然主義演劇は明らかにひとつの誤謬を犯してゐた。それは演劇の方法を科学の方法と混同してゐたから。科学の方法で本質的な演劇の生命を扼殺してゐたから。対象のレアリテに忠実であらうとする狂熱的欲求の為に真の演劇のレアリテを見喪ってしまってゐたから。迫真力といふ点で此の時程演劇が根強く誤謬を確信してゐた時期はあるまい。劇作家は精緻な描写に依って実態に迫らうとあらゆる努力を尽したが、その為に彼は言はば観察力の権化になり、更にその傾向は、作者の描写が真をうがって緻密であればある程喝采を

受けると言ふ偏向にまで昂じた。戯曲がさうであったから、俳優術も亦それに準じたことは言ふ迄もない。人間の様相の真実を能ふる限り精密に伝える為に、更に遺伝や環境が人間の実態に及ぼす確実な影響を探りあてる為に、作者の異常な見聞や経験が俳優たちの真に迫った演技に依って誠に「真実味たっぷり」に再現されたわけである。生々しい写実的人間像、迫真的描写、鮮かな生活断片……彼等が旗に掲げたモットオは一応理屈の通ったものであったが、さてそれ等が舞台を占領し始めた時、それがとりも直さず詩の追放を意味することであるとは気が付かなかったらしい。労働者の会話を書きたければ場末の居酒屋へ行けば事足りた。娼婦の口調を研究するには娼家へ行けば事足りた。自然主義演劇がもう半世紀も生きのびてゐたとしたら、殆どあらゆる階級を網羅する現代社会の実態記録が舞台に展示されたことであろう。自然主義小説の為した仕事は当時の社会の種々相の正確なドキュマンとして意味を持つ。それは芸術である前に先づ研究であった。「人間が如何にあるか?」の科学的探求に近いものであったから。

併し、小説の場合には意味があっても、演劇の場合には殆ど無意味である。

(『加藤道夫全集』)

現代演劇に対する加藤道夫の考え——思想といってもいいが——は、一九四七年の「演劇の故郷」及び一九五一年の「演劇の変貌」、そして同年八月の執筆である「二十世紀フランス演劇概観」に一貫して述べられており、そこにはジャン・ジロドゥが厳然と存在していた。無論、この劇作家を最大限に認めた二十世紀の巨人サルトルの存在も加藤を勇気付けたに違いない。一部には、サルトルがジロドゥを評して「早発性痴呆症」と言ったとかいうことから、サルトルはジロドゥを評価していないのではといったことも囁かれていたこともあったが、これは誰にも真似のできないジロドゥ独壇場の文体に対するサルトルの洒落にすぎないのである。

こうした加藤道夫の理念、思想は言うまでもなく、浅利の旧世代の劇壇に対するいわば決闘状である「演劇の回復のために」に色濃く反映されることになる。浅利にとって加藤道夫の説くジロドゥ論は、そのまま十九世紀のあるべき演劇への運動を進めた演出家ジャック・コポーのストイックな演劇改良運動とも相まって激しく心を揺さぶられたであろう。ここにもう一人、ジロドゥの最高の理解者であり、ジロドゥの殆どの作品を演出し、成功させた盟友、劇団の主宰者にして俳優であり、大演出家であったルイ・ジュヴェがいた。彼とジロドゥは共に十九世紀末に生まれ、二十世紀前半を「演劇」そのものの実現を通して華々しく活躍した、誠に時代の計らいによる羨ましくも幸運な演劇人であった。浅利はジュヴェの『演劇論』（鈴木力衛訳、筑摩書房）から重要な証言として次のように引いている。

「それは精密科学に心奪われ、証明可能な、かつ検証し得る真理のみを念頭に置く、奇妙千万な世代であった。この世代は、自転車や蓄音機とともに、『問題劇』や『社会劇』を発見し、『思想劇』を生んだ。真実でありたいという欲求から、本物の門、本物の窓を備え、本物の植物で飾られ、本物の動物を登場させる装置によって征服された、かの自由劇場の自由ほど不可思議なものはない。演劇の本領は、舞台に本物の雨を降らせ、肉屋をあらわすに本物の動物の屍を以てし、洗濯場をあらわすに下着の洗える水を以てし、居酒屋をあらわすに本物の亜鉛の立飲場を以てするにある如くであった。……」

「演劇は、正確さと本当らしさのために、その真実性を失ってしまった。演劇の真の幻覚は息の根を止められ、永久に、消滅しようとしていた。精神的なるものの時代は終わりに近づきつつあった」

そして、まさに「新劇」を「正確さと本当らしさ、リアリズムの追求」と考える浅利は、彼の観念的帰結として当然の如くスタニスラフスキィ・システムを敵視する。それはスタニスラフスキィの方法が常に人間を性格と普遍的な古典心理学によって捉えようとしているからだとし、俳優が役を演じようとする時の科学的行動のいとぐち、「もしもの魔術」によって役を構築する、かのシステムに既成劇壇の演出家や俳優たちが血迷ったと考えていたからである。

スタニスラフスキィの方法は常にドラマに於ける人間の行為が、性格から出発し、古典心理学によってその帰結に導き出されるという空しい断定に先立たれている点に於いて本来無効のものです。その方法とは、行為の源として考えられる性格というもの、つまり心理に於いて決定的であり、個に於いて自律的である人間像に、他者としての俳優がなり代り、その行為を真似る技術にすぎないからです。行為は決して心理や性格によって測ることは出来ません。行為の果てにあるものは性格ではなく、その行為を撰んだ唯一の態度であり、演劇にあるものは行為だけで、性格や心理による決定的な人間像があるのではない。俳優は性格になり代るものではなく、態度を自己を媒体として開示するものなのです。人間は何物でもなく、そして自由な存在です。古典心理学は虚偽であり性格は架空の夢にすぎない。とすれば生憎な話ながらこの方法はドラマに於いては完全に無効であり、その体系はリアリズムの巨大な墓標を示す以外の何の意味をも持たないのです。

これが写実主義（リアリズム）の不毛な姿であると浅利は指弾する。彼は自らが持っているものは勿論、持っていないものまでも総動員し、彼の最初にして最大の論文を書き終える。人はこれを若書きとみるか。浅利にとってそんな批判は物の数ではなかった。彼は二十二歳の戦後の青年として僅か数年ではあるが理想に生きた師に学び、凝縮された年月を過ごした。その間に詰め込んだ彼の「正統」が「叛逆」そのものであり、この相反するもののより糸が浅利慶太そのものなのであった。彼は言わずにいられなかったことを書き連ねたのであって、カタルシスを持ち出したのはアリストテレスを研究した結果ではなく、それが演劇の源流にあって、演劇の必須の条件であったからであり、演劇における自然主義批判は、それが演劇にふさわしいとは思えないばかりか、真の演劇を破壊すると考える西欧の芸術家に、師の加藤道夫を通して同調したからであり、彼ら西欧の伝統を受け継ぐ者たちの行為に納得し感動したからであった。浅利はまた手堅い「リアリズム」による職人芸の演技が嫌いだった。百回やれば百回、寸分違わず再現できるそんな俳優による演劇よりも、俳優の感性が伸び伸びと演じ語ることで、人間の宿命を描き出す演劇が好きだった。そして、そういう戯曲、即ち古代ギリシャの悲劇の如き戯曲を現代に回復する以外に演劇の回復はないと言いたかったのである。

こうして浅利慶太は、父浅利鶴雄がその設立に加わった築地小劇場とその末裔たちに鋭く対立し、激しく否定したのである。彼が見つけた位置は、演劇とは何か、いかなる演劇が可能であるかを自覚的に実践し続けるところにあった。その時注意すべきことは、ただ一つ。既成の「新劇」とは目指すところが、明らかに違うということでなければならなかったのである。

第四章
天才金森馨との邂逅

2003年『ひかりごけ』
日下武史 ©上原タカシ

第二回公演『アンチゴーヌ』の成功

旗揚げ公演は、あれもこれもとあらゆる面において最悪の条件の下で終了した。反省点は初めから分かっていた。経済的困難、スタッフの不備、キャスト不足。中でも浅利慶太は精神的支柱であった大きな後ろ盾を失っていた。恩師加藤道夫の喪失感を噛みしめ、この状態をプラスに変えなくてはならないと強く意識していた。落ち込んではいられなかった。次回公演はアヌイの『アンチゴーヌ』に決まっていたし、その取り組みには改めて旗揚げのつもりで臨まなければならなかった。一方で自分たちの存在理由を今日の「新劇」との対比において明らかにしなければならなかった。そういった大仕事が控えていた。他のメンバーに対しても自分の責任は大きいと思っていた。だが、今なすべき一番大事なことは何か。そこを目がけて団結するに如くはない。浅利はそう考えていた。

第二回公演『アンチゴーヌ』は大成功だった。作者ジャン・アヌイからは上演許可願いに対する快諾を得た。「喜んで上演権をさしあげます。良き成果を得られんことを祈っています。大変遠くから私のことを考えて下さっていて有難う。劇団四季の皆さんへ心からなるご挨拶を申しあげます」とあった。

『アンチゴーヌ』は主人公アンチゴーヌが権力に対し死を賭して愛と自由を守る悲劇である。

当時ドイツ占領下にあったパリの初演では、観客の熱狂が客席を取り囲む銃を構えたドイツ兵をものみ込んだという。その作品を十年後、自分たちが東京で上演したのである。この成功に続き第三回は一九五四年十二月、初めてジャン・ジロドゥを取り上げる。『間奏曲』であった。これはジロドゥの傑作である。作者ジロドゥの謎の微笑の秘密が解き明かされるかもしれない。そしてまた、人生における一瞬の春風のようなこの作品に浅利は逸《はや》る心を抑え切れなかった。この作品の批評が「悲劇喜劇」（一九五五年二月号）に初めて載ったのである。演劇評論家遠藤慎吾はこう書いている。

この戯曲を読んでいないので、見に出掛けたのだが、なかなか面白かった。……この劇団は、今までアヌイのものばかりやっていて、今度はジロドゥを上演したのだが、こういう、一つの傾向を持った若いグループが現われて来たのは、面白い現象である。いい戯曲とまじめに懸命にとっくんで稽古をつめば、たとえ足取りは遅くとも、俳優も正しい進歩の道をたどって行けるのかな、などと考えた。

劇団四季の運動を理解しようとする内容で、二十二名になった団員にとって少なくとも明るい材料ではあった。一九五五年五月の第四回公演は再びアヌイに戻り『野性の女』だった。この公演について二十周年記念誌は次のように記している。

大入りとなる
はじめて新聞批評にとりあげられる

そして、「悲劇喜劇」（七月号）には『間奏曲』に続く批評が独文学者の演劇評論家、竹越和夫によって次のように評価された。

演技の発想法が戦前からつづいている今日の名のある新劇団のベテランと言われている人々、その流れを汲む次の時代の俳優達とも非常に違う新鮮さをおぼえたのである

創立三年にして得たこの具体的な評価は、浅利をはじめ全劇団員が当然としつつも喜びを噛みしめるに充分な内容だったに違いない。

劇団四季は創立に当たって上演予定の演目をほぼ決定していた。アヌイとジロドゥを徹底的にやろうと。そう決めて始めた旗揚げ公演は、経済的理由で装置を慶應の演劇部からの借り物で間に合わせた。『アンチゴーヌ』と『間奏曲』の装置は基本的に単純化でいいとしても、『間

奏曲』ではひょいと異次元に移行する。そういう世界を表現できる才能が必要になる。二作の装置は共にフランスの初演をヒントにしているように思われた。演出家としてはその先のレパートリーを考えると早目に手を打たなければならないのは舞台美術、特に装置家の才能であった。

アヌイは分かり易いがその分安易なイメージに陥りやすい。その上ジロドゥは俳優にとっても難解だが、大抵の装置家にとっても理解そのものが困難という代物である。浅利は劇団創立以前に、俳優志望の日下武史と共に比較的新しい劇団の稽古を見たり、手伝ったりしていた。その中に俳優の高城淳一らが一九五〇年頃に設立した新劇臭の少ない劇団七曜会があった。二人はこの劇団に入団したがそこでやり続けるつもりなどはじめからなかった。浅利と日下は新しい演劇、正統な演劇について、七曜会のメンバーに熱く語りかけたが自分たちの理念と方法論をより確信しただけに終わった。結局は論より証拠である。二人は時間を浪費している暇はないと腹を決め退団する。劇団四季はこうして創立されたのである。

劇団七曜会からは、後に重要な役柄を担う四人の俳優が一人、又一人と移籍することになる。浅利の蒔いた種は無駄にはならなかったのである。だが、その中に美術装置家はいなかった。

劇団四季の舞台で、舞台美術に金森馨の名が出るのは創立二年目の第二回公演『アンチゴーヌ』の衣装であり、彼の装置は第四回公演『野性の女』(アヌイ作)からであった。前述のようにこの公演は大入りとなった。装置は斬新でありながら現実的であり且つ夢があった。それは新しい演劇にふさわしかったのである。その装置のスケッチ二種類（一九五五年の初演と二年後の再演）が彼の死後出版された『舞台装置の姿勢 金森馨』（四季出版編、リブロポート）に収められている。二年間の金森の成長が明らかで、作品のテーマを執拗に追究する姿勢が見てとれた。金森馨は舞台装置の側から作品のテーマに肉迫し、それをギリギリ主張しようとした作家であった。彼は戯曲の現実を彼の理想の形で造形し観客を満足させた初めての舞台装置家だった。その金森は四季の旗揚げを手伝い、その直後に文学座から移籍したのである。文学座では半ばジョークと共に神童と噂されていたという。その金森に、ちょっと時間を割いてほしいと声をかけたのが浅利慶太だったのである。

長い間筆者は、浅利の追求する「正統な演劇」運動の中で、彼の理想に寄与した最大の功労者は舞台美術家の金森馨であろうと考えていた。この場合は舞台装置と衣装を含めてであるが、特に金森の装置家としての役割は演出家と対等な女房役と言っていい存在であった。劇団四季創立メンバーの中にも舞台美術や照明担当者はいなかった訳ではない。照明の吉井澄雄は当時第一人者の遠山静雄に師事し、後に吉井照明として現代日本を代表する照明家になるほどの才能の持ち主だったが、その頃はまだ「アカリ屋」にすぎなかった。

一方、舞台美術担当の藤本久徳は『アンチゴーヌ』と『間奏曲』の装置を残してはいたが、舞台美術家というよりはむしろ舞台技術者で、後に日生劇場へ出向しそのまま日生劇場の技術部長となり、劇団四季の劇場工学研究所の所長として各地の劇場建築や舞台技術に尽力した温厚な人柄で知られていた。ただ、彼は戯曲から装置を造形するのは得意な方ではなかったように思う。浅利は当初からそれを知っていた。演劇の舞台は装置が月並みであれば、それを照明がカバーするというものではない。極めて一般的に言えば、舞台装置と照明家はややもすれば互いに意地を張り合い戦うところから両者の工夫が生まれ初日の幕が開くのである。といっても舞台照明が装置のための照明であるはずはないのは言うまでもないし、その逆もない。それらすべてを考えた上で、浅利は舞台装置家を、それも現状の演劇に満足していない新進の舞台装置家をおそらく意識して、探していた。

筆者は演劇の原理などと大層なことを並べるつもりも力もない。ただひそみに倣って言えば、演劇にとって最小限必要なもの、あるいは絶対条件は、〈一つの詩、二人の人物、三枚の板〉に収斂《しゅうれん》されるのであろうし、当然そこには見物という名の観客の存在が大前提とされているはずである。しかし、現代では劇場があり、科学技術の粋を集めた劇場機構によって演劇が行われている。特別な場合を除き舞台美術は必要不可欠な要素となっているのである。舞台装置は観客を満足させるための重要な役割を受け持っているのであり、それは観客のため、演劇そのもののためであった。従ってその演劇を成功に導くためにその舞台装置に没頭し、時には寝食を忘れ、日に十杯二十杯のコーヒーと四、五十本の煙草を灰にする悪習が新たな敵として彼を襲うことになる。金森馨とはまさにそういう舞台美術家であった。

浅利は金森馨を見つけたのである。

新たな活気をもたらした金森馨の起用

浅利慶太が金森馨の名を知るのは、後述する文学座のアトリエ公演（試演会）を観る前かそれとも後だったのか。筆者は浅利の耳には劇団創立の頃には既に金森の名は届いていたと考えている。が、無論これは推測である。金森の噂を聞き、彼の舞台装置を見て、これだと思った時の浅利を想像すると血が騒ぐ。しかし、これは勝手で妙な錯覚だ。今となっては想像するしかないのだが、そこには文学座のアトリエ公演があったということである。

一九四九年に加藤道夫、芥川比呂志らの劇団「麦の会」が加藤の『挿話（エピソオド）』を文学座が上演したのを機に解散し、揃って文学座に移籍した。その後彼らは文学座の若手をアトリエで育てようと徹底して力を入れた。そこから新しい演劇を生み出そうと考えたからであった。その結果が表れてきた頃、金森馨は文学座舞台美術研究室の募集に応募、合格する。一九五一年、金森十八歳のことである。研究生となった彼は大小道具、衣装の制作に携わる他、本公演にも出演していた。これが金森という男の面白いところであり、また彼の舞台装置がユニークである要因にもなっていたのであろう。この年、舞台美術デザインの習作多しと彼の年譜に記されている。翌一九五二年アトリエで舞台監督、俳優などをしながら、五月には『昔話桃太郎』(飯沢匡作、戌井市郎指導)の装置を担当し、七月、『恭しき娼婦』(J・P・サルトル作、芥川比呂志訳・演出)の装置デザインで本格デビュー。わずか一年でこうなった。続く一九五三年は同じくアトリエで装置、衣装デザインの他、松山崇氏に師事して映画美術にもタッチとある。

この年、加藤道夫の『思い出を売る男』のスケッチを遺している。この作品はアトリエで戌井市郎の演出だったが、装置は東宝のヴェテラン河野國夫で衣装デザインが金森にきた。金森が遺した装置のスケッチは面白い。この年は病弱の作者、加藤道夫も割合元気でアトリエにも顔を出していたと思われるのでひょっとするとこの装置を推したのではないかと想像してしまう。そうであれば、このスケッチは金森の文学座に対する決別の記念として残していたものだったのかもしれない。戌井はこの頃四十前であったが、二十歳の若者より自分と同年代で受賞歴のある装置家に決めていたのであろう。アトリエが何たるかを理解していない者がどのような考えでそこにいたのであろうか。

こういう場合浅利のアンテナは非常に精度が高くキャッチは速かったはずだ。つまり金森のような才能を浅利は放っとくはずがなかった。筆者は、浅利はこの頃のアトリエをすべて観たに違いないと考えている。というのも、加藤道夫や芥川が努力していたアトリエであり、加藤道夫が近い将来君らと一緒に演劇をしようと真剣に漏らしていたこともあって、アトリエの動向には敏感だったであろうと思うからである。こうして一九五三年七月十四日に劇団四季は既に述べたように二つの学生演劇集団を母体として創立される運びとなった。

浅利が金森に会ったのは一九五三年の冬であろうと思う。後に「赤いマフラーを首に巻いたちょっとキザな痩せた男が浅利だった」というようなことを金森がプログラム（第四回公演か）に書いていたという話を筆者は準劇団員の俳優諸氏からよく聞かされたものだった。そう言う彼らの驚きは、自分たちのカリスマ演出家を評するにそのように大胆な表現をした大した奴だということのようであったが、筆者にはそれが見当違いと思われた。新宿界隈の喫茶店、筆者の想像では芸術家らしき者の集まる純喫茶「風月堂」あたりではなかったかと思われるのだが。そこで会って話をしたその時点で浅利と金森はほぼ理解し合っていたということであって、それ以外の彼の表現は、プログラムを読む観客に対するサービスなのであると。

やがて稽古場に現れた金森馨は、後に浅利が友情をこめて評した、ジャガ芋のような顔にやや大きめのサングラスを掛けた中肉中背で黒の細いズボンに黒っぽいジャンパー姿でやってきた。彼はみんなが手直し中の演劇教室用音楽劇『ヘンゼルとグレーテル』のお菓子の家のドアに手を掛けた。屋根も壁もやや色あせ、ところどころの破れ目から詰め物が顔を出していた。一回り見て、ひどいなと言いながら、演出家用の半ばこわれている長椅子に腰を下ろすと煙草を取り出し火をつけた。その時に見えた組んだ足の左右の靴下が赤と白の色違いだったことに筆者は思わずクスリと笑ってしまった。浅利慶太よりは若いと思った。かつては痩せてひょろひょろだったという浅利は、その頃は堂々たる体格で心持ち猫背ぎみなところと鋭い視線が演出家らしかった。

金森馨については、この評論を書こうと思うまでは生まれも歳も曖昧なままでよかったが、そうはいかなくなった。一九三三年九月三日、東京市江古田生まれで浅利と同年であり、育ちは中国山東省青島であった。終戦を迎え北京に一年暮らし翌一九四六年宮城県白石市に引き揚げて白石高校では演劇部に。そして一九五〇年東京立正高校へ転じ、一九五一年文学座舞台美術研究室に応募、合格し研究生となる。文化学院美術科に入るもほどなく中退。つまらなかったのである。それ以外はどこを見ても何を調べても、誰に聞いても金森馨がどこかで美術を学んだという答えは出てこないのだった。

そして、彼も加藤道夫の突然の死にショックを受けた一人であった。劇団四季の旗揚げを手伝ってやってほしいと加藤道夫が文学座の若手スタッフに頼んだのだとしたら、その時既に浅利と金森はお見合い済みであったとしたら……これは筆者のもう一つの想像である。彼はほぼ劇団四季に移籍してもいいと考えながら四季の旗揚げ公演を手伝い、序《ついで》に舞台には登場しない恋する中年の背骨が曲がった男を自分のオーバーを利用しチラリと出演もした。ここまで入れ込めば、もう移籍は間違いなかった。しかし彼の選んだところは、この先どうなるか全く未知も未知、新も新、かてて加えて演劇の王道を説き、反「新劇」の大言壮語をする、いわば反逆者集団だったのである。その頃の金森は彼を知る誰に聞いても破天荒な生活を送っていたらしい。だが、この生活と生き方こそが、中国育ちの金森にして縦横無尽に自由を謳歌できた証なのであった。舞台美術家高田一郎は金森について次のように記している。

金森馨ほど実験的な精神を持ち、実行した舞台美術家はいなかった。仲間を集め、研究グループをつくるのも、実験行動の一つであった。「AKT《アクト》」の名は、朝倉摂のA、金森馨のK、高田一郎のTを合わせたものである。たまたま、三人が集まった時、日本と世界の舞台美術界の交流を企てようという話になり、そのあげくにつくられたものである。オーソドックス志向のぼくは、「現代日本舞台美術研究室」はどうかといったのに対して、金森馨は、「東半球舞台美術実験室」と途方もない名前を提案したものであった。どうなることかと思われたが、いわゆる英語のACTは独語のAKTにあたり意味があるということになり、どうにか実験的な名称はまぬがれたのである。……劇団四季公演の劇場ロビーや、今はない新宿風月堂で展覧会を開いたりしたが、非常に面白かったのは、毎週金森馨の家で行われた研究会であった。当時は一九五八年頃で、場所は赤坂である。進駐軍が利用したホテルをそのままアパートにした異様な雰囲気の部屋に住んでいた。廊下も部屋の中も真赤な絨緞で敷きつめられていて、さらに雨のしみたアブストラクトの模様を描いていた。河原温や土方巽も同じアパートに住んでいて同じ仲間であった。全員集まると十人が、今から考えると実行不可能な途方もない演劇論で夜を明かすのであった。この時期に金森馨は、ぼくに舞台美術家になることを決心させてしまった。

（『舞台装置の姿勢　金森馨』四季出版編、リブロポート）

因みに、金森ら無頼の若者が住むこのアパートは〝赤坂梁山泊〟という名で前身は進駐軍専用の連れ込み宿だったという。こういう無頼派然とした金森馨と、世の中がどう変わろうとあくまで良識的な生活人である浅利慶太とが組むことになったのである。まるで二人は自分にないものを互いに相手の上に見ていたかのようであった。たとえ、仕事の上で対立し争いになったとしても、二人は友情の則を超えることはなかったはずだ。時に金森は金槌を持って浅利を追いかけたというようなエピソードを聞いても笑って聞いていればよかったのである。金森馨に対する浅利の信頼は終生いかなることがあっても揺らぐことはなかった。

こうして浅利の金森起用は劇団四季に確実に新たな活気をもたらした。かねて劇団四季は創作劇に自分たちの理想の演劇を表現することを大きな目標として発表もしてきたが、それには非常な困難があることは当初から分かっていた。

それをことさら言い募ることは何の役にも立たない。当時浅利は、それは負け犬の遠吠えに他ならないと言い続けていた。浅利が折に触れ口にしたジュヴェ（ルイ・ジュヴェ）は筆者などにはフランスの映画俳優の名でしかなかったが、彼はジロドゥの戯曲の殆どを手掛けた演出家であった。その彼の確信的な言辞を浅利が度々書いたり口にしたりしていたのである。

> 演劇に諸問題などありはしない、問題はただ一つだけだ。それは当たるか当たらないかの問題だ。当たりなくして演劇はない。演劇の問題はよく考えてみようとする人びとにとっては、右の断定は、それ以外のさまざまな考察を後廻しにするだけの重要さを十二分に持っているように思われる。成功はわれわれの職業の唯一の法則である。大衆の同意、その喝采、これこそこの芸術の唯一の目的と断じてはばからぬ。
>
> （『演劇論』）

日本という国の近代化このかたの推移を見れば、翻訳物には知的興味を示す一般的傾向は明治以後の翻訳文化に染色されていたからであり、時代の先端を行く文学も音楽も美術も翻訳文化の上に咲いた花でしかなかったのである。これも演劇にとっては問題以外の何ものでもなかったが、浅利はそれを〝当たり〟の問題として取り組み、当たりをとるための方法論に取り組んでいたのである。他の芸術は時と共に変化し次第に日本の地に足をつけ始めたが、演劇だけは何故か真似の域にとどまっていて、聞くだけで恥ずかしくなるようなセリフの違和感を物ともせずといった舞台が横行し続けていた。それは海外の翻訳劇を演じる際に最も多く不自然さを露呈していたのである。二重の誤りが翻訳劇を覆っていた。一つはヨーロッパ演劇の中心をなす演劇界が、小説を真似て自然主義にはまり込んでしまった姿をこれが本場の演劇だと思い込んだ日本の先達がそれをそのまま輸入したこと。もう一つは翻訳の未熟もさることながら戦前の日本の日常語が形を整えていなかったために生じた。未熟なセリフで欧米人らしいパフォーマンスがその誤りをより大きくしていた。ある識者は、原因の一つはイプセンの受容を間違えたのではないかとの見解を述べているが、そんなことをあげつらっていても埒があかないのである。浅利の考え、行動は決まっていた。

これら誤った理解に立脚した演劇を見直し古代ギリシャの人間観に基づき、広範な問題をできるだけシンプルな問題に還元し、改めて日本に正統な創作劇をというのが浅利の考える演劇運動だったのである。そのため創作劇は早目に実行されなければならなかった。旗揚げ公演は悪条件が重なったが、第二回から第四回公演は予想以上に成功した。機は熟していたのである。初の創作劇を「実験劇場」とし、『ひかりごけ』という作品が上演されたことは分かっていたが、実はそれ以前に決定をしていた作品があったというのである。その作品については今や誰もが正確に記憶しておらず、唯一その間の事情が分かるものが金森馨の『ひかりごけ』との出会いにまつわる記述として公にされていた。

一九五五年、今から十九年前の春ごろ、私は友人小原久雄から一冊の雑誌を見せられた。その雑誌には武田泰淳の小説とも戯曲ともつかぬ構成の「ひかりごけ」が載っていた。今はブラジルで名を成したが、当時は無頼の美校生であった小原は私と同じく、文学座の美術研究生として舞台美術家を志していたが、日頃の練習のために創作意欲をそそる戯曲を自ら探し求めていたようである。彼は「ひかりごけ」を発見し得心し、私に見せてくれたのであるが、私も忽ちその虜になり、これこそ我が求めていた戯曲なりと、山師が鉱脈を掘り当てたように叫んだのである。時は青白き十九歳今は暗黒舞踏派の教祖土方巽、マイムの姉御、ヨネヤマ・ママコ、美術評論家栗田勇らと新宿武蔵野館裏で焼酎と赤提灯のもとで実存主義芸術論に酔いしれていたころである。そうした淀んだような仲間たちにいつしか入りこんできた河原温、池田竜雄、そして、今や未来派の文明批評家イラストレーターとなった真鍋博らアンデパンダン系の若者や、写真家・奈良原一高らであった。河原温の「浴室シリーズ」は白と黒と灰色の冷たい無機質の空間の中の、水道管や蛇口らの物体と、胎児のような面影をした裸の人間たちのドラマであり、そこではむしろ道具たちが息づき、生きものたちが無機化していた。

私が感じた「ひかりごけ」の世界は正にそれであったのだろう。私の「ひかりごけ」の結果はともかくとして当初は河原温の「浴室シリーズ」の影響を直ちに受けていた。

旬日を経て、浅利慶太が「ひかりごけ」を読み、予定されていた演目を変更し「ひかりごけ」を実験劇場公演として上演することとなった。

（初出「悲劇喜劇」一九七四年四月号、早川書房）

おそらく浅利は「これだ！」と、あたかも自分が発見したように決めたのであろう。変更ではなく、初めからこれだったとでもいうように。

『ひかりごけ』のような作品が、戦後十年にして現れた意味も含め、創立三年目の弱冠二十二歳のいわば実存主義的理想主義の演劇青年浅利やその同志たちにとって、この作品はまさに金森が絶叫したように「これこそ我が求めていた戯曲なり！」であったに違いない。

当時氾濫していたサルトルをはじめとする実存主義思潮の海の中で、この作品は初めて日本の作家武田泰淳によって書かれた実存の非情なる作品であった。〈生か死か〉の絶体絶命に陥った人間が、生きるために何をしたかが描かれていたからだ。

金森が手掛ける「実験劇場」の成功

物語は戦争末期の一九四四年の暮れ、厳冬の陸の孤島ともいうべき知床半島羅臼近くのペキンの鼻と呼ばれる岬にあるマッカウス洞窟で起こった屍肉を食って生き延びた男の話であり、それを裁こうとするのは日常の論理であった。

アッツ島玉砕の後、北方の戦況も一方的になり、軍司令部は千島列島からの撤退も止むなしと判断したが、兵員輸送の船舶は払底しており、軍は北海道の漁船十艘を徴用した。そのうちの一艘が遭難し、生き残った船長を含む四名の漁師がマッカウス洞窟に辿り着いた。その洞窟の奥には天然記念物の〈ひかりごけ〉が自生していたのである。

この実験劇は特に金森の革新的な装置が大きな反響を呼んだ。それによって浅利の演出も斬新で実験にふさわしいものになったのは言うまでもない。金森はこの戯曲にのめり込みすぎ、滅茶苦茶と言われる程の無茶な提案をした。例えば二幕の裁判所の場面ではこんな風だった。

無重力の空間、上下左右の無差別、ニュートンの法則の無視を目ざした私は、裁判長・検事や大勢の傍聴人たちは、天井から逆さになって首を出し、両脇の壁から客席を向きながら水平に首を出して演技することを希望したのである。

（初出「悲劇喜劇」）

無論、浅利は即座にノーと言った。浅利が呆れたのは、普段は口数の少ない金森がのぼせぎみに次々と無謀な提案をしたことだった。それほどこの作品に惚れ込んでいるということだった。しかし無理もないと浅利は金森の平面図を見てそう思った。

舞台装置の着想は河原温に触発されたと金森は述べているが、そう思えば客席からは浴槽のない総タイル張りを思わせる空間が床面を手前に傾斜させながら、すべての面が奥の壁面に向け遠近法による放射線状になっており、あたかも高い天井から深い底を見下ろしているような錯覚を与える。すべてが緑がかった金泥（舞台写真から）で、人の顔が出せるほどの円い穴が壁面全体に一見アトランダムにくりぬかれているように見えるが、目が慣れるとその穴の連なりは大きな渦となって奥へ向かっているように見え、他の穴は渦を気付かせないように配慮されている。あるいはまた、洞窟が吐き出す水玉のような穴から何かがたゆとうように次第に客席を覆い尽くすように、あるいはずっと奥の奥の方から見る者に近付いてくるように知覚される装置だった。

この同じ装置が一幕では洞窟になり、二幕では裁判所の法廷となるのである。この「実験劇場」で金森は装置の他に衣装とメイクアップを手掛け、その革新的な造形のすべては大きな反響を呼んだ。アヌイの三作品とジロドゥの作品を上演しただけの劇団四季が「実験劇場」と銘打ち、ひかりごけの洞窟で屍肉を食って生き延びた男が裁判で有罪となるが法を拒否する。そして何が起こったのか、というまさに実験劇を大胆な演出と前衛的な造形とで公開したのである。これが日本における実存主義の演劇であると。全員の野心とエネルギーは日に日に強くなっていた。しかし、初めの頃に一番驚いたのは照明の吉井だった。これでは照明の入れようがないではないかと。劇場の舞台の上に、四角錐の大きな箱が客席に口を開く形でドーンと置かれていたからだ。吉井はむかっ腹を立てた。おそらくこれが二人の最初の衝突だった。

この「実験劇場」の成功は、浅利の論文「演劇の回復のために」執筆の追い風となったはずである。まとまりかけていた内容が一気に凝縮され、迷いは吹っ切れた。浅利は自分のすべてのエネルギーを目標に向かわせる静かなエンジンが回転しているのを聴いていた。それは遠くに聞くベートーヴェンの「交響曲第九番」のあの「歓喜の歌」のようにも思われた。

未見の『ひかりごけ』は、筆者の中で既に伝説になっていたが、一九五七年の第九回公演『ひばり』(アヌイ作)も噂を聞くにつけ、再々演を待つしかないと思っていた。ところがこれは筆者が入団して一年後の十周年記念連続四公演に入っていた。

『ひばり』は完全にシンメトリーの階段装置で、基本舞台はジャンヌを異端審問にかけるための法廷である。床から二メートル弱の正面段上には四人の審問官が横一列に並び、両端は階段になっている。そのヒナ壇の前面に審問官がジャンヌのところへ下りてくる同じくシンメトリーの小さな富士のような左右同数のピラミッド型の階段があり、その手前の床の中心がジャンヌの席になっている。装置は黒を基調とし、その背後のホリゾントは宇宙に広がり、照明家の腕の見せどころになった。もっとも、一九六七年の日生劇場公演の装置は大劇場であり、客席からの角度を考慮すれば、アヌイの意図した劇的シチュエーションを視覚化できることから真円を基調とする円盤舞台と同心円階段とする装置に変更しており、金森の傑作の一つに数えられている。

金森と吉井は、ぶつかり合いを重ねながら互いに刺激し合って成長したが、それは美術と照明にとどまらなかった。浅利慶太のスタッフ強化の目論見は物の見事に当たったのである。浅利慶太演出、金森馨装置、吉井澄雄照明の完全なトリオが誕生し、やがて黄金のトリオと呼ばれ、日本の舞台芸術に明らかな影響を与えていくことになる。浅利慶太と金森馨についてはこの項で書き切れない。いずれ、浅利の金森馨への篤い想いにも触れなければならない。この章の終わりに演劇評論家宮下展夫（後「悲劇喜劇」編集同人）の「金森馨のつくりあげた世界」

から取り敢えず、浅利慶太と金森に関する感想を引いておきたい。

……金森の初期の作品について人々がある憧れをもって語りたがるのは、それが新しい世界を切り開くものだったからに他ならない。

金森はどんなスタイルの美術家だったかと聞かれたとき、僕はこう答えるんだ、と浅利慶太はいっている。「あらゆる劇作品にはそれぞれが要求する美術的な世界がある。それを最も新鮮に、フレッシュな前衛的な感覚でデザインするわけだから、舞台装置というものは時にフォーブで、またキューブで、逆に印象派ふうの場合だってありますよ」。……

たしかに金森の装置には、実にさまざまなタイプ、様式があってひと口に特色をいうわけにはいかない。しかし、それでも、いくつかの特徴をまとめることはできるだろう。

……だが、これらを見ていると、照明の効果といったものが十分に考えられているのに気がつく。『ひばり』の舞台での吉井澄雄の照明の美しさについてはすでに書いたが、他の作品でも、例えばホリゾントが効果的に解放されて、照明家にまかせられているものが少なくない。

（初出「劇場技術」No.48 一九八一年四月、日本劇場技術協会）

ジロドゥの『永遠の処女』や『オンディーヌ』の装置を担当していた頃は「舞台美術は『主題から発展した新しい次元』の視覚的構成である」と述べ、「舞台美術はそれ自体ドラマチックな創造性を持たなければならない」(「舞台装置の方法」演劇雑誌「四季」4号)とも述べていた金森馨は、やがて「『作品の求めているもの』より『演出家の意図』を重視しなければ」(『舞台装置の姿勢 金森馨』)と、極めて常識的に述懐し、舞台美術家として果てしない夢を追いながら、その限界と闘っていたのである。しかも、その限界を超えられないものなのかとの果敢な挑戦は、死の直前まで続けられていた。

かくして浅利の二十代は、アヌイ、ジロドゥに明け暮れるのだが、それだけではなかった。浅利の思考は緻密で遍在するため、複雑とみられがちであるが、訳の分からぬ複雑さではない。明晰にして明確であった。アヌイ、ジロドゥ劇団と揶揄されるほどに二人の作品に拘り続けたのは、そこに俳優と戯曲の育成という当然の目標を置いていたからに他ならない。新しい戯曲は劇団四季の公約でもあり、戯曲は公募の他、数人の作家、詩人に委嘱もしていた。創立七年目の一九六〇年は四人の作家の創作劇連続公演を実施する。当時これほど思い切った制作は他になかった。

この年から翌年にかけ、公募作を含む六作品が、文学、演劇の専門誌に掲載された。

第五章
日生劇場と華麗にして重厚なる人脈

1964年『はだかの王様』
©松本徳彦

石原慎太郎と浅利慶太、東急の五島社長を訪ねる

一九六一年七月一日、株式会社日本生命会館（日生劇場）設立が公式に発表された時、文化界も驚いたがそれ以上に驚いたのは財界だったかもしれない。もっとも、内々に噂は広がっていたであろう。その代表取締役に東急電鉄の社長五島昇氏が就任したのも驚きであったろうが、それ以上に営業担当取締役に浅利慶太、企画担当取締役に石原慎太郎という共に二十八歳の若者が就任したことであった。石原は一橋大学に在学中の一九五五年に文壇にデビューした新人作家で、デビュー作『太陽の季節』が第三十四回芥川賞を受賞、「太陽族」が生まれるきっかけを提供し、又、慎太郎刈りなど若者の強烈な自我意識を醸成したことから一大ブームを巻き起こし現代のホープの一人と目されていた。一方営業担当の浅利は遡ること八年前の一九五三年に慶應義塾大学仏文科に在籍しながら東京大学仏文科の学生劇団「方舟」の有志と共にプロの劇団「四季」を設立し、一九五五年十二月号「三田文学」に「新劇界」を痛烈に批判する「演劇の回復のために」を発表し学生演劇界は元より新劇界全体に一大ショックを与え、カリスマ性を発揮し始めていた。

当初、財界の驚きは五島社長が何を考えて劇場経営に乗り出したのかというものではなかったかと思う。東急の沿革を見れば、おそらくあらゆるものを商いにしようとしてきたことは分

かるだろうが、映画館ではなく、本格的な劇場経営とは。これはきっと人ったらしの誰かに乗せられたか、ひょっとしてゴルフに負けたか、誰かがそんな冗談を言い出したかもしれないほど訳の分からないことだった。しかし、日本生命の競争相手である業界二位の「第一生命」は中劇場の貸しホールを持っている。とはいえそれはあくまで貸し会場であって、オペラやバレエ、演劇を主とする大劇場の運営となれば、途端に話は分からなくなるのだった。営業担当取締役にフランスの劇作家ジロドゥ、アヌイの作品を専門に上演している若い劇団の演出家浅利慶太を起用し、出し物の企画担当は芥川賞受賞の新進作家、その弟は日活のスター街道を走り出した石原裕次郎だ。年輩の財界人の何人かは「西の小林一三、東の五島慶太」と言われていたことを思ったかもしれない。

小林一三は宝塚歌劇場を生み、育てた人物である。五島昇社長は尊父五島慶太のなし得なかった分野のことをまさか考えた訳でもあるまいなどと。そういえば、日生劇場のすぐ近くには東京宝塚劇場があり、筆者らはいつもその前を通って日生劇場に通っていた。東宝の社長は小林一三の子息、松岡辰郎氏であり因みに有名なテニスプレイヤーにして、スポーツ評論家の松岡修造氏は松岡社長の孫である。後に浅利は越路吹雪のシャンソンのプロデュース、演出で日生劇場を二ヶ月以上も満員にすることになるが、それを仕掛けたのは実は松岡社長だったと浅利は言う。宝塚育ちの越路吹雪ことコーちゃんは、東宝の専属だったが、東宝興行の実力者菊田一夫と芸風が天と地ほどに違うためコーちゃんは東宝を離れたがっていたのだというのである。コーちゃんのマネージャーでもある作詞家の岩谷時子氏もその方がいいと考えていたというのだから、コーちゃんの意向は間違いなかった。東宝の松岡社長と、日生劇場の浅利慶太の間にどんな話し合いがあったのかは知らない。しかし越路吹雪は浅利の手に移り、日生劇場でのシャンソンリサイタル黄金期の幕を開けることになる。商売敵ではあったが、松岡社長は私に好意を寄せていたと浅利は『時の光の中で』(「文藝春秋」二〇〇三年五月号から一年間連載)で述べている。理由は大学の先輩後輩であることと、自分たち以上に年季の入った越路吹雪の大ファンだったからである。コーちゃんはコーちゃんらしくもっと自由自在に羽ばたく場所があるはずだと社長は決断したのであろう。

やや本筋から離れすぎた。元へ戻そう。

関西財界の雄、日本生命は本格的に東京に腰を据えることでイメージを一新したかった。そのためには単に日比谷の一等地に社屋を建てるというだけではなく、それが東洋一の本格的劇場であるということが意表を突く。まさにそれは大事件だったのである。既に生保界第一位の日本生命ではあったが、都民には「第一生命」が強く印象づけられていた。もしもそうであればそれは、敗戦直後に連合軍が日比谷の第一生命ビルを接収し、そこを総司令部とした経緯にもあった。皇居との地理的関係と、ビルの規模と質、内容が特別に優れていることを連合軍が検分し白羽の矢を立てたということが都民、国民には第一生命がナンバーワンとのイメージを刻みつけ、それが隠然たる威力のもとになっていたからである。意図されたものではないものが勝手に、そのような結果をもたらすことになったのである。

日本生命（以後、日生と表記する）としては、日本一の威信にかけ、同じ日比谷に持つ一等地に東京の本拠地を建てる必要があった。当時の弘世現社長はこのことを深く考え抜き、単なる巨大な社屋というのではなく、ここに本格的なヨーロッパスタイルの劇場を中心とした日本生命会館（日生劇場）の構想を長年にわたって温めていた。これについては浅利が度々話し、又記述もしているので要点をまとめて触れることにするが、浅利、石原がこれに関わることになった経緯を今は先にしたい。

浅利の記憶では、ある日石原慎太郎が劇場を手に入れる方法があると誘い、揃って東急本社へ五島昇社長を訪ねたところから始まる。しかし、これには一人、重要な人物が抜けていた。はじめに石原を五島社長に紹介したのは、財界に顔が広く後に雑誌「経済界」の主幹となる佐藤正忠氏で、ある時五島社長に「若い人たちとつき合いたい。誰かいないか」と頼まれ、新進作家の石原慎太郎を紹介したというのである。その折石原は、日本人の精神文化に関わる話をしたのかもしれない。東急コンツェルンには五島美術館があり、これは先代の死後に設立されたものであった。五島昇社長の尊父にして東急の創業者である五島慶太氏のコレクションである。そういったことから話は芸術文化に移り、弟裕次郎の映画や自らも映画に出演した話で盛り上がったかもしれない。話しながら石原は日頃、劇場がないのを嘆いていた浅利慶太のことを思い出していた。それがあって、後日浅利にちょっと付き合えと、二人揃って五島社長を訪ねることになった、というのが正しいいきさつである。「二人は五島社長に渋谷の東急文化会館にある映画館をひとつ劇場にしてくださいと頼みに行ったんですよ」（佐藤正忠氏）。浅利、石原が共に二十六、七歳の頃のことである。浅利によれば、その折江藤淳も一緒だったという記憶があり、そう述べているが、その確認はとれていない。

浅利と石原を結び付けた「若い日本の会」

前後するが、一九五八年の十一月、江藤淳の呼び掛けで「若い日本の会」という若手文化人グループが誕生した。メンバーの顔ぶれはそれに参加したという各人によって多少違いがある。グループの性格がそこに表れているのであろう。江藤の呼び掛けであればそこに「三田文学」で同時に世に出た浅利慶太がいる。当時江藤は「三田文学」の編集を手伝っていたので、編集室に居ることが多かった。浅利は編集人の山川方夫と共同のペンネームで、その頃開局したニッポン放送のラジオドラマの脚本を書いて小遣い稼ぎをしていたのでよく顔を合わせていた。

二人はどこかで水割りを飲みながら誰に声を掛けようかとなって十名ほどの名が挙がる。浅利の年譜（『浅利慶太の四季 著述集3』による）には次のように記されている。

十一月、江藤淳（評論家）、城山三郎（作家）、谷川俊太郎（詩人）、石原慎太郎（作家）、大江健三郎（作家）、寺山修司（作家）、武満徹（作曲家）、羽仁進（映画監督）、吉田直哉（映像作家）らと共に「若い日本の会」を結成。警職法（警察官職務執行法）反対声明を出す。NHKの名ディレクター吉田直哉がこのグループに名を連ねているが、当人は、僕だけ「若い日本の会」にも入っていなかったと、その辺の雰囲気を伝えている。

「NHKだから中立なんだよ」なんて言われて、みんなに爪弾きにされてたんです（笑）。

（「ラ・アルプ」二〇〇〇年二、三月号）

こんな冗談を言い合いながらの、いかにも若い文化人のシャレた感じの会だったのであろう。江藤淳の記録には、この他に永六輔（放送作家）、黛敏郎（作曲家）、福田善之（劇作家）の名もあった。

浅利はこの会に関して次のように述べている。

マスコミはこれを、イギリスの怒れる若者たちになぞらえたが、我々はそう若くもなく、単純な怒りに駆られたわけでもない。警職法は広範な世論の反対によって審議未了に付された。

（『時の光の中で』浅利慶太著、文藝春秋）

浅利が石原慎太郎と知り合いになり、互いに相手の力を見積もることになるのは、この会における自由な雑談からではなかったかと推測する。かくして浅利は、かねて懸案の創作劇執筆の委嘱を石原にする。他に寺山修司、谷川俊太郎、矢代静一らに委嘱した。石原は二つ返事で引き受けた。この頃（一九六〇年）の劇団四季は劇団としての再出発を賭け、それまでの同人制組織から法人格にして、演劇活動と生活を同時に可能とすべく浅利が総責任を負う形に改められたのである。結果、有限会社「劇団四季」となる。「理想で腹はふくれない」ことを確認できたのはみんなが余りにも苦労しすぎたからだった。石原の第一戯曲は『狼生きろ豚は死ね』であり、これは第十九回公演創作劇連続公演の第一作として一九六〇年五月六日から六日間上演された。この戯曲について文芸評論家中村光夫氏は次のように述べている。

「石原氏の戯曲は、坂本竜馬の死をきわめて放胆な手法で描いたもので、幕末の志士たち

が現代青年のような言葉をしゃべり、料理屋の女が〈自由〉を説いたりする有様ですが、
この意識的アナクロニズムがかえって新鮮……」〈朝日新聞四月十九日付抜粋〉

（「劇団四季創立二十周年記念パンフレット」）

この年七月には第二十回公演として寺山修司の『血は立ったまま眠っている』が上演された。題名だけでこの劇のイメージが膨らむ。

主題歌

一本の電柱にも
ながれている血がある
ここでは
血は
立ったまま眠っている
地下鉄は車庫へかえる
地下水はおれの血の中にかえってくる

小さな洗面器よ
アフリカよ
おれの頭上で街がともると
毎日まいにち
おれはやさしく発狂するのだ

（松村禎三作曲、友竹正則歌）

「演劇のヌーベル・バーグともいうべき、ドライでストレートな感覚で描いたこの前衛的な詩劇はたしかに〝現代〟をとらえて強烈なものがある。しかし、本質的なドラマ性というものが引き出されていない」輝〈朝日新聞七月十一日〉

（「劇団四季創立二十周年記念パンフレット」）

第二十一回公演は名舞台と定評のある『ひばり』の再演。これを間に挟み、第二十二回公演連続創作の第三作目として谷川俊太郎の『お芝居はおしまい』。主人公は「きめられた芝居」を拒否して舞台上でしゃべり始め、大道具をこわしはじめる。

「発想はなかなか面白い。しかし芝居をうちこわして、よりよい芝居へというねらいはわかっても作品的には腰くだけに終っている」中〈朝日新聞十月十五日〉

（「劇団四季創立二十周年記念パンフレット」）

次なる第二十三回公演の第四作は新進劇作家矢代静一の『地図のない旅』である。この戯曲は戦争によって人生の地図を引き裂かれ奪われた一人の小市民の精神の荒廃を描きながら、作者はどこかで今は亡き盟友加藤道夫を追慕していたかもしれないと思わずにはいられない内容だった。

文芸評論家村松剛氏は次のように述べている。

アイロニカルな眼と、青春への愛惜と、両者の保つ均衡が、この青春のうたを美しいものにする。同時にまたその努力が、芝居を単に一世代の青春劇ではない、一つの文明批判にまで、たかめているのである。矢代にとってのモニュメンタルな作品だが、それはまた、僕自身を含む世代にとっての、貴重な証言といえるだろう。

（『地図のない旅』プログラム、劇団四季）

一九六〇年五月に始まった創作劇四連続公演は十一月二十八日に終了した。年頭の挨拶で浅利は次のように述べていた。

私たちは、この日本の、この時代の人々に関わる喜びを、苦しみ、哀しみを、希望、怒りを、この時代の倫理を舞台に描き出したいのです。一九六〇年代の日本の状況とそこに生きる人間のドラマ。これを生み出して正当な演劇の伝統を継承すること、それがこれからの私たちの創作活動の目的となります。

（「劇団四季創立二十周年記念パンフレット」）

これら創作劇連続公演の四作品は一方で一九六〇年を劇団四季内部の仕切り直しとして再出発の意気を示しながら、いくつかのアピールを内包していた。その一つは当然ながら浅利をはじめとする演出スタッフ吉井澄雄（照明）、金森馨（美術）、俳優の藤野節子・影万里江・日下武史・水島弘らの持てる力を何としてでも本格的劇場で発揮できるようにすることであった。しかし、以後そのことはしばしば封印しなければと浅利は逸る心を抑えていた。事は一劇団四季のことなどではない。しかしまた、これは我々劇団四季のスタッフにしか実現できないことでもあると考えていた。浅利の中ではおそらく次第に具体的になっていく日生の本格的劇場の話が幻ではなく夢ではなく身震いするほどの現実感を伴って目まぐるしく進行していたのである。

浅利慶太と劇団四季の運命を決めた日本生命会館

東急本社で、石原が浅利を紹介する。二人の話を聞いた五島社長は厳としてこう言った。

「今の日本経済には君たちの道楽につき合う余裕はまだない。しかし気持ちは分かったから考えておいてあげる」

話は終わった。二人は待った。浅利には五島社長に何か心当たりがあるような気がした。直感である。数週間後に呼び出しを受けた二人に、五島社長はゆっくりとした口調でこう言った。

「日本生命が新しい社屋を建て、その中に劇場を計画している。設計と設備のアドヴァイザーを探しているので社長の弘世現さんに君たちを推薦しておいた。会いに行きなさい」

浅利慶太と劇団四季の運命は一九六〇年のこの日この時をもって決定的となった。

劇場を含む日本生命会館の設計は、芸術院会員の村野藤吾氏に決まっており、既に設計は進んでいた。後日浅利はそれに触れ、設計が決まっていたので、その点はどうにもならなかったというようなことを話していたことがあった。残念だったということも漏らしていた記憶があり、使う側の立場として考えた場合どこかに不便なところがあるのかと劇場へ行く度に考えたものだった。それとは別に、その頃の浅利と照明の吉井が、自分たちの演劇というよりも、未来の日本演劇のために日生劇場を取り巻く周囲の無理解とどのように戦っていたか。それを垣間見るような浅利の奮闘は言ってみれば大海に翻弄される小さなモーターボートのようなものであったろうと思わずにはいられなかった。特に驚いたのは浅利のエッセイ『時の光の中で』の第二回「文藝春秋」六月号にこうあったことだ。

完成が近づくにつれてこれほどの劇場を単なる貸し小屋にするのは勿体ない。意義あるものにするべきですと自主運営を勧める我々に、「では君たちが中心になってやってみるか」と五島さんが提案された。

これはどういうことだったのか。日生の弘世社長が考えていたのは、本格的な劇場で子どもたちにいい舞台を見せることとは、その子どもたちの将来にどれほどいい影響を与えることか、ということではなかったか。そういう形で日本生命が社会に恩返しをしたいと考えたからではなかったのか。それがこの形——発足当時の日生劇場——になったと筆者は理解していたからだ。テレビに費やす年間何億円もの宣伝費のほんの数パーセントを子どものための劇場にまわせばいいのである。あの頃は筆者らもそういうことを勝手に考え熱くなっていたものだった。しかし特に一九六〇年から一九六一年にかけての浅利と石原はそれどころではなかったのである。このまま自分たちの見ている前で貸し小屋になってしまうかもしれないのだ。その危機の最中に二人はいたのである。この状況は、筆者らが再三聞かされていた内容とはかなり違っていた。浅利のエッセイの中で弘世社長は、若き日三井物産のニューヨーク支店勤務の折、メトロポリタン・オペラハウスの客席の最上階に通うことを趣味としていた。そしていつの日か自分が然るべき立場に立った時に、日本に一流の劇場を建てたいと考えていた。弘世社長にとって、「この劇場が戦後の荒廃の中にいる子どもたちの心に、夢を与えるものであってほしい」、そういうものだったというのである。それが貸し小屋だったなどとは信じられなかったのである。浅利、石原にとっていわばボタンの掛け違いのような違和感はどこから来たものだったのか。浅利はそのことについては在任中匂わせもしなかった。

五島昇社長に紹介され、日生の弘世社長を訪れた浅利と石原が、その時弘世社長とどのような話をしたのかは明らかにされていない。浅利は劇団員の前で尊敬する弘世社長について折に触れ、様々な話をしたものだったが、初めの会話がそのどれなのかは分からない。これまでもそこから引用してきた浅利のエッセイ『時の光の中で』にも見当たらなかった。ところが、一九九九年十二月三十日刊の『浅利慶太の四季　著述集』（慶應義塾大学出版会）の第三巻の冒頭

「東西文化の十字路で」のはじめに「ベルリン・ドイツ・オペラ実現まで」の苦心談があり、そこに初対面の弘世社長との様子が書かれていたのだ。私は「文藝春秋」の連載を読んでいたので内容は変わらないと思ったのか、それは読んでいなかった。弘世社長を初めて訪れた二人は、日本の劇場の現状を理路整然と話した。特に浅利は熱すると理が冴える質である。

「日本の劇場は非常に古く、ほとんどが関東大震災以後新しい設備をとり入れていないこと」「世界の劇場の進歩の度合い」「合理化された経営システムをとり入れれば、劇場経営は必ずしも採算がとれない仕事ではないこと」等々。それに対し、

「うん、うん、なるほど——そうですか——なるほど」

これが弘世社長のただひとつの反応だったと浅利は記している。

しかし、別れ際に弘世社長は次のように言ったという。

「とにかく建てると決めた以上は、記念として残る立派なものを建てたいと思います。皇居を控えたあれだけの場所に、五十年後に使いものにならない劇場を建ててしまっては、将来もの笑いのたねになりますからね。保険会社の人間はいつでもこういう風にものを考えるのです。あなた方の力を借りる時が来るかも知れない。そのときは協力して下さい」

（『時の光の中で』）

この時点で完成後の劇場の運営などについては何も話されてはいないことが分かる。浅利たちは設計図を見て、使う側の立場から若さと情熱だけを特権として大小様々な注文を出すことから始まった。

やがて工事は進み、話は完成後の問題に移っていく。

浅利は弘世、五島の両氏に、この劇場を貸し劇場にしたとしても償却はできないこと。プロデューサー・システムでなら、場所がらからもうまくいく。それならむしろ、劇場自体がプロデューサー・システムをとりヴェテランの舞台人と直接結び付いて回転資金を供給すれば、文化的な成果も上げられ、貸し劇場にするよりは償却率も高くなる。舞台の場合、意欲作の成功は必ず経済的成功を伴わなければならないことを一流の舞台人ならばよく承知しているので、プロデューサーは必ず双方の成功を狙った企画を立てる。この形が将来に残す文化的意義は大きい。演劇界には、成功するに違いないが回転資金がないために宣伝、仕込みは貧弱、期間は短く結局は赤字というケースが多い。新しい劇場がこうした芸術団体の小資金をカバーすれば双方のプラスになる。ただ、この形で運営してゆくには、一流舞台人の協力が必要で、そのためには、劇場自体が未来の舞台芸術に対する理想を持ち、一歩一歩近付いてゆこうとする姿勢が大事である。と、おおよそこのようなことを述べた。

浅利の話は弘世、五島両氏にある種の納得を与え、多くの質問を引き出した。両氏は実業の専門家である。浅利の話は両氏に理解されたはずであった。加えて浅利は都内貸し劇場の回転率とプロデューサー・システムによる利益率の実質比較、各劇場の入場率との相関関係その他一般物価の上昇率と入場率との相違点、貸し会場にした場合とプロデューサー・システムにした場合の会社構成の相違、その人員の違い、現在の興行界の給与体系等々の説明をした。それに対し、「貴方がたがもしその考えに自信があるのなら、それを数字的なデータで証明してみてください」。これが弘世社長の答えだった。

浅利は四十年前を追憶し、『時の光の中で』でこう記している。

この仕事に関わりを持つようになったころ、日生東京代表の助重精也常務に質問してみた。「ここにビルを建て劇場をおつくりになる目的は何ですか」。「まず我々が、日本最大の生保だということを東京の皆さんに知ってもらいたい。次に、日生は文化を大切にする企業だということを」。第一の答えは日生全体の意志だったろう。第二はこの人と、社長の弘世現さんの気持ちだった。当時をふり返ると、日生の大半の人は劇場に無関心、というより否定的だった。

浅利はこの時、既に建設中のこの劇場が、重大な岐路に立たされていることを感じていた。たとえ弘世社長と助重東京代表がその気でも、会社の大勢が劇場事業に冷ややかであれば運営に難儀を来し、最悪の場合は東洋一の劇場が貸し会場、貸し小屋になるかもしれないとの危機感をどこかでしっかり受け止めていた。弘世社長は強いがワンマンではなく、存在自体が説得力を持っているような社長であったからだ。強権的に物事をすすめることをよしとしない社長と見ていたからだ。浅利のアンテナは周辺の事情を正確にキャッチしていたのである。それは結局のところ日本という国の指導者、つまりは政・官・財の有力者にとって、お金でもない、権力とも違う芸術文化とは彼らの理解を超えるものであったからであろう。そういう意味では無知で狭く、堅い世界の中で、明治百年を背負って今を生きる仕事の鬼たちには弘世社長や助重常務のような確固たる人生哲学を持った柔らかな世界観、思想を持った人間の価値が分からない。分からないから疑い、誤解する。そんな中で弘世社長の理解者、味方はこの場合社外の有力な財界人たちであった。

東急電鉄の五島昇社長、野村證券会長の奥村綱雄氏、三井不動産社長の江戸英雄氏、それに財界から政界入りし、外務大臣もされた藤山愛一郎氏がいた。氏は浅利にとって慶應三田会の大先輩であり、何かと相談に乗ってくれたものであった。しかも浅利、石原の両名の門出を祝福し、劇場運営会社の株式まで氏のポケットマネーで持たせてくれたというのである。こうして、浅利、石原の疑問と不安は取り敢えず杞憂に終わった。ここからが彼らの若さとそれによる大胆不敵な計画と実行が彼らを取り巻く何重もの壁を突き破るのである。

手はじめは最大の懸案、柿落としの決定である。企画顧問の二人、劇作家・演出家でもある文芸評論家の福田恆存氏と音楽評論家吉田秀和氏は欧米文化の動向に詳しく、その眼力は超一流であり、この新しい、しかも本格的劇場によって日本の劇場文化が様変わりすることに大きな期待をかけていた。勿論、現場で指揮をとる浅利と技術照明の吉井のこの劇場に賭ける意気込みは、言ってみれば日本演劇の悲願を体現して、当初はあったかもしれない個人的野心などは疾《と》うになかった。後に「では君たちが中心になってやってみるか」、この劇場を足がかりにして文化の革命を起こしてみるかとまず五島社長は弘世社長の意を体して言い、役員は皆五島社長の発言に同調したのである。浅利、石原は当時二十八歳だった。そうして結局、五島昇社長は二人を推薦した責任上「雇われマダムになるのか」と苦笑いしつつ劇場運営会社「日本生命会館」の社長に就任した。このように落ち着いてみれば、浅利が感じ疑ったことどもは、大人たちの浅利、石原らに対するテストだったのではという気さえしてくる。

しかし、弘世社長らの深謀遠慮にもかかわらず、不測の事態は生じるものである。地上八階地下五階は並のビルではない。その地下五階の下にまだ二階分があり、そこは水槽のようになっていたというのである。つまり地下工事出水のため、工事費は予定の二倍（六十億円）近くになり、それは日生内部の動揺につながった。大蔵省の干渉がこわかったからだが、その批判の目はそのまま他所者の芝居者浅利に向けられた。非常勤の石原は普段は不在であり、独り浅利の肉体と精神はよくそれらに耐えた。大人たちのテストはその辺の見極めにあったのかもしれない。それはさておき最後に課された問題に二人はその日から数十日間かけ、あらゆる劇場と興行会社のデータを調査し、結論をまとめ、大阪の日生本社に弘世社長を訪れた。集めた資料と作成したデータは小型トランクに一杯になっていた。

「まだまだ考えるべき問題やむずかしい問題が多いけれど、説明はわかりました。やってみるだけの価値はあることですね。ただ、だれがやるのかが問題です。貴方がたが責任を持ってやってゆくつもりがありますか」

（『時の光の中で』）

弘世社長のこのことばは「まさに青天の霹靂《へきれき》」だったと浅利は回顧している。勿論、言い出した以上、この劇場のために全力を挙げることは覚悟していたが、まさか自分たちが運営上の責任者になるなど全く考えてもいなかったからである。浅利には「劇団四季」があった。浅利と石原は時間をかけて何度も話し合い、何人かの人に相談もした。藤山愛一郎氏もその一人であったに違いない。反対する方が多かったと浅利は回想している。そしておそらく会社設立前の会議で、五島氏は弘世社長が言ったことと同じことを浅利、石原に質したのである。二人が考え抜いた結果この劇場はヴェテラン芸術家と財界人の協力によってしか成り立たないこと。自分たちは両者をつなぐ役割ならばできなくはない。これは言うまでもなく浅利の決断にかかっていた。彼らは決意した。引き受けるに当たって二つの条件をのんでもらった。一つは、現場の仕事の一切は任せてもらうこと。いま一つは、劇場を軌道にのせるのに数年は見てもらいたいことであった。それは了解された。

こうして、株式会社日本生命会館（日生劇場）が発足したのである。

シオノギ製薬の援助で柿落としのドイツ・オペラ成功

柿落としに当然考えたシェイクスピア劇団は一九六四年がシェイクスピア生誕四百年祭で、その前年秋に俳優たちは本国を動けないという福田恆存氏の説明で諦める。吉田秀和氏は、この際ドイツからオペラを呼ぶのが一番と強く主張し日本とドイツの浅からぬ因縁からもドイツのオペラをとなり、ベルリン・ドイツ・オペラ＝ドイッチェ・オパー・ベルリン（D・O・B）への正式招聘状が一九六一年夏に発送された。それから長い交渉が始まる。当初、浅利らが考えていたのは数十人規模の公演だったという。オーケストラ、コーラス、技術陣は日本側が担当する。前例もあった。その頃NHKが提供したイタリア・オペラはこの方法だったからだ。ところがD・O・Bの副監督ゼーフェルナー教授からの返書が届いてびっくり仰天、それにはこうあった。

「こけら落としの来演招聘ありがとう。是非東京公演は実現させたい。しかしオペラ団はソリストだけを連れてゆくことは出来ない。ドイツ・オペラの真価はコーラスとオーケストラ、そしてソリストの見事なアンサンブルにある。全てを統合した演出の魅力にある。オペラ団は東京公演を重大な企画と考えるゆえに、完全なものをお見せしなければならない。全団員が渡航出来るよう努力してほしい。私もドイツ政府に援助を申請し、最大の努力をしよう。政府もおそらく東京公演のような最重要公演には援助をおしまないだろう」

（『時の光の中で』）

感激と絶望が同時に来た。ドイツ・オペラの完全版は観たい観せたい。しかし億単位の莫大な経費をどうするのかだった。石原が言った。

「たいへんな計画だし、無理かもしれない。しかし動いてみる前に議論しても始まらない。まずやってみよう」

二人の息は合っていた。二年余りの努力の末この企画は実現した。この間、オペラ団の副監督のゼーフェルナー教授と浅利の間に往復された文書は百数十通に上ったと浅利は述懐している。それは実に真剣勝負だった。西ドイツは一九六二年九月に二十万ドイツマルク、当時の日本円にして七千万円を超える援助を決定した。浅利も石原も日本政府を当てにはしなかった。彼らは独自に可能なつてを求めては協賛を打診したがすべては空振りに終わっていた。時は迫っていた。無駄に費やす時間はもうなかった。二人は相談し、弘世社長に同行を願い、松下幸之助氏を訪れたのである。松下幸之助氏は京都の真々庵という茶室で茶を点《た》てながら「今日の日本経済に、オペラのために六千万円を出せる力はついたと私は思います。お二人でいろいろな人に働きかけてごらんなさい。どうしても見つからなければ、私が助けましょう」。

励まされたような、断られたような、不思議な気持ちだったと浅利は書いている。とにかく作戦を練った。キーワードはインテリ、ドイツ、ドイツ語、医師から製薬会社と辿り、五島昇社長の縁続きで、シオノギ製薬の塩野孝太郎社長に的が絞られた。窮すれば通ずである。

大阪のシオノギ本社を訪ねると塩野社長は、「貴方がたが私に下さった手紙は手書きですね。普通この種の依頼状はタイプで打っていろいろな企業に宛てられるものですが、何故こうなのでしょう」、「実はこのお願いをききとどけて下さる可能性のある方は、塩野さんをおいてないと思い、ただ一通、浅利が手書きで書かせていただいたのです」。石原の説明に塩野社長は驚き、微笑まれ「ほう、貴方がたに見込まれてしまったわけだ。よく解りました。きちんと検討してお返事を差上げます」。

数週間後に一通の封書が届く。「シオノギ製薬は、本日、ベルリン・ドイツ・オペラ日本公演に協賛させていただくことを決定いたしました」。

ドイツ政府もシオノギ製薬の援助を高く評価し、後から来日されたリュプケ・ドイツ大統領はシオノギ製薬研究所を表敬訪問されることになる。塩野社長にとって重い決定だったであろうが、この時はじめて社長の決断は社内外から大きな評価をうけた。浅利はそう記している。シオノギの協力が決定した瞬間、日本のオペラファンが長い間待ち焦がれていた世界の超一流のオペラハウスの完全な日本公演が決定したのである。その内容はソリスト、二十世紀の神様とまで言われたディートリッヒ・フィッシャー＝ディスカウを中心にオーケストラ百余名、コーラス八十三名、技術スタッフ他総勢二百八十名。日本では引っ越し公演と騒がれた。この中に指揮者ロリン・マゼールがいた。彼はカール・ベームを筆頭とする四人の指揮者の一人で一番若く、浅利の三歳年上という年齢の近さもあって、たちまち二人は意気投合した。マゼールは音楽ばかりではなく、文学や演劇にも通じていた。又、浅利によれば大変な知日家でもあった。何度か来日する中で彼が言ったのは、ヨーロッパで上演される『蝶々夫人』はとても耐え難いということだった。いつかきちんとした『蝶々夫人』を上演しよう。それがマゼールと浅利の約束だった。世界的な指揮者となった彼は浅利のミラノのスカラ座進出への仕掛け人となる。約束は二十年後に実現された。二人の友情は本物だった。世界のマゼールは約束を違《たが》えなかった。オペラ『蝶々夫人』は浅利演出によって、初めてプッチーニが思い描いた『蝶々夫人』になった。ミラノの新聞はこう書いた。「ガラス細工のように繊細な国へ、西洋文明が土足で踏み込んだ状況を浅利は表現した」。

浅利の『蝶々夫人』については章を改めることにしたい。

日生劇場柿落としの幕開けは十月二十日。ベートーヴェン作曲、カール・ベーム指揮の『フィデリオ』である。他の演目は『フィガロの結婚』『トリスタンとイゾルデ』、それに現代オペラの『ヴォツェック』だった。

十一月六日ドイツ連邦共和国リュプケ大統領が国賓として来日。ドイツ側はこの機に大統領主催で天皇皇后両陛下をはじめ、主だった皇族を招待する特別公演を希望し、十一月九日『フィデリオ』が特別に催された。これは日本生命としても思いもよらない出来事となり、図らずも天皇皇后両陛下を貴賓席にお迎えできたことは、シオノギ製薬にドイツ大統領が表敬訪問されたことと同等以上に弘世社長も又、日生の内外に対し、面目をほどこしたことは言うまでもないことであった。浅利はこれを心から喜び、同時に自らの強運をひしひしと感じていた。

第六章
日生劇場の始動と試練

1965年『オンディーヌ』
加賀まりこ、北大路欣也
©松本徳彦

不安が的中した『ものみな歌で終わる』

O Freunde,nicht diese Töne!
Sondern laßt uns angenehmere
anstimmen und freudenvollere.

おお友よ、この調べではない。われらはもっと快い、歓びにあふれた調べに声を合わせようではないか。

突然、力強いバリトンの呼び掛けに、浅利は少し驚いて身を起こした。劇場に響く「交響曲第九番」の第四楽章「歓喜の歌」が始まったのだ。

年末をこの新しい劇場の客席に深く身を沈め、「第九」を聴きながら往く年に別れを告げ、来る年に畏れと勇気と希望を持って一言一言噛みしめつつ覚悟を新たに刻んでこれたのは、共に演劇とは何かを問うてきた仲間たちとの確たる信念があったればこそのことであった。

ちょうど一年前、劇場部分だけがほぼ完成したこの同じ客席で、世界の最新にして最高、最先端の劇場機構を使いこなすための最初の音出しを兼ねて「第九」を流したものだった。半自動の照明、音響、そして舞台機構。これらそれぞれの最高のシステムをドイツ・ベルリン・オペラによる重厚壮大、且つ華麗な杮落としまでに何百回となく操作訓練を重ね、細かにチェックし、微調整を続けることになるその最初の音出しが、今、総責任者としての浅利自身の「スタンバイ!」から「キュー!」によって動きだすのである。浅利は感無量の内にも追いたてられるような不安がどこかにあるような気がしていた。来る十月と決めた杮落としに合わせて動く巨大プロジェクトの幾多の困難が、思いがけない一ミリの隙間から突然目の前に立ちはだかるかもしれないのであった。

それはほんの五秒か十秒のようにも思われたが、その間に彼は種々雑多なことをあたかも鷹のように高みから次々と目で追っていた。何一つ見落としがないように潰してきたはずだった。少しでも不安があれば、それは今潰しておかなければならない。それ以上のことは何もない。俺はただ完璧にやるだけだ。日本のというよりは俺たちの信ずる演劇の殿堂たるべく、日本生命の弘世社長の信ずる物心両面で安定した日本人育成のための一助としての演劇のために。既に杮落とし後のスケジュールの予定は決まりつつあり、遅くとも秋にはプロデューサー・システムによる公演形態を採ると発表しなければならない。十月の杮落としに先立って、劇場設立に力を貸していただいた政・官・財の方々ら関係者一同をお招きし、東洋一の劇場の完成と、世界最先端の舞台機構のデモンストレーションをご覧いただく。そしていよいよドイツ・ベルリン・オペラの引っ越し公演となる。

だが、すべてがベストコンディションで行われたわけではなかった。第一に浅利自身が心身共に疲労の極に達していた。劇場完成のデモンストレーションの日は、事前の稽古で舞台から客席に降りる際に彼が珍しく身体の変調による痛みから顔をしかめるのを筆者は見ていた。セレモニーの乾杯が終わって国際会議場から再び客席に戻った彼は燕尾服を脱ぐや否や思いっ切り椅子に叩き付けた。こんなものを着ていられるかという風情に、袖幕の陰にいた者も客席にいた者たちもさもありなんと思いつつも、どうしても笑いを堪え切れなかった。

合唱で我に返った浅利は、冒頭三行だけがシラーの詩ではなくベートーヴェンの詩になる詞の意味が、そのまま自分たちの、つまり劇団四季の創立理念に一致していることを再認識していたに違いない。そういう舞台をこの劇場で我々の手でと。

その本格的スタートは一九六四年三月のシェイクスピアだ。福田恆存プロデュース・演出による『リチャード三世』であり、タイトルロールのリチャード三世役には歌舞伎役者で天才肌と言われる十七代目中村勘三郎。四月はエドモン・ロスタン作『シラノ・ド・ベルジュラック』。演出の松浦竹夫は前年の十一月に『喜びの琴』事件で文学座を退団した三島由紀夫とのコンビで名を馳せていた。この事件については拙書『断章 三島由紀夫』に記したので改めてこれ以上は触れない。そして五月は三島由紀夫の問題作『喜びの琴』であり、プロデュース・

演出は浅利であった。

それにしても、と浅利の意識は劇場自前の柿落としになる開場記念公演、創作劇『ものみな歌でおわる』（花田清輝作、千田是也プロデュース・演出）を無視するわけにはいかなかった。ドイツ・ベルリン・オペラのこの上ない至福の恩寵で光り輝いた劇場を思い出すだけで胸が高鳴るあの柿落としの後だ。どうあがいても見劣りはする。とはいえである。この劇場を貸し小屋にしないための苦肉の策が一番手「新劇」の要に位置する千田是也の起用で、氏をプロデューサー・演出家として、できれば年に一、二ヶ月をと考えたのは他ならぬ浅利だったからである。同時に一抹の不安もなくはなかった。それは、日生劇場というヨーロッパスタイルの本格的大劇場（欧米では中劇場の規模）と、いわゆる「新劇」の乖離、相性の問題であった。その不安が当たったのである。無理もないとは思う。だが、まさかと思うほどの呆れた舞台は、新派の水谷八重子（先代）や新劇の仲代達矢など数十人規模の集団では隠すほど現れる粗雑さと下品な慣れと、本格的劇場に対する親和性を欠き、驚くばかりの鈍感さの一斉開放であった。

一つ小屋で一ヶ月以上もの長期公演は各新劇団の俳優諸君には予想外のマンネリズムに心身の疲労をもたらすはずであったが、それが違った形で出たのである。何も感じないどころか、逆に何を勘違いしたのかこともあろうにふざけ始めたのである。これが当今の「新劇」の俳優にとってストレスの解消だったのかもしれない。それは未だ経験がないためでもあった。一週間あるいは十日で、俳優は日々自分のなすべきことに不安を覚え、恐怖に怯えるようになる。その状態をいかに突破し得るかが俳優として自分に課せられた日常の仕事、稽古でなければならなかった。にもかかわらず彼らは新劇風の愚かな考えからか糞度胸と悪達者のでたらめに打って出た。例えばこんな日があったと出演した劇団四季の女優が血相を変えていた。「相手役が突然あたしを役名ではなくあたしの芸名で呼んだのよ。ドサクサまぎれに。何という人たちでしょう」と。奇才の作者花田清輝も、おそらく呆気にとられたドタバタ劇の結果は、正気を失ったとしか思われない仰天すべき行為を示したのである。この芝居には「かぶきの誕生に関する一考察」という副題がついているように、出雲阿国が金山で有名な佐渡島を背景に歌舞伎という新しい芝居をつくり出す一過程である。登場人物が皆おしゃべりで、てんでに自己主張を長々と語るのだが、発声、滑舌の悪さは言うに及ばずで、結局何が何だか分からない舞台だったとの評価以外に評価はなかったのである。今こう書きながら、後年「劇団四季メソッド」と命名されることになる浅利メソッドの確立を思い浮かべた。それは呼吸法と開口、滑舌の三大ポイントを厳しく押さえながら母音を重要視する。それに伴う全身の筋肉強化、調整にまで及ぶ。これを書きながら、近年大流行の健康法が採り入れていない、秘伝中の秘伝かもしれないと思わず口元が緩んできた。

この舞台は演出以前の問題として、俳優たちの妙に舞い上がった姿だけが見てとれた。彼らはこの舞台で自分の価値が上がったと錯覚し、それを鼻先にぶら下げてわめき散らしていただけであった。幕の開く前に結果が分かったとしても総責任者浅利にもこれは止められなかった。結果この高名な新劇界の長老の出番はこの一回で終わることになった。そして、これはこれでよかったのである。それによって浅利慶太の計画が大きく崩れるということにはならなかった。千田是也は、奇才花田清輝と組んで、大資本の華麗なる劇場に大衆演劇で撲り込みをかける位の意気込みだったと推測するが、その思いが強すぎて空回りしたのである。花田清輝はどちらかというと戯曲よりも小説、それも短編小説に異才を放つ作家だった。二番手は一月の新春歌舞伎、武智鉄二プロデュース・演出の『勧進帳』で内容はよかったが、制作面で新劇のシステムでは考えられない不合理が多く、そのために続けられなかった。

日生劇場が誕生し、少なくとも弘世社長の考えているような、また浅利慶太が同調するような劇場の未来は、その演目と舞台づくりに細心の注意を払わなくてはあっという間に頓挫してしまう。やりたい演目が必ずしも多くのお客の気に入る訳ではないことを常に忘れてはならず、安易にお客に迎合すれば、それも又直に危うい結果を招来する。興行とは水ものである。それについては若いが十年のキャリアを積んでいる浅利である。経験以上の能力と才能は、築地小劇場の同人として劇場の運営に当たった父鶴雄氏をはじめ大叔父である明治、大正、昭和に活躍した二代目市川左団次など血脈、環境に舞台の苦労人がいたことにもよる。時として誰の何の影響も受けていないと言い切ったこともあったが、筆者に驚きはなかった。影響とはそういうものだからである。

「歓喜の歌」は、去る年の出来事と来る年のあれこれに思いを馳せ、考えるともなく考えていたところに覚醒の一撃をとばかりに鳴り響いたのであった。

起こるべくして起こった大デチン

我らの浅利慶太はこう考えていた。この日生劇場を託された以上、自分はそれに全身全霊をもって応えなければならないと。そのためにはこの劇場で我々劇団四季の舞台を当てることだった。その第一の候補作は言うまでもなくジロドゥ、アヌイの作品たちであり、中でもジロドゥの『オンディーヌ』であった。五年前、一九五八年十二月に俳優座劇場で本邦初演と力んでみたが、誰よりも満足できなかったのは浅利本人だった。その名誉挽回の風は吹いている。そしてこれも外せないのは恩師加藤道夫の遺作『なよたけ』を成功させることであった。

この作品は別な意味で失敗は許されなかった。師が南方への出征を前に青春の記念碑として完成させた、いわば遺書代わりの作品である。師の生前に本格的上演をみられなかった舞台を長年思い続けていたもので、よし、今だ、という確信なしには手をつけられないとしていた作品だった。この二作品の完璧な上演とは当たりをとることであり、浅利にとって、また劇団四季創立メンバーにとって、否、それ以上に日本の現代演劇にとって悲願の達成になるのは間違いないことであった。そのためには最低一年、あるいは二年、劇団四季の全俳優と営業制作部はこの劇場と格闘しなければならない。意識と無意識とを総動員して、「演劇とは何か」をテーマにこの劇場を研究し尽くし、少なくとも屁理屈ではない何ものかをしっかり体得する。然る後におもむろに王手をかけるのだと。その相手とはこの日生劇場という今や魂の入った大劇場そのものに対してであり、我々自身に対してでもある。それを片時も忘れてはならないのだ。この劇場をつくりながら浅利の考えてきたことはそういうことであった。

劇団四季創立から十年の今、やっと巡ってきた最大のチャンスは、それだけに逃げ足も速いと考えなくてはならない。もしもチャンスを逃しでもすれば第一に、我々にこのような機会を与えてくれた日本生命の弘世社長と、弘世社長に我々を推挙してくれ、この劇場運営会社の社長まで引き受けてくれた東急電鉄の五島社長に対しても面目が立たないのである。開場したばかりの劇場を預かる身としては、成果を上げてやっと認めてもらえるのであって、その時間は限られている。浅利が、この大役を引き受ける条件として、この劇場が軌道にのるまでに数年は見てほしいと言ったその数年とは、実業の世界では一、二年ということである。浅利の発言は現実をそのように理解した上でのことであったのだ。

その浅利が溜め込んだストレスを大爆発させたことがあった。それは大当たりをとることになる『オンディーヌ』(一九六五年六月)の九ヶ月前、劇団四季第三十二回公演『ジークフリート』(ジャン・ジロドゥ作)の稽古場でのことだった。劇団四季ではそういう時、グランボスの大デチンが始まったと言っていたが、まさにそれだった。

一九六四年の春を迎え、劇団四季は第三十回公演に初のスペイン黄金期の古典劇ドン・ペドロ・カルデロン・デ・ラ・バルカ作『十字架への献身』(アルベール・カミュ脚色)を二月十二日までの十日間、日比谷の第一生命ホールで終え、直に俳優たちは日生劇場三月公演『リチャード三世』の稽古に合流した。

その当時の浅利のスケジュールを劇団四季の公演と日生劇場の現代劇公演日程から想像してもらいたい。一方、四季の俳優たちは以下の日生劇場公演に常時出演し、主な役柄の他、脇を固め続けることになっていた。

二月　第三十回劇団四季公演『十字架への献身』(浅利慶太演出)二月三日~十二日
三月　日生劇場公演『リチャード三世』(福田恆存演出)三月一日~二十九日
四月　日生劇場公演『シラノ・ド・ベルジュラック』(松浦竹夫演出)四月四日~二十九日
四月　日生名作劇場『はだかの王様』(浅利慶太演出)四月上旬稽古開始。劇団四季総出演。

五月　日生劇場公演『喜びの琴』(浅利慶太演出) 五月七日〜三十日
五月『はだかの王様』(浅利慶太演出) 五月二十一日〜十二月二十四日
六月　第三十一回劇団四季公演『イフィジェニイ』(宮島春彦演出) 六月十六日〜二十五日
七月　日生劇場公演『椿姫』(今日出海演出) 七月七日〜二十九日
九月　日生劇場公演『若きハイデルベルヒ』(松浦竹夫演出) 九月三日〜二十七日
九月　第三十二回劇団四季公演『ジークフリート』(浅利慶太演出) 九月二十三日〜二十八日
十月　日生劇場公演『恋の帆影』(浅利慶太演出) 十月三日〜二十九日

浅利は演出の他に劇場の責任者であり、同時進行で四季の俳優たちは常に芝居のチケットを売らなければならなかった。そんな中で日生名作劇場『はだかの王様』の稽古と五月二十一日から十二月二十四日まで劇団四季総出演の昼公演八十回が重なっていた。だが、この公演では出演者、スタッフ全員が観劇する子どもたちに感動させられ心を洗われることになった。

日生名作劇場は、日本生命の弘世社長が永年にわたり温めてきた社会貢献の一つで、子どものための純粋な情操教育を目的としていた。そのために子どもの気をそらさない工夫をという希望により、「ミュージカル」となったものだった。これに応えて劇団も総力を挙げて練りに練った。そうしてこの努力は実を結ぶ。日本生命提供、日生劇場・都民劇場主催による〈こどものためのミュージカル・プレイ〉第一作は、都内学童約十万人を無料で招待するというメセナの先駆けで、この事業に対する評価は予想をはるかに超え、日生劇場にとっても劇団四季にとっても以後連続する名作劇場、ミュージカル分野への記念すべき一歩となった。

十二月は特別事業として、この『はだかの王様』を舞台と同じキャストで映画化、劇場へ来られない各都市の学童のために無料貸し出しに供することになった。

さて、先の大デチンであるが、この年、劇団四季の本公演は日生劇場公演の隙間を縫って慌ただしく行われていた。二、六、九月の三回と五月から年末までの『はだかの王様』を入れて四作品である。

稽古は専ら日生劇場公演の空き時間を使った。それは本来公演中の俳優が大事にしなければならない貴重な時間であったが、背に腹は代えられなかった。寝食以外の時間は削り取るように稽古を入れなければ間に合わなかったのである。先に並べた公演スケジュールを見れば、この中から空き時間をひねり出して別の舞台の稽古をするのはどれだけ厳しいものか、誰にでも想像がつく。稽古は劇場の上の階の空き会議室を利用したり、時には浅利の執務する重役室で部分稽古をすることも珍しくなかった。時間を惜しんで抜き稽古をしているところに舞台を終えた俳優たちが化粧を落とし残したままで上がってくる。本格的な稽古はそれからになった。始まりは早くて午後九時三十分。それから終電まで稽古を続けるのが当時の四季の生活だった。

日生名作劇場の『はだかの王様』は、朝十時、あるいは十一時から午後三時頃までで終わり、夜の出演者はそのまま楽屋入り、舞台が終わって再び終電までの稽古になる。これの初日が近付くにつれ、稽古は朝の国電始発まで延長され、一度帰宅して午前十時半から総稽古、あるいは舞台稽古ということもあった。自宅往復の無理な者は、客席や劇場内のあちこちの床で仮眠を取ることも多かった。九月の『ジークフリート』も当然そのスタイルで稽古スケジュールは厳しかった。体力のない者、不摂生な者は一番先に声に変化が起きた。

日生劇場の九月公演は松浦竹夫演出の『若きハイデルベルヒ』であり、この舞台にも大勢の四季俳優が出演しており、四季公演と重複する者は多かった。加えて、十月の日生劇場は三島由紀夫の書き下ろし戯曲『恋の帆影』。演出の浅利はメイン水谷八重子（先代）、それに、津川雅彦、東山千栄子、村上冬樹、七尾伶子などのヴェテランを配し、四季俳優陣で脇を固め稽古に入っていた。そのため、九月、十月と連続する劇団四季公演と日生劇場公演を同時に浅利が演出することになっていたのである。当然ながら、稽古の内容がいいことも悪いことも相互に影響を与えずにはいなかった。稽古場を移っても演出家は同じとあって、俳優の誰もが息つく暇を持てなかった。そういった状態の中でこの大デチンはおそらく起こるべくして起こったのである。だが、筆者はこの時『ジークフリート』についていたためその日の『恋の帆影』の稽古で何があったのか、どのような稽古内容だったのか全く知らなかった。結論としては、創立メンバーの一人が矢面に立たされる事態になっていた。その理由は彼の稽古内容が余りにも悪すぎるということのようだったが、原因は直前の稽古とも関係があるはずで、そのためにデチンが大デチンになった可能性は高かった。浅利が問い質《ただ》しているのは台本をきちんと読んでいないのではないか、つまり勉強不足ではないのかということであった。そうではないというのであれば、君はもう役者をやめた方がいいと浅利は決定的なことを言った。駆け出しの筆者には演出家のというより浅利の真意がどこにあるのかが分からなかった。というのも『ジークフリート』は祖国と戦争を描いた名作で、ジャン・ジロドゥの作品の中では分かりやすく、劇団四季の重要なレパートリーとして数年前に既に上演されていたからであり、矢面に立った彼はその時と同じ役を演じていたからでもある。

稽古場に重苦しい沈黙がズシリと垂れ込めた。研究生を含めほぼ全員の俳優とスタッフが揃っていた。その前で浅利は創立メンバーであり、盟友の一人でもある彼を罵倒したのである。異様な沈黙だった。事情を知らない大部分の者たちにとっては突然すぎ、何が起きたのか分からなかった。その日の稽古はもう無理だった。ひょっとして原因は『恋の帆影』の稽古にあったのではないかと考えたが、誰も心当たりはないと言うばかりで、あるはずの原因はいよいよ何かにさえぎられているように思われた。

翌日、昼間の稽古に先立って浅利は話し始めた。それは、劇団四季が今置かれている状況についてだった。端的に言えば、日生劇場が一年でも早く軌道にのることが劇団四季の理想とするところと一致するのであり、弘世社長の社会奉仕の理念とも一致するのだということであった。俺はそのために戦ってきたし、戦い続けているが、君らはそういう俺を見ているだけで皆勝手なことをしている。「君らは浅利慶太ひとりに戦わせるつもりか」。それから少し間を置いて浅利は続けた。劇場運営に関する内外の批判についても語った。「そんなことは俺にとってはどうでもいいことだ。言っておくが、どんなことがあろうと自分の拠りどころは劇団四季である。創立の理念を忘れ、軽佻浮薄に流されるな」と。浅利はそう言い終わると「さあ稽古だ」といつものようにパーンと手を打った。

演出家浅利慶太に大劇場の運営で孤軍奮闘していると言われ、途端に日頃なんとなく感じていたことが急に事実となって目の前に突き付けられたように思われた。「浅利慶太ひとりに戦わせるつもりか」。この一言はメンバー一人ひとりの中に何処か大舟に乗った気でいたところがなかったかと、そう思わされた。

浅利の大デチンは、おそらく『恋の帆影』の稽古のストレスが七割、公演が迫っている『ジークフリート』の稽古の進捗状況が三割で、思わず当たってしまったのだ。四季の俳優は劇団の公演と日生劇場公演のために目の回るようなスケジュールをこなさなければならなくなっていた。どれほどの過密状態の中であっても完璧な稽古を積み舞台に立たなくてはならないとはいえ、俳優はロボットでも機械でもない。演出家だってそうだ。浅利は自分をも含め、ガス抜きをすることで、一石二鳥ならぬ一石三鳥を見事にやったのだと、筆者は後に理解し納得した。『ジークフリート』の稽古を締めることで『恋の帆影』の四季演技陣にも喝を入れ、全体として多少軽佻浮薄に流されている者に厳しく自覚を求めたのである。特に若手に対しては、確実に覚醒の一喝にはなったのである。矢面に立たされた盟友は、盟友であればこそ、浅利の仕掛けた芝居にしっかり付き合ったのである。勿論、創立メンバーとしても、万に一つの気の緩みがあれば、そこにも楔は打ち込まれたはずであった。

かくして、一九六四年の日生公演と四季公演のたがの緩みに歯止めはかけられたと浅利は考えていた。十月の日生劇場公演が終われば残るのは日生名作劇場の『はだかの王様』だけである。浅利は正劇団員の何人かには漏らしていたが、この〈こどものためのミュージカル・プレイ〉の出演料を全額プールし、来年中に待望の稽古場を建てることにしていた。劇団総出演である。全員で稽古場を建て、新たに株式会社を設立する。昨日に続く今日の説教は、それに対する嘘偽りのない忠告であり、ダメ出しだった。グッドタイミングだったと浅利は考えていた。

『オンディーヌ』『永遠の処女』が大当たり

この年一九六四年の劇団四季本公演は三回、日生名作劇場一回、それに日生劇場公演『リチャード三世』『シラノ・ド・ベルジュラック』『喜びの琴』『椿姫』『若きハイデルベルヒ』『恋の帆影』の六公演への多数出演で、総ステージ数は明確ではないが、おそらく二百ステージ前後であろう。しかし、六五年はこんなものではなかったのである。本公演四、日生名作劇場一、アヌイの『孔雀館』（『アルデール又は聖女』改題）、『悪魔と神』（サルトル作）を加え二百七十ステージのフル回転だった。浅利は六作品を演出。田中明夫、日下武史、水島弘は二百六十〜二百七十ステージに出演。舞台と稽古が全くなかった日は十二日間のみだった（越見雄二編、創立二十周年記念誌より）。このすさまじさの原因は四季公演四のうち三公演が日生劇場との提携公演だったためで、結果ここでステージ数に圧倒的差がついたのである。しかもこの三公演は大当たりとなる。六月の第三十四回公演『オンディーヌ』は公演八日目で日延べ公演と八月の再演（第三十五回公演）を決めるほどの大当たりとなった。

もう一つは十一月の第三十六回公演『永遠の処女』（ジロドゥ作、原題『テッサ』）の二ヶ月のロングランである。これについては後でもう少し述べることにする。これで前年に大差をつけることになったのである。四季に関しては辛口だった劇評家の尾崎宏次は『演劇年鑑一九六六』で次のように述べている。

翻訳された演目が、翻案でなく、そのまま商業演劇のレパートリーになった。……こういう現象はいままで商業劇場では不可能視されていたことがらなのである。

浅利の大デチンにより、この長きにわたる超激闘は見事な勝利に終わったのであった。因みに『オンディーヌ』『永遠の処女』はアヌイ、ジロドゥ劇団と言われ続けてきた劇団四季の重要なレパートリーであり、アヌイの『ひばり』や『アンチゴーヌ』と共に浅利他創立メンバーの演劇理念を支えてきた青春の象徴でもあった。

私は十六年前にこの戯曲『オンディーヌ』に出合った。芝居を職業に選ぼうと決めた、ちょうど同じ時期である。それ以来、私はこの戯曲を愛し続けて来た。ことあるたびにこの戯曲を読んだ。数百回読み返し、その度に感動した。

この戯曲の存在を知ったのは劇作家加藤道夫さんを介してである。加藤さんはこの作品を深く愛していた。自然主義リアリズムと形式主義、政治主義が支配していた一九四〇年代の新劇の舞台。その重圧の中で孤立していた加藤さんは、この戯曲の上演に未来の演劇への夢をつないだ。貧しい牛飼いが城の王女に初恋を抱くように、加藤さんはこの戯曲に激しい憧れをもっていた。その愛と憧憬は、当時加藤さんのまわりに集まっていた何人かの学生たちの心に移った。
牛飼いは王女に語りかけることなく、一九五三年、自分の手で生涯を閉じた。以来、この戯曲の上演は、全世界に存在する全ての戯曲の上演をこえて、遺された牛飼いの子らの悲願となった。

浅利はプログラムにこう述べ、『オンディーヌ』に対する思いの丈を吐露した。誰もがこの舞台に感嘆した。作家の大佛次郎は神奈川新聞一九六五年六月九日付に次のように書いている。

むずかしくてたいくつするだろうと思ったのが、よく原作を理解した演出と、舞台装置を自由に駆使して、久し振りで面白い芝居を見ることが出来たのをよろこんだ。可愛らしいだけの娘さんと思っていた加賀まりこがオンディーヌの役を可憐に、いきいきと演じていたことも感心した。……原作の脚本が現実から跳躍して、童話のように自由の世界のものだから舞台のメカニズムを奔放に駆使して、現実ばなれした世界を造形せねばならぬ。これをパリやロンドンの舞台以上に、東京で実際にやっている事実を、私など自分のことのように誇りを持って、人に話すことが出来る。……筋を写実的に追うだけの劇が多い中に、思想が綾を織るように筋を発展させ、くりひろげて行く『オンディーヌ』のような劇があるのを見ると、やはり演劇はめざましく進歩しているなと感心する。

又、文芸評論家の奥野健男は読売新聞六月九日付夕刊にこう書いた。

……浅利にとっては『オンディーヌ』を演るために劇団四季をつくり、日生劇場を用意したと言っても過言ではないのだ。ぼくはこの演劇青年の執念と実行力の強さに驚嘆する。だれにもやがては消えさるにせよ、青春の純粋な途方もない夢はあるものだ。その青春の夢、『オンディーヌ』を、浅利たちは世俗の塵にまみれ、何億かの金を動かし、とうとう実現してしまった。ぼくははなやかな、そして堂々たる公演をみながらここまで持ってきた彼らの執念をそらおそろしいようにも思えてくるのであった。

翌一九六六年五月、『オンディーヌ』は名古屋中日劇場の開場記念に招聘され、それが糸口となり、五月三日から五月二十六日の関西公演となった。大阪、名古屋、神戸、京都の計三十回である。初の長期各都市公演の成功を機に浅利は西日本公演に自信を深めることになる。

この関西公演の大成功を印象づけるべく、浅利は早速凱旋公演として再再演となる第三十九回公演を決定した。これによって『オンディーヌ』は、六五年公演からほぼ一年の間に百三十七回を数え、有料入場者は十五万人を超えたのである。

凱旋公演中に百回公演記念パーティが日生国際会議場（日生劇場の上階）で開催された。これは当時の演劇界は勿論、社会的にも非常に大きな出来事であった。

思えば二十年後の一九八三年以降今日までミュージカル『キャッツ』の大ロングランは元より、『オペラ座の怪人』『ライオンキング』『美女と野獣』その他のミュージカルが何年にもわたるロングランを続けている。今、顧みて浅利が思うことはおそらく『オンディーヌ』であり、ロングランに関しては隔世の感などと言う代わりに自分がそのように時代をリードしたことに最大の満足を覚えるというだけであろう。

ここで、第三十六回公演『永遠の処女』に話を戻したい。この作品は『オンディーヌ』の大当たりを受けた形で一九六五年十一月五日から十二月二十六日までと最初から二ヶ月のロングランとして計画されたのである。主演のテッサに四季の看板女優である影万里江。三人姉妹の妹にポリーナの加賀まりこ、アントーニアの冨士眞奈美を配した。

この作品は第十三回公演に初演したが、それが可能になったのは影万里江という絶対のテッサ役が現れたからであった。浅利はおそらく、というのは筆者の考えであるが、影万里江を一目見て即座にこれはテッサだと思ったに違いない。はかなさこそが人間の運命であるというジロドゥの人間観をこれほど具体的に納得させる女優もまれである。一九五七年、影万里江入団後、五ヶ月足らずで浅利は『永遠の処女』（三月八日〜十六日）の上演に踏み切った。ひょっとすると浅利は彼女をこの作品の主役は君しかいない、と口説いて舞台に誘ったのかもしれない。

抜てきされた影が忠実な演戯で成功〈節〉

（「スポーツニッポン」一九五八年三月十五日付）

スポーツニッポンの記者は理屈抜きに、真っ正直に、テッサに、影万里江というはかなさに魅せられたのである。

他の一般紙は、ようやく取り上げられるようになった四季の舞台には、他に何もなければという程度の関心しか持っていなかったのであろう。スポーツ紙の批評しかなかったことがこの間の事情を示していた。だが、この年一九五八年八月の第十五回公演『ジークフリート』の頃には八千名の固定客を確保したことが記録されている。これには、二年前一九五六年五月十日、第六回公演『愛の条件――オルフェとユリディス』時に創刊した演劇雑誌「四季」がその内容への興味もあって、あっという間に売り切れになるなど社会に対する劇団四季の認知作戦も功を奏していた。その三ヶ月後、第七回公演『間奏曲』に合わせ、二号が発行される。内容は創刊号を踏襲しており、一貫した編集方針の堅持——理想の演劇の追求——がそこにあった。

この雑誌は劇団四季の機関誌であることに疑問の余地はないが、その目指す方向は、一劇団の存在を越えた演劇運動と結びつくことにある。

浅利をはじめ創立メンバーの理想の演劇に賭ける気概と共に、多少の焦りも反映されていた。

この年劇団四季は創立五周年を迎えていた。

『永遠の処女』の成功はそのまま影万里江の存在に帰せられるといってよく、浅利は迷うことなく彼女を創立五周年記念特別公演『オンディーヌ』の主役オンディーヌに決めたのである。

恩師加藤道夫が二年間の南方戦線からマラリアと栄養失調で死に瀕しながら辛うじて生きて戻った。そしてこう書いた。

「あの頃からジャン・ジロドゥが僕の心をすっかり占領してゐたのです。『エレクトル』『間奏曲』『ジグフリード』『オンディーヌ』……之等の本は僕が二年間、肌身離さず持っていたものでした」

（『加藤道夫全集』「ひとつの径路」）

浅利は師の衣鉢を確実に受け継ぎ、そこから自分たちの信ずる演劇を実現しようとしたのである。『オンディーヌ』上演は、その覚悟の再確認であり、それが浅利自身にとってのエネルギー源だったのである。

浅利は当時のプログラムにこう述べている。

とうとう念願の『オンディーヌ』を舞台にかけることが出来た。この作品によって劇団四季は、既成の演劇に対する拒否と反抗から出発した五年前の仕事の一応の終着点に辿りついた。

この時は『永遠の処女』の成功で『オンディーヌ』も影万里江でかなりいけると考えたからだった。全体の力はまだとは分かっていたが、現状でどこまでできるのかを試したかったのだ。七年後の日生劇場で順序が逆になった。劇場が稼働し、以来二年を経過した今、劇団四季演技陣の力は、この大作を充分に満足させ得るレベルに達していると浅利は見ていたからであった。

『オンディーヌ』で絶対に〝当たり〟を取らなければならない。その自信はあった。その上、水の精オンディーヌに現状で最適な女優加賀まりこと、オンディーヌが愛する遍歴の騎士ハンスに当代の若い立ち役、北大路欣也を得たからでもあった。ここで、ある意味では似ている二つの物語がどのように違うのかそのサワリを記しておきたい。そして劇団四季が、浅利慶太が、いや彼らの師加藤道夫が『オンディーヌ』のどこにあれほど魅了されたのかを見ておきたい。翻訳者の米村晰は『永遠の処女』（原題『テッサ』）の副題は「貞節な水の精」であると述べている。これは『永遠の処女』が『オンディーヌ』と極めて近い作品であることを明示している。

しかし、テッサは聡明で感性豊かだが、病弱のせいか控え目で、ややかげの薄い美少女である。彼女は天才的作曲家の恋人ルイスのエゴイスティックな愛に疲れ、新婚第一夜の宿に着いたところでこと切れる。僅か十七歳の若さであった。終幕近く、テッサの述懐が愛の行き違いの切なさを際立たせる。

ルイス　もう何も僕たちを邪魔しない。そう思うんだろう？

テッサ　いいえ。不思議な気持ちなのよルイス。あたしの一生がすんでしまったような気がするの。ママが四十歳でサンガーとした生活を、あたしは十七歳であなたと生きたような気持ちだわ。まるであたしの一生は、あなたがあたしを愛していることに気がつかない間だけ、あなたを愛することだったみたい……。

（米村晰訳、傍点引用者）

これに対し自由奔放な水の精オンディーヌは、自分の想いがハンスに届かない理由に気付き、愛するハンスと同じ人間になろうと不可能な努力をする。そんなオンディーヌは愚かな人間の男ハンスの手に余り、やがてハンスはオンディーヌを捨てる。オンディーヌはハンスの裏切りに慌てる。水界の掟がハンスの命を奪うからである。水界の掟――人間の男は必ず裏切る。ハンスがオンディーヌを裏切った時、ハンスの命は失われ、同時にオンディーヌは人間界で紡いだハンスとの愛の記憶の一切を忘却して水界に戻らなければならない――に抗い、ハンスを守るべく一計を案ずる。オンディーヌは掟の核である「裏切り」をハンスではなく自分にしたのである。そしてオンディーヌはハンスの前から姿を消す。裏切ったのはあたしでハンスではないと水界を欺くために。このオンディーヌの計画と実行は自然の精のものではない。人間だけのものである。これはハンスに対するオンディーヌの無償の愛、自己犠牲であり、ここにおいてオンディーヌは人間の男ハンスと同じ人間になったのである。だが、それには余りに短い時間しか与えられない。オンディーヌの捨て身の愛の行為は水界には通じない。ハンスは死ぬ他はなくオンディーヌの記憶は忘却の彼方に消え去るしかない。ここに至ってようやくハンスは自分の運命を知り、多くの誤りに気付く。呆然とする中でこれを受け入れるしかないことを悟るのである。

オンディーヌ　もうすぐ記憶を失くしてしまうのよ。
ハンス　しかもほんとうの……さよならをいうんだ。死の門口でさよならをいう世の恋人たちは、たとえほんの一瞬は別れてもたちまち来世か、虚無の中で再会する。再び果てしなくからだを寄せ合い、休みなくからだにふれあい、お互いに一つになることができる。彼らはもう二度と別れないために、束の間別れるのだ。ところが私とオンディーヌは、船べりで別れを告げ、永遠に向って旅立つのだ。左舷は虚無へ、右舷は忘却へ……。オンディーヌ、立派にやりとげよう。これこそ、この世で交わされる初めての永遠の別れなのだ。
（米村晰訳、傍点引用者）

戦後の新劇の舞台が、戦前と変わることなく、自然主義リアリズムと形式主義、加えて政治主義の支配下にあることを肌で感じ、孤立していた劇作家加藤道夫の激白を受け、浅利は七年ぶり二度目の『オンディーヌ』によってこの状態に風穴を開けようとしたのである。十年前のエッセイ「演劇の回復のために」で述べた「新劇」とは異なる理念の具体的内容として。この公演のプログラムの「牛飼いの子ら」で述べられた浅利のことばは単なる美辞麗句ではない。師加藤道夫と共に知ることになったこの作品を浅利もまた師と同様以上に深く激しく愛した。この作品の完全上演を念願しつつ過ごした十六年がずっしりとした重量を伴い、美しいことばとなって胸に迫る。浅利は最後に、次のように記している。

加藤さんの死から、十三年の時が流れた。私個人の願いを述べれば、『オンディーヌ』への私の愛情と、ささやかな努力の結晶であるこの舞台を、私は加藤さんに捧げたいと思う。

若く、愛らしい二輪の花を中心に、数輪の花々で編んだこの小さな花輪は、十三年前、突然の、激しい死を遂げた牛飼いの墓と、その愛にささげる、牛飼いの子らのはなむけである。

（日生劇場・劇団四季提携公演『オンディーヌ』プログラム、劇団四季）

この年『オンディーヌ』の爆発的当たりと、続く『悪魔と神』（サルトル作）が芸術祭奨励賞を受賞し、年末二ヶ月のロングランを実現した『永遠の処女』の成功に、日生劇場と劇団四季を率いる浅利慶太の存在は改めて演劇界と観客の驚異の的となった。だが、『なよたけ』の上演にはまだ数年を要することになる。この間、浅利はアヌイ、ジロドゥは勿論、シェイクスピア、ラシーヌ、モリエール、サルトル他、創作劇も精力的に上演した。シェイクスピア劇とラシーヌ劇については、新古典派を標榜する浅利を語るに欠かせない。何《いず》れこの業績にも触れることになる。が、次章はこれから始めたい。『青い鳥』だ。一九六九年十二月に満を持して発表したグランド・ミュージカル日生劇場提携公演『青い鳥』(メーテルリンク原作、米村晰訳・脚色、内藤法美作曲)である。この大作の成功が大反響を呼ぶ。日生名作劇場シリーズも絶好調で、内容はいよいよ洗練されていった。

懸案の新稽古場兼事務所は一九六五年七月十四日に渋谷区代々木に落成。軽量形鋼三階建て。建築面積延べ一三四・五二坪の本格的なものだった。二年半ぶりに自分たちの城を持つことができたのである。浅利以下、創立メンバーは言うまでもなく、全劇団員、研究生に至るまでこのほとばしる喜びの半分もことばにできなかった。公式落成日の七月十四日は劇団創立記念日である。この日に合わせたのは、新稽古場と共に理想の演劇に邁進する新たな誓いを全員で確認するためであった。

第七章
決断の時

1974年『越路吹雪ドラマチックリサイタル』
©松本徳彦

東宝専属の越路吹雪が日生劇場でのリサイタルを直訴

「梅津、『青い鳥』をグランド・ミュージカルにするぞ。作曲は内藤先生だ」

タクシーに手を上げている筆者の背後で突然浅利はこう言った。最後に会った時から二年も経っているのに、つい数日前にも呼ばれたような気がした。浅利は早口である。『青い鳥』が余りに唐突だったので一瞬聞き違いかと思ったほどだったが、辛うじてそれ以外ではないと判断し、いつですかと問いながら傍らの内藤法美に視線を移した。彼の端正な横顔は車のライトでクッキリ浮き彫りになっていた。初秋の札幌は暗くなるのが早い。一九六九年九月二十二日の夜七時は完全に夜であった。

そこにいたのは明日の『越路吹雪リサイタル』の大道具を筆者が関係する舞台制作会社が受注していたからである。美術の金森馨から直接の依頼だった。

翌二十三日の夜は北海道初の『越路吹雪リサイタル』である。そのため関係者一同はすべてこの前日に集まっていた。この公演は五月の日生劇場で二度目のロングリサイタルの後、初めて全国縦断の旅公演としたもので、その後半の最初が札幌公演となり、少し間が空いての返り初日となるため、改めて舞台稽古をすることになったものである。若手からは黄金のトリオと呼ばれている演出の浅利慶太、美術の金森馨、照明の吉井澄雄が札幌で舞台稽古をし、本番を迎えるのはおそらく空前絶後のことになろうと筆者は目と耳に全神経を傾注していたものだった。共に一九三三年生まれ、三十六歳のこわいものなしは既に日本一多忙を極める舞台演出家たちであった。その三人が札幌に揃ったのである。弟子に任せず一人も欠けずに集合した理由は、その舞台が『越路吹雪リサイタル』だったという以外にはなかった。

数年前から、やがて越路吹雪は自分のもとにやってくるであろうと浅利はある種の確信を持っていた。その根拠の一つは、コーちゃんにとって絶対のマネージャーである作詞家の岩谷時子が、「越路さんは東宝では自分の居場所も先の見通しもないと思っている。私も同じ意見だ」というようなことを漏らしていたと浅利が聞いていたからだ。岩谷は宝塚から東宝の文芸部に移り、そこで仕事をしながらコーちゃんのマネージャーをしていたが、その文芸部に、四季の看板女優の一人藤野節子がその頃出演していたラジオドラマの脚本家を訪ねてよく来ていたというのだ。やがて、藤野の姉が宝塚でコーちゃんと同期だったことを知り、何でも話せる仲になったというのである。このことは後年、岩谷時子のエッセイ『愛と哀しみのルフラン』（講談社）にも記されている。

一九六三年十月に日生劇場が開場した後であろうと思われるのだが、音楽評論家安倍寧と岩谷時子が浅利にコーちゃんを会わせる手はずを整えた。今やこの日時ははっきりしない。「どこかのカウンター・バーで四人で会いました。その時が初対面です」（浅利談）。

そこでは、何か一緒にやろうとなったものの、コーちゃんは東宝の専属であるし、東宝の松岡社長に非常に可愛がられていたこともあり、日生劇場オープンから直ぐにコーちゃんを引っ張り出すのは避け、いずれ時をみて、となった。

筆者の想像では、日生劇場オープンの年の九月、あの超多忙の中、浅利はヤマハホールでの第九回『越路吹雪リサイタル』を見に行ったはずだ。一九五〇年のコミック・ミュージカル『モルガンお雪』を見て以来のコーちゃんファンである浅利は会う前に最近のコーちゃんを見ておきたかったからだ。おそらく柿落としのためベルリン・ドイツ・オペラの大集団がやってくるまでのほんの少しの間、すべての準備は完璧で、僅かに余裕ができた。九月末の二十六日から二十八日のコーちゃんのリサイタルの頃がそんな日々だった気がする。浅利の想像とコーちゃんの舞台はそれほどズレてはいなかった。それどころか個性が際立っていた。コーちゃんを日生の舞台に上げよう。『越路吹雪ドラマチックリサイタル』の展望は三重まるだったが「東宝専属の越路吹雪」が問題を少し難しくしていた。

コーちゃんと岩谷時子はその時を待つことができず、何とか穏便に日生劇場でリサイタルをしたいと考え、松岡社長に直訴したのであろう。東宝が動いて日生劇場でリサイタルとなったその第一回は一九六五年の十月の二十九、三十日。彼女にとって第十回リサイタルとなる公演で、発売と同時にチケットは売り切れた。この時の演出を松浦竹夫にしたのは、浅利の深慮であった。次の公演の内容はやや異質であった。翌一九六六年四月、後にコーちゃんを大エンターテイナーに育て上げた四季の姉妹会社、日本ゼネラルアーツの「越路吹雪ドラマチックリサイタル」年譜によれば、日生劇場はコーちゃんをはじめ、ダーク・ダックス、ペギー葉山、朝丘雪路、五十嵐喜芳、雪村いづみ、フランク永井らのリサイタルで〈日生劇場ミュージック・フェア〉を企画し、『越路吹雪ドラマチックリサイタル』をその第一番目のプログラムとし、スタッフとして浅利の名が初めて出たとある。

続いて同年十二月クリスマス・イブを中心にした五夜のリサイタルで、後のロングリサイタルの萌芽を感じさせたようである。浅利によれば、この年は自分が演出したと述べている。しかし、翌一九六七年の『越路吹雪ドラマチックリサイタル』は日生劇場ではなく京都、名古屋で十二月に開催されたことが岩谷時子の「越路吹雪データファイル」に記されている。当然、東宝の仕事として行われたものであろう。この時のスタッフは不明である。少なくとも浅利らではなかった。コーちゃんは悩みに悩んだ末、松岡社長に自分の気持ちのすべてを打ち明ける決心をした。それは京都、名古屋の前であったか後であったかは分からない。岩谷時子はエッセイ『夢の中に君がいる――越路吹雪メモリアル』（講談社）にこう書いている。

日生劇場の「リサイタル」も順調に続いていたが、その頃から越路さんは、東宝専属であることに悩み始めていた。

まだ自分は本物の女優でも歌手でもない。宝塚時代は台詞の発声法の一つも習って来なかった。三十代の間に、もう一度、すべての勉強をし直したいと、苛立っていた。

彼女は、いつも不安で、女優として欠けているものを冷静に見つめる、自分にきびしい人だった。

心の中には、劇団四季の若き演出家浅利慶太氏に舞台人としての指導を受けたいという願望があった。


岩谷時子は単なるマネージャーではなかった。才能豊かな売れっ子作詞家でありながら、まるで年の離れた双子のように、妹越路吹雪をわがこと以上に、日夜考えていたのである。その献身は終生、見事という他に言いようがなかった。

松岡社長の大英断で希望は叶えられる

舞台人としては、小さな拍手よりも大きな拍手の方がいいのは言うまでもない。お客を喜ばす、お客に喜びを与えられることが女優の最大の喜びであり、そこにこそ生きている実感がある。コーちゃんは、それを目標に十代の頃から苦労してきたはずだった。それを日生劇場でつかんだと思った。「私は舞台で生きていると実感できた。この手ごたえだ」、そうコーちゃんは感じた。夢のような日生劇場で、千三百五十の客席が沸き立つのを全身で受け取った。その幸せに酔った。だが、自分の身のこなしの一つ一つがどの歌詞をどう理解しているかに深く関わっているという演出家浅利慶太のダメ出しが、分かり過ぎるほど分かるのにそれに正しく応えられない自分が歯がゆかった。それでも自分は、一歩また一歩と前に進んでいかなければならないのだ。東宝では、自分は不要な飾り物にすぎない。誰も本気で自分を舞台人として扱ってくれなかったと。

コーちゃんの切なる願いに当然ながら社員も重役たちも反対だった。しかし、社長の一言で決まった。

「今のところ、東宝は越路を活かして使っていない。外へ出て勉強して大きくなり、また東宝へいつか帰ってきたら、東宝にとってもいいことではないか」

松岡社長がこう言って重役の反対を抑えたと岩谷時子はエッセイ『愛と哀しみのルフラン』に記している。

松岡社長が自ら浅利氏に会って下さった結果、晴れてフリーの身になり、彼女の希望は、お二人の恩情によって叶えられた。

三十年後、岩谷はそう述べている。こうして一九六八年にコーちゃんはフリーになって浅利の手に委ねられることになった。

「松岡社長も藤本重役も、御存命中はかならずリサイタルの初日にみえて、彼女の成長を何よりも喜んで下さった」。岩谷は続けてそのようにも述べている。同じことが浅利のエッセイ『時の光の中で』にも述べられている。実に越路吹雪という女優は周囲をすべて味方にしてしまう幸せな人だった。

浅利は越路吹雪の才能は、自分以外の演出では開花しないと考えていたが、東宝の専属である以上、依頼によるリサイタルに力を貸すのはやぶさかではないにしても、思い切った取り組みは避けなければならないと考えていた。

日比谷の一角に大資本による劇場が建つと知った時から東宝は商売敵になるかもしれないと危機感を持っていたであろう。東宝の牙城のすぐ隣にヨーロッパスタイルの大劇場ができるというのである。気にしない方がおかしい。そういうことは劇場が完成に近付くにつれ、次々と浅利の耳にも入っていたはずである。出し物が明らかに違う。あちらは菊田一夫の大衆演劇であり、観客層が全く違うといってよかった。しかし、そう考えるのはこちらの考えであって、向こうはそうは考えないかもしれないのである。しかし、これは冷静に考えれば分かることだが、商売は同じところに似た物がいろいろある方が賑わって全体がうまくいくものである。レストラン街がそうであるし、歓楽街もそうである。娯楽文化街もまたそうなのである。つまりは隣同士で争うのは無益ということであった。浅利はそういう点については非常によく分かる人間だった。その上、東宝の松岡社長は三田の大先輩でもあり、それ以上に越路吹雪を、その才能を、こよなく愛していることを知っていた。わざわざ事を構える理由はどこにもなかったのである。

そういう浅利の姿勢がツキを呼んだといってもよかった。松岡社長はどうもコーちゃんの将来を私および日生勢の手に預けようと考えられたのではなかったか、と浅利は後に述懐しているが、岩谷時子のコーちゃんを想う心情や越路吹雪本人の当たって砕けるつもりの止むに止まれぬ直訴を知っての上でそう述べているとすると、経営者は情に流されて物事を決めないという浅利の冷徹な実業家的直感は既に冴えていたと見ていい。

『青い鳥』の作曲「内藤法美」誕生と高まる反浅利ムード

浅利と内藤法美は『越路吹雪ドラマチックリサイタル』を通して既に四年、七回のリサイタルを経て今日を迎えていた。それなりに意思の疎通はあったにしても、若くやり手の演出家、プロデューサーである浅利と四歳ほど年上の作曲家、編曲家で、いかにも理論家然としている内藤法美では、気心の知れた相手というにはやや距離があるように筆者には見受けられた。そんな先入観もあったせいか、その夜の浅利の内藤に対する態度は非常に丁重なものに思われた。勿論、コーちゃんの夫君である内藤法美にとって、日生劇場という場で、浅利の演出、金森の美術、吉井の照明によって回を重ねるごとに爆発的な興奮を示す千三百五十の客席、というよりも劇場そのものがどよめくような熱狂的反応に内藤が不満であるはずはなかった。それどころか稽古を通して内藤の目の前で見まごうばかりに変わる越路吹雪の歌唱と身のこなしに、内心、聞きしに勝る浅利演出とはことばの魔術なのだと了解した。それはピアノでは表せない微妙な音であり、一秒の何分の一かの音の長短にはない力で演技者の心を変えてしまうように思われた。その秘密は人の心に入り込んで納得させ理解させることばなのだと彼は納得した。

例えば、日生劇場での六回目、前回の第十五回のリサイタルの構成については内藤もまさかと驚いたが、結局は、完全に納得せざるを得なかった。浅利が第二部の中心に軍歌特集を据えた理由だった。内藤は浅利が越路吹雪の声の本質を深い哀しみの音質と喝破したことによるものと理解したからである。「暁に祈る」「空の神兵」「異国の丘」などを中心にした軍歌に、戦後二十三年の今日、これほど客席を感動させるには、第一部からの歌の響きと流れと第二部の構成と、越路吹雪の声の質と演技とに狙いをつけたプロデューサー・演出家浅利の並々ならぬ目の高さを認める他なかったからである。このリサイタルは明治百年記念芸術祭奨励賞を受賞した。浅利に対する内藤の心情はおそらくこの十五回リサイタルの成功によっていよいよ信頼を深めた越路吹雪と岩谷時子の喜びを素直に感じ、そのままを受け止めていた。

だが、自分は越路吹雪を支えるバンドリーダーとして彼女に音楽を合わせやすく提供するだけであるとの考えに徹しようとするところがあった。それが内藤自身の作曲の才能を自ら抑圧していると浅利は読んでいた。知的で繊細な理論家に作品を読む力がないとは言わせない。例えば『青い鳥』の原作が彼をして作曲に向かわせないとは思えない。子を持たない者は子どものいろいろな疑問に答えられないとも思えない。大体、自分がそうだと浅利は思っていた。子どもが嫌いな大人でも子どもが何かに感動する姿を見て感動しないはずはない。浅利慶太の直感が働いた。ミュージカル『青い鳥』の作曲「内藤法美」はそのようにして実現した。随分話を端折ったが仕方がない。これは浅利慶太論なのである。これには浅利の日生劇場における進退問題が微妙にからんでいたことに、筆者はそれから間もなく気付くことになる。

一九七〇年三月、日生劇場はこの年五月より演劇公演の自主制作を中止し、以後は貸し劇場とすると発表。それに伴い日生劇場の制作部門を独立させる形で浅利が新プロダクションを創設。これに年間六ヶ月、東宝・松竹が各々二ヶ月の使用権を持つこととなった。浅利、石原は非常勤の取締役となる。そのような結果になった表面上の理由は、累積赤字を生命保険会社としてこのままフォローし続けることはできない（大蔵省などの苦言もあったかもしれない）ということであったが、劇場がオープンする前後からあった生命保険会社としての正論を説く劇場批判派と不都合なことを自ら被る浅利がマイナスの諸々の容量をオーバーしたということであったのかもしれない。

劇場の安定的活動に数年をと言ってきた浅利らの言質をとられる形に結果としてなったことはそれほどの問題ではなかった。そこに降って湧いたような難問が浅利を襲ったからだ。彼は自らの進退を賭けて、これを裁かなければならなかった。浅利は独自の判断で、少なくとも「日生劇場」の面子を救ったのである。そうでなければ年に六ヶ月の使用権など責任を取らせる者に誰が与えるものか。

この事件の初め、筆者は、浅利はいよいよ劇団四季が自立する時を見定めて行動開始したのであろうと考えていた。盟友石原慎太郎は政治家になってしまいすべてのつぶては浅利目がけて飛んでくる。日生劇場を私物化している浅利。劇団四季のための日生劇場。そうして今また巧言を弄して東宝からシャンソン歌手越路吹雪を騙し取り、否、これはとんだ言いがかりであったが、詳しい事情を知らない東宝の若い社員は悔しさの余り、苦労知らずの松岡社長が浅利にたぶらかされみすみす金の卵を日生に浅利に奪い取られたと本気で信じていたかもしれない。そして、有楽町、新橋界隈の昼時や夜の酒場で精一杯の悪態をついていたかもしれない。このまま日生劇場を、浅利慶太をのさばらせておくものかと。まさかと思われるような形で突然隣に姿を現した日生劇場に、そしてあっという間に子飼いのスター越路吹雪を奪われた形の東宝の首脳部と社員たちの反発は当然であった。「あんな二十八歳の若造に何ができる。新劇しか知らない浅利が、いろんな新方針を出しているけど所詮は口先だけ。そのうちに大こけにこけて、興行界から追い払われて、死んでしまうに違いない。楽しみだ」。日生劇場建設が始まった当初は大体こんな内容だったが、表現はもっと凄まじかったと浅利は述べている。

おそらく若かった浅利がそれをどう受け止めたかは言うまでもなくよく分かる。それは分かるとして、続いて挙げるのは、東宝社長松岡辰郎氏の話の内容とされる部分である。とにかく社長は部下、特に若い社員の心情を汲み取らなければならない。その上で、奮起一番、彼らに期待していることを見せなければならない。リーダーの役割とはいえ、こういう時の責任者の心情はどういうものか。話しているうちに次第に自分も高揚してくることもあるものだ。

「全くそうだ。皆の言う通りだ。全くその通り。あんな若造に何ができる。私もそう思います。追い払われて、死んでしまうでしょう。でもみんな、万一、万が一ですよ。彼に生き残られたら、東宝はえらいこってすゼ」

この言葉を岩谷時子さんから聞いた時、私は全身に震えが走るのを感じた。「よし、何としても生き残ってやる」。何回も何回も挫折をくり返すたびに松岡さんの一言を思い出した。

（『時の光の中で』）

浅利はそう記している。もっとも、松岡社長のこの話は越路吹雪をどうするかという以前のことか以後のことかは、はっきりしないのだが、話の内容と周囲の状況から「越路」以前と以後が混同しているように思われるのである。

浅利はこの件の終わりにこう述べている。

「松岡辰郎さんこそ、あの六〇年代から七〇年代にかけて黄金時代を築いた『越路吹雪ドラマチックリサイタル』の真のプロデューサーだったのである」

そう述べるに至ったのである。

はた目には、浅利慶太が何回も何回も挫折したか、しかけたかは分からない。だが、彼も又事業家として日本の現代演劇の将来を見ていたことを考えれば、当人の言う「挫折」もなかったとは思えない。挫折は他人に見せるものではなく胸の奥で噛みしめるものだからである。松岡社長の言葉は東宝の社員への檄であると同時に浅利への一種のエールだったのであろうと筆者には思えなくもない。浅利本人も多分にそういう受け止め方をしていたのではなかったかとは筆者の想像であった。

こうした経緯の中でも、日生劇場と劇団四季は確実にその知名度を上げ、実力をつけていく。それに比例して反浅利、反日生劇場の動きも、おそらく巧妙になっていったのかもしれない。

後に挙げる難問も、ひょっとすると浅利に対する包囲網の一計だったのかもしれない。そう考えるのは、やや筆者の思い過ごし、余りに穿ちすぎるのかもしれないのだが、浅利らの日生劇場取締役解任劇はこのようにして起こったと後に浅利が述べているところのあらましを知れば、それもありかと思われてくる。人間のやることは大体相場が決まっているものだ。実業界も政治の世界同様、魑魅魍魎である。

先にも述べたが、保険業界は当時、大蔵省の管轄で、日生劇場建設の経費が予想外に膨らみ、大蔵省の意向を気にせざるを得なかった経緯があった。保険業の宿命である。監督官庁の目を特に意識しないではいられなかったわけでもなかろうが、簡単に言えば、保険会社とは人間の生命や健康を対象に紙一枚と印鑑でお金を集め続けるのである。そういう信用第一の堅い日本生命の中枢にいる責任ある立場の人たちにとって、企業メセナなどとは何のことか皆目分からず、生命保険会社が娯楽に、しかもこともあろうに芝居に手を出すなんぞは気でも狂ったのかと考えるような堅く実直な社員の見解も当然だった。文化芸術といっても芝居は所詮、古典劇には敵わない。現状を見ても能、狂言、歌舞伎の存在価値に比べ新劇と呼ばれる現代演劇は左翼ばかりで社会的認知は低い。しかも舞台では食えず、映画、テレビ、ラジオの出演でやっと生活しているという状況そのものが無頼である。日本生命ともあろうものが、劇場をつくり、演劇を提供することで社会に奉仕だなんて一体誰がそんな夢のような話を持ち込んでウチのボスをたらし込んだのか、というものだったのであろう。

日本の社会は確かに音楽、絵画を芸術として高く評価していたが、舞台劇、特に現代劇に関しては、テレビのせいで、ほんの僅か見方が好転しつつあるというところであった。もしも自分の子どもが舞台人になるなどと言おうものなら、世間体がある、やめろ、みんなに迷惑がかかる、果ては勘当する、家の敷居をまたがせないなどということはまだ珍しくない時代だった。それが一九六〇年代の日本社会だったのである。その常識が反浅利派の日本生命内部における正論だったのであろう。趣味の旦那芸は自分のポケットマネーでやってもらいたいと。このムードが浅利を敵視し続けたのである。

そうした環境ではいかな浅利といえども、その誠意も努力も才能も彼らの刷り込みを解くことはできないばかりか、劇場運営が厳しい状況と聞けば、それみたことかとなり、すべて順調に運んでいると知って、だからどうしたと無関心を装う。内なる敵とは誠に厄介なものである。事実、浅利は第六章で述べたように演劇の鬼にならざるを得なかった。ざっとさらってみればこうである。

開場二年目の六月には日生劇場との第一回提携公演『オンディーヌ』のロングランに成功し、続く『悪魔と神』で芸術祭奨励賞を受け、第二回提携『永遠の処女』は連続二ヶ月のロングランを敢行し成功する。三年目にはラシーヌ劇『アンドロマック』が第十二回テアトロン賞を受け、『ハムレット』は明治百年芸術祭奨励賞受賞。浅利慶太のベルリン・ドイツ・オペラ招聘の功労に対しドイツ連邦共和国一等功労勲章を授与される。又、日生名作劇場〈こどものためのミュージカル・プレイ〉では第二回の『王様の耳はロバの耳』が昭和四十三年度東京都優秀児童演劇に選定された。第五回の創作劇『みんなのカーリ』が児童福祉文化賞（厚生大臣賞）、作者飯沢匡が斎田喬戯曲賞を受ける。続いてジロドゥ作『トロイ戦争は起らないだろう』に芸術祭優秀賞、グランド・ミュージカル『青い鳥』も又、昭和四十四年度東京都優秀児童演劇に選定され、『越路吹雪ドラマチックリサイタル』は芸術選奨、「ロングリサイタル」「ドラマチックリサイタル」でゴールデン・アロー賞、芸術選奨（優秀賞）を受賞する。

劇場オープンからの七年間に、日本の現代演劇史上かつてない演劇のセンターとして刮目《かつもく》すべき舞台がかくも連続し、日比谷の一角に光彩陸離たる様相を呈するに至ったのである。これらが作品の内容と共に営業の面でも当たりをとったのは、日生名作劇場〈こどものためのミュージカル・プレイ〉と「越路吹雪」を除く劇団四季の現代劇が、プロデューサー・演出家の浅利慶太の入念な方針に全劇団員が一致団結して稽古と本番の寸暇を利用し、チケットの販売に邁進したことを抜きには語れない。これは劇団という組織としての営業態勢確立までの過渡期でありながら、俳優が直接観客と接触し、演劇を語ることの大きなプラスも当然浅利の考慮したことであった。俳優の本業はチケットを売ることではないが、現状は背に腹は代えられないというのが浅利の考えであった。他の提携公演はどうだったのか。後年浅利がこの頃のことを回想したエッセイから事情は明らかになる。

一方提携新劇団の公演は赤字が続く。どうせ独占資本が劇場の裏についているのだからかまわないだろう、とかれらは嘯いた。だが実際その赤字を埋めたのは日生資本ではなく越路吹雪ドラマチックリサイタルの黒字だった。

（『時の光の中で』）

反浅利のムードはいよいよ強固であった。日生劇場は浅利によって私物化され、浅利と劇団四季のみが甘い汁を吸っていると考える彼らが物事を客観視できずにいる中、社会と劇団四季は長足の進歩を遂げていた。テレビから少し離れ、舞台に一歩を踏み入れたお客は、浅利の演出、劇団四季の舞台を待望するようになっていたのである。そんな中で、かつてない品と華やかさで見せ聴かせるコーちゃんは、ブロードウェイ・ミュージカルにトライすることになる。コーちゃん以外の出演者を全員オーディションで選ぶとの予告に、有名無名の俳優、歌手、ダンサーが殺到する。『アプローズ』はそうして一九七二年六月に上演され、その後も再演、再々演を見る。その先には同じくブロードウェイ・ミュージカル『日曜はダメよ！』が決まっており、これらの舞台は予告だけで次々に娯楽文化の先頭を切っていたのである。しかし、その前に新たな問題が起こっていたのである。これは難題だった。そして浅利にはこの難問を避ける、あるいは解決する方途はなかったのである。そうであるならば、お世話になった弘世社長、五島社長、日生劇場に対する言わば恩返しとして、全国公演というかねての持論を実行実現する時期なのかもしれないと。日本生命が、日生劇場が蒔いた種を劇団四季が全国に広める。弘世社長も五島社長も理解してくれるであろうと覚悟を固めることになった。

繰り返すが、この難問は浅利にとどめを刺すことになる。それは五島昇社長の母体である東急グループからもたらされたものだった。

この件について浅利の説くところを要約すれば、次のようになる。

東急は渋谷にパンテオン劇場という洋画専門の映画館を持っていた。同様に新宿にはミラノ座という映画館があったが、この二つだけでは掛けられる映画が人目を惹かない。当時の話題は全盛期のエリザベス・テイラー主演の『クレオパトラ』（一九六三年十一月完成）だった。これを手に入れるために当時洋画輸入業界では厳しい競争が続いていた。東急常務から新たに東急系映画配給会社の社長になった人が日生劇場を利用することで活路をと考え、浅利に難問を突き付けた。『クレオパトラ』の上映権を獲得するには日比谷に映画館がほしい。一年中とは言わない。年に四ヶ月位、日生劇場を使わせてくれないかというのである。この社長は人間的にはいい人物であったようだが、日生劇場がどういう経緯で建設されたのか、そしてまた、この劇場が日本初の本格的な「劇場」であるということをよく知らなかった。それ以上に劇場とは「映画劇場」のことだと思っていたのかもしれない。そうして彼らは浅利が東急の利害に敏感であると思っていた。

だが、浅利にとってそれは簡単な話ではなかった。というより、とんでもない話だった。東急ほどの巨大組織になれば総帥たる五島昇社長はグループ全体の大方針以外の細々しいことにまで目配りすることも説明を受けることも殆どないのである。それを逆手にとったような映画配給会社の無知な判断だったのであろう。彼らはつまり当然のごとく浅利が東急の利害に応分の配慮をするであろうと踏んでいるのは確かであった。何という無知も無知、無知蒙昧《もうまい》であろうか。浅利は仰天した。この件を事業案件として取り上げれば、どう繕おうと五島昇社長の立場はなくなる。「日生を一時映画館に」という提案に誰よりも反対されるのは他でもない、オーナー弘世現日本生命社長だからである。劇場建設計画中、施工グループから舞台に七十ミリのスクリーンを置く案を出された時弘世社長は一言のもとにこの案を退け、「どんなことがあっても日生劇場を映画館にすることはない！」と珍しく強い口調で言ったことを浅利は忘れてはいなかった。浅利はこう述べている。

私が自分の責任を回避してこの案件を上まであげれば、厳しい拒否が返ってくる。そうすれば五島さんの面子は潰れる。……五島さんはあまり細かいことには拘らない方だから、部下から頼まれればこの件を直接弘世さんに依頼してしまう危険がある。出来れば弘世・五島間にはいささかのヒビも入れない方がいい。私は覚悟を決め、東急提案に愛想よく対応しながら、これを握りつぶしてしまった。当然東急勢は怒った。「裏切り者」。これがかれらからのリアクションである。そう言われても仕方がないような、ギリギリまで引っ張ってつぶしてしまう行動に、私は出た。それからは後ろ盾になってくれていた東急グループも私から去った。

（『時の光の中で』）

五島昇社長の母体である東急グループからもこうして排斥の声が上がった。だが浅利はそれ以前からこの劇場の運営にそう長くは頑張れないと思い始めていた。東急グループとの関係悪化が浅利に「決断の時」と決意させたのである。この覚悟がなくて東急問題を棚ざらしにすることはできない。

一九六六年に始まったリサイタルは大成功続きだった。そんなある日、「越路にミュージカルを」と内藤法美を通して相談があった。これはコーちゃんと岩谷時子の意向であり、内藤の意向でもあった。

弘世社長に捧げるグランド・ミュージカル『青い鳥』

話をグランド・ミュージカル『青い鳥』に戻そう。この企画は日本生命の弘世社長が忘れ得ぬ舞台として長い間記憶にとどめていた童話劇で、民衆座の第一回公演として一九二〇（大正九）年に東京有楽座で上演されたものに因んだものであった。水谷八重子（チルチル）と夏川静枝（ミチル）それに友田恭助（犬のチロー）という豪華な配役であった。その感動が「日生劇場」に結実したのである。浅利ら当時の主要スタッフは弘世社長のこの想いに応えるべく、いつの日か『青い鳥』をグランド・ミュージカルにと密かにその時期を探っていた。

日生劇場は弘世社長の理念を生かすため、劇場の稼働年より、日生名作劇場〈こどものためのミュージカル・プレイ〉を年に一作、六年で計六作品を制作し、六年目のこの年、一九六九年には、延べ六十万人の子どもたちに生涯記憶に残る感動を与えることになっていた。第一回の『はだかの王様』、第二回の『王様の耳はロバの耳』というように世界名作を続け、第六回のこの年は完全創作の『空飛ぶ幸吉』だった。江戸時代の経師屋幸吉の物語で、宙吊りやフィルム映写など斬新な手法で子どもたちを熱狂させていた。それら子どものミュージカルの蓄積に注目していた演劇評論家の戸板康二が、劇団四季のレパートリーとして是非『青い鳥』と、加藤道夫の遺作『なよたけ』をと発言したことから機は熟したと浅利らは判断したものだったが、その機はいささか内容が違っていた。それは日生劇場を取り巻く反浅利の隠然たる力がいよいよ目立ってきたということとも関係はあったのであろう。日生劇場との関係が意外に早く切れるかもしれないと思いながら、浅利はグランド・ミュージカル『青い鳥』を日生劇場の生みの親、弘世社長に捧げるつもりで取りかかることにした。ただ、弘世さんに喜んでもらいたい。それ以外に何もなかった。状況が最悪になってからではできない。そうなっては浅利としては一生の不覚となりかねないと急ぐ気持ちもあった。浅利はそういう人間でもある。そしてもう一つ。もしも自分たちが手を引くことになれば、この日生劇場は貸し小屋にならざるを得なくなる。そうなれば現在の制作部は不要になる。浅利が選んだ人材は勿論、浅利慶太を頼ってフリーになった越路吹雪のこともある。彼女のリサイタルを劇団四季がプロデュースするというのもおかしなものである。ならば、その時は日生劇場の制作部は自分が引き受け、独立したプロダクションとし、そこでコーちゃんのリサイタルをやればいいのである。そのためには契約を少し先延ばしにし、もう少し煮詰まるのを待つ。それまでは作曲家内藤にもいわゆる保険を掛けておこうと浅利は考えたに違いない。

グランド・ミュージカルと銘打つ『青い鳥』は、従来の作曲家では面白くないと浅利は考えていた。この『青い鳥』は世界名作の童話とは話が違う。「手慣れたミュージカル」というのでは困るのだ。メーテルリンクの原作をできるだけ生かすこと、メーテルリンクが夢想したであろうことを日生劇場ならば現実に演出できるのである。そういう見掛けの仕掛けに惑わされない音楽家、作曲家、原作を完全に理解できる作曲家でなければならないと浅利は考えていた。プロデューサーにして演出家の浅利である。賭ける気持ちが何分かあって、しかしこの音楽家を内藤法美にと決めたのはさすがであった。『越路吹雪リサイタル』を浅利と組んでもう六回も成功させた。それも大成功である。内藤は越路吹雪と岩谷時子が抱き合って感激に身を震わせるのを自らも感動して見つめていた。越路も珍しく高揚したのであろう。内藤を通して、ミュージカルをやりたいと浅利に打診してきた。一抹の不安はあったがミュージカル『結婚物語』なら音楽も内容もいい。夫婦二人の物語である。充分勝算はあった。相手役も浅利の信頼する俳優平幹二朗で意外とすんなり決まった。これが一九六九年正月公演として充分満足すべき内容だった。この稽古と本番を通して、内藤はミュージカルを学んだ。ものに動じない内藤の胸が震えたのである。こうして内藤はグランド・ミュージカル『青い鳥』の作曲を喜んで引き受けた。ここでも浅利の一石二鳥ならぬ、一石三鳥は見事に当たったのである。浅利はコーちゃん、岩谷時子、それに今、こうして作曲家内藤法美の獲得にも完全に成功したのである。

自由を得た浅利慶太と劇団四季

さて、北海道初の『越路吹雪リサイタル』は札幌テレビ放送（STV）の名義主催であったため、事業部はコマーシャルを何回か出す以外は殆どすることはなかったはずだった。ところが、連日の電話の対応に嬉しい悲鳴を上げることになったのである。問い合わせが殺到し、電話は何日も鳴り続けたからだ。当時のSTV社内報（一九六九年九月号）にはこう記されている。

S席は一日で、A席は二日半で売り切れ！　前売りの好記録は会社始まって以来の記録といわれる。全国縦断——日生劇場のステージを札幌で——のキャッチフレーズがガッチリきいたワケ。八月中旬から「越路吹雪の券を」の電話が鳴りっぱなしで、係員は悲鳴をあげる有様。

このリサイタルを切っ掛けに、筆者は翌一九七〇年から十年間コーちゃんの亡くなる年の前年まで『越路吹雪リサイタル』北海道公演を担当することになる。

この年の十二月、グランド・ミュージカル『青い鳥』は、日生劇場提携劇団四季第六十一回公演として華々しく開幕した。内藤法美初のミュージカルは、筆者の持つ台本には音楽1～音楽32まであり、作詞は岩谷時子、音楽は内藤法美、金森馨の舞台機構を駆使した斬新な装置と日生劇場ならではの仕掛けは、子どもから大人まですべての観客を十二分に酔わせることに成功した。ミュージカルナンバー十二曲のうち筆者が特に感動したのは「青い鳥」「生まれるってどんな事」とカーテンコールの「さようなら」で、特に未来の国のシーンに登場する子どもたちの「生まれるってどんな事」は、場面の美しさと曲の美しさが相まって何ともことばにできない哀しく切なく複雑な思いが交錯し、心に響くナンバーだった。

この作品は一九八五年に『ドリーミング』となって音楽も仕掛けも多彩になるが、筆者としては初演の『青い鳥』が好みだった。

浅利が弘世社長の想いを想いとして完成させたグランド・ミュージカル『青い鳥』に、弘世社長がどのような感想を抱かれたか残念ながら筆者は知らない。ただ、劇場がオープンして十数年後に、稼動の年一九六四年を振り返り、是が非でも予定通り〈こどものためのミュージカル・プレイ〉をと譲らなかった弘世社長（当時会長）が、浅利とこんな会話をしていた。

弘世　『はだかの王様』の幕があいたときはうれしかったなあ。
浅利　今、考えますと、技術的には未熟だったのですが、会長のハートが、出演者を通して客席のすみずみまで行き渡ったのでしょう。当時の批評に、「子どもたちの反応を見て私は泣いた」と出ています。
弘世　子どもはおとなたち以上に、正しい、デリカシーを持っている、ということを発見できてよかった。俳優のみなさんはむきになって演っておられた。それに子どもが反応したのでしょう。子どもは、面白かったらスーッと入る。つまらなかったらガヤガヤ。

（『浅利慶太の四季　著述集3』浅利慶太著、慶應義塾大学出版会）

この弘世社長が『青い鳥』に感動しないわけがない。おそらく、人間の一生を想い、人生を考え、子どもの未来と日本の未来を想って涙したに違いないと筆者は勝手に信じていた。『青い鳥』のチルチル、ミチルは『はだかの王様』に向かって「王様ははだかだ！」と叫んだ子どもたちである。弘世社長はそう思いながら万感胸に迫るものがあったに違いない。この時期に浅利は『青い鳥』の制作は、かねて弘世社長に捧げようとしていたもので〈こどものためのミュージカル・プレイ〉連続六作品を経ての成果を見ていただきたかったものであることを話したと想像する。その流れの中で、劇場運営についての批判は甘んじて受けるが、事態が妙なこじれ方をしている原因はこうだと打ち明けたはずである。筆者の推測でしかないが、浅利との回顧で、弘世社長が『青い鳥』の感想を述べたくてもストレートに述べられなかった理由はそこにあったのではないのか。劇場としての演劇公演の自主制作は中止になるとして日生名作劇場だけは唯一続けるべきであると思うし、許されれば続けたいと訴えたに違いないと。日生名作劇場が続く限り、たとえ貸し劇場になったとしても、日生劇場の設立の目的、弘世社長の理想は生き続け輝き続けるのであると。日生名作劇場は続けられたのである。

ここに多くの賛辞の中から、劇作家・評論家の青江舜二郎の「『青い鳥』の真の意味」を引く。

今月の日生劇場の『青い鳥』はすばらしい。私はこれまで日本の『青い鳥』のほとんどを見ているし、外国映画のそれを見ているから、自信をもって言えるが、これこそが本当の『青い鳥』だ。これまでのそれらは、例外なく、〝児童劇〟という意識が劇団側に強すぎた。

ところが今度の演出家は『青い鳥』を児童劇として見ることをやめ、一般の劇に立ち向うと同じ態度でとりあげている。原作者メーテルリンクの〝東洋的観点につらぬかれたヨーロッパ的人間主義〟ともいうべきものがはっきりと示されていることで、今度の上演は歴史的な意義をもつといえるだろう。

（「読売新聞」一九六九年十二月二十二日付）

一九七〇年五月、日生劇場は、一般向け演劇公演の自主制作を中止し、以後は貸し劇場として、浅利ら新プロダクションが年間六ヶ月、東宝・松竹が各二ヶ月使用と発表。同年五月一日、浅利は「日本ゼネラルアーツ株式会社」設立（登記六月四日、資本金五千万円）。日生劇場他における舞台作品の企画・制作、海外芸術の招聘、日本芸術の海外紹介などを業務とする。劇団四季が最大の株主で、姉妹会社の誕生である初仕事は一九七〇年五月。日生劇場公演『越路吹雪ロングリサイタル』でスタートした。

内藤法美・越路吹雪夫妻は、日本ゼネラルアーツの専属となる。

ここに浅利慶太共々、劇団四季は非常に大きな自由を得たのである。

第八章
『なよたけ』への想い

1970年『なよたけ』
©松本徳彦

我慢の日々が続いた加藤道夫

一九七〇年十月、加藤道夫追悼特別公演『なよたけ』を日生劇場で観た。初日の記憶があるので、そうであれば十月十日である。主演の石ノ上ノ文麻呂《いそのかみのふみまろ》に北大路欣也、なよたけに三田和代、大納言大伴ノ御行《おおとものみゆき》に日下武史の配役であった。最後の幕が下りた。首筋から背中にかけて金縛りにあったように筋が硬直し、その緊張を解く仕方がどうにもうまくいかなかった。

『なよたけ』の上演は劇団四季創立メンバーの特に浅利慶太、日下武史にとって、何れ果たさなければならない至上の課題となっていた。既に述べたが、劇団四季の中核である彼ら二人が慶應義塾高校演劇部以来、一貫して強烈な影響を受け続けてきた劇作家、詩人の加藤道夫のこれが最初にして最後の長篇戯曲だったからだ。しかも彼は浅利らが劇団四季を創立し、その旗揚げ公演のプログラムに期待と激励の温かな祝辞をしたためて後、いくばくもない一九五三年十二月二十二日夜半に自死したのである。浅利らにとって恩師の弔いに一番ふさわしいのはおそらく心残りの戯曲『なよたけ』の上演以外になかったのである。浅利にとって絶望と悲しみと口惜しさの中で、今や紛れもない遺書となったこの作品の上演は、何としてでもやり遂げなければならなかった義務であり責任と化したことは容易に想像できる。というのも、加藤の生前彼が何よりも望んでいたのは、この『なよたけ』の上演だったからだ。しかし、この五幕九場は簡単に手を出せないものであった。例えば『オンディーヌ』は演技者と演出スタッフが揃っていたとしても、この戯曲に見合った劇場が必要だった。そのように考えると、『なよたけ』には演技者、演出スタッフに対し演劇についての新しい感性、戯曲の正しい理解力が要求された。作者加藤道夫の言う本来の演劇とは「舞台幻想」であって、リアリズムや自然主義的方法を拒否するものだったからである。そういう戯曲はそれまで意識的に書かれたことがなかったのである。「能」ならば約束ごとで観せられるが、現代劇ではそこが俳優、演出スタッフ共々に並の感性だけでは陳腐なものにしかならない。

一九四八年に第一回水上瀧太郎賞（三田文学賞）を、原爆詩人原民喜、小説の鈴木重雄と共に加藤道夫は戯曲によって受賞した。それは言うまでもなく『なよたけ』に与えられたものであった。当時、戯曲に与えられる賞はなきに等しく、それだけにこの上演を待つ作者の気持は手にとるように分かる。その期待の大きさ故に膨らんだ希望が絶望に変わるのも早かったと推察される。加藤が次々と発表する演劇論が「新劇」批判だったことも彼の期待を裏切ることにつながったと見ることもできる。

一九五五年九月新潮社版の『加藤道夫全集』（全一巻）に自身の作製した余りにも短い年譜があり、それによれば一九四九年三月、劇団「文学座」により加藤の『挿話（エピソオド）』が、演出長岡輝子で初演されたとある。この二年前に加藤は芥川比呂志、長岡輝子、荒木道子、加藤治子らと劇団「麦の会」を発足させていたが、加藤が病気がちのため、活動は停滞していた。既に文学座座員でもあった長岡が『挿話』の上演を機に「麦の会」をまるごと文学座にとの橋渡しをしたのであろう。かくて加藤、芥川、荒木、加藤治子らは文学座座員となった。一九四八年頃の加藤は岸田國士が創刊した「劇作」五、六月号に「舞台幻想」(1)・(2)を連載している。これは前年の「演劇の故郷」に続く加藤の演劇論であり、内容を一言で表せば現代日本の演劇は演劇として一番大切な、舞台が「幻想」であることを知らず、リアリズムに凝り固まっていることを不毛と断じていた。

当時の文学座にも長岡のように加藤の演劇観に理解を示す座員がいなかったわけではないが、「戦後民主主義」のせいか、民衆演劇やリアリズム演劇という政治性の強い思潮に打ち消されていたのであろう。そういった状況からいかにして脱するかが加藤にとって大問題であったが、理想を体現するにはまず体力が必要だった。彼にはそれが何よりも悔しく情けなかったのである。そういう加藤を座内に迎え入れるほど文学座は懐が深かったというわけではない。座の重鎮である顧問の岸田國士、岩田豊雄らはそうであっても、座を実際に動かしているのは別の力である。思うに、文学座が「麦の会」を迎えたのは芥川比呂志を手に入れたかったからであり、彼だけというわけにはいかなかったからではなかったかとは筆者の見方である。それは加藤の年譜が雄弁に語っているからだ。加藤にしてみれば、健康上の理由で解散も止むなしと考えていたところに長岡の尽力もあってそうなったことに内心ほっとした。

一方で加藤には、ひょっとして文学座で『なよたけ』上演の機会があるかもしれないと淡い期待もあったに違いない。それは甘すぎるとしても、加藤にはまだ文学座の現状を変えられないまでも、アトリエの会を中心に若い俳優やスタッフの教育に力を尽くそうという熱意があった。芥川比呂志、矢代静一らとアトリエの会を足がかりにして理想の演劇の土台づくりを考えていたのである。だが邪魔も入る。アトリエの存在意義をまるで分かっていない者が加藤らの地道な試みを踏みにじる。一年後に加藤は「新劇への不信」（毎日新聞五月六日付）に「経済的には随分苦しんでいるような顔をしているが、芸術的には少しも苦しんでいる様子がない」と書く。要するに何に苦しまなければならないかが分かっていないと厳しく非難する内容であった。加藤の日本の演劇のための啓蒙はすべて裏目に出ていたのである。加藤は「新劇」界から無視されていく。

一九五一年六月、歌舞伎の菊五郎劇団が『なよたけ抄』（岡倉士朗演出、新橋演舞場）を上演する。原作を三分の一に縮めたものだったという。加藤は苦渋の決断でこれを了承したのであろう。それほどに彼は『なよたけ』の上演を待ち焦がれていたのである。それを知る者たちにとっては同情を禁じ得なかったはずである。岡倉士朗が『なよたけ抄』を薦めたのだとすればそんな気持ちであったのかもしれない。当時高校生であった浅利もこの舞台を観たはずで、恩師の心中を思い憤懣《ふんまん》やる方ない気持ちだったと推測する。原作のどこをどのように摘んだのか分からない。例えばそれは、なよたけ、大納言大伴ノ御行、石ノ上ノ文麻呂の三人が出会う「幻想の辻広場」の景あたりであろうか。仮に巧みな構成で主要人物を都大路の辻に集めようとも、それは戯曲『なよたけ』には何の関係もない。それは歌舞伎だから許される話の一場面である他はなかったはずだからである。勝手な推量でこのように非礼なことを述べるのは謹むべきであるとは重々承知の上で、なお且つこう述べずにはいられないのは、作者加藤道夫の心中を察するからである。筆者の目には、文学座の加藤道夫に対する扱いは余りにも見え透いていたし、それに同情したのだとすれば、岡倉士朗の気持ちが逆に、また加藤の孤独をいやが上にも孤独、孤立無援にしたであろうと思うからである。今、改めて想う加藤の心中は察するに余りある。堪らないのである。

加藤の我慢はまだ続いた。一九五二年十月、文部省芸術祭委嘱作品として加藤が執筆した『襤褸と宝石』が劇団「俳優座」により上演（千田是也演出、三越劇場初演、次いで関西公演）。この舞台は、岸田國士の主唱する「文学立体化運動」の具体的活動として生まれた「雲の会」の錚々たる作家、評論家らの総見となった。全員が集まれば六十名を超える物々しさである。この日のことについては、この論の第二章で既に矢代静一著『旗手たちの青春』によって触れているが、事の序に今少し繰り返したい。矢代によれば、この舞台は本も舞台も散々なものだったらしい。共に文学座の同僚で親友の矢代だから、彼の言うことは誇張でもなく、勿論悪意などでは更にない。芝居がはねて親しい者たちで加藤の労をねぎらうことになった。「これも又、結果的に裏目に出た」。「雲の会」の連中が偶然、近くに居たのである。矢代はその夜、加藤がどのようにして屈辱を耐えたかを見事に描写していた。

一九五三年「雲の会」発行の「演劇」十一月号に発表した『思い出を売る男』を「文学座アトリエの会」で上演した。だが、加藤はここでも屈辱を強いられることになる。彼はこの公演を自著の年譜から外していたのである。筆者がある予感から念のため金森の『舞台装置の姿勢 金森馨』を調べ、この事実を知ることになった。金森の記録がなければ、危く見過ごすはずであった。加藤が自作のアトリエ公演を、少なくとも記録上抹殺した真意は分からないが、そこには劇作家として新しい演劇のための模索に心血を注いでいる者のプライドが関与しているように思われるのである。第一回水上瀧太郎賞の戯曲の部で『なよたけ』が選ばれ、その上演を希《こいねが》いながらそれを果たせず、悪意ではないが、そのストレスを嘲笑うような菊五郎劇団の『なよたけ抄』。それに続く『襤褸と宝石』は、総見した「雲の会」の面々による不愉快な態度に心は折れ加藤は殆ど倒れそうになっていた。そして『思い出を売る男』がこの年の秋のアトリエ公演の演目になったのはいいが、加藤や芥川、矢代らが真剣に続けてきた研究会としてのアトリエの存在理由が、演出の戌井市郎によって反故《ほご》にされたのである。金森は『舞台装置の姿勢』に加藤の『思い出を売る男』の舞台のスケッチを残している。加藤はこのスケッチを見て、かねて美術研究室の金森の才能に注目していたので、この時も演出の戍井に金森を推したと思われる。しかし、戍井は自分の知人で外部のヴェテラン舞台美術家を指名したのである。

この頃の「文学座アトリエの会」は既に年四回の例会を守っていた。日時が分かっているのは四回目のアルマン・サラクルー作『抜けられません』（松浦竹夫演出）で、初日は十二月二十二日だった。加藤の『思い出を売る男』（金森は衣装を担当）は三回目だったので九月頃と考えられ、これが終わって加藤は金森に浅利たち劇団四季の旗揚げ公演の裏方の手伝いを頼み、傍ら浅利慶太を紹介したか、何れにせよ浅利と金森の接点はそのあたりと思われる。先に述べたように若く才気煥発《かんぱつ》な金森は、自分の才能を正当に評価する加藤に従い浅利と会ったのであろう。金森は旗揚げの手伝いを終えてそのまま生まれたばかりの劇団四季に移籍した。

加藤道夫が岩波の仕事というミュッセの翻訳を携え、療養を兼ねたというよりは静かな環境を求めて出掛けた先は伊豆古奈温泉であった。年譜ではそうなっているのだが、矢代静一によれば十二月十日付治子夫人への手紙の消印は古奈温泉ではなく、同じ伊豆の嵯峨沢温泉だったという。古奈温泉と嵯峨沢温泉は同じ伊豆でも、加藤が手紙を懐に散歩がてらという距離ではない。はじめの古奈温泉から嵯峨沢温泉に移り十六日の夜に帰京したのか、そのあたりのことはよく分からない。手紙にはこう書いてあったという。「環境も静かで非常に素晴らしい宿屋ですが、宿料が高い（千二百円）ので一週間いて、翻訳の清書をしたら帰るつもりです」。これらのことから考えられるのは、伊豆に行ったのは十二月になってからであろうと思われることと、この二週間ほどの間にミュッセの翻訳・清書と、同じ頃に書かれたことになっている特に発表の当てのない「感想」と題する一文である。加藤は、これに来し方、行く末の想いを書き連ねた。筆者はそれが絶筆とされていることに特別な疑問は持たなかった。しかし、今ここに来て、ひょっとすると劇団四季旗揚げ公演に寄せた「『四季』の友人達」は、加藤が帰京した十二月十六日以降に書かれたのかもしれないという疑問が大きく筆者の前に立ちはだかった。

旗揚げ公演は一月二十二日が初日である。加藤の祝辞は一枚半ほどのものである。帰京後に書いても十分に間に合うと考えたとして何の不思議もない。あるいは予め用意してあったものを暫く手元に置き、投函したとして、それが十六日以降であったとしてもおかしくない。そう考えているうちに筆者が問題にしていることが分かってきた。筆者の胸に残っている違和感は、この若い友人たちの門出を祝う一文を手離した後の加藤の精神状態に何の変化もなかったのであろうかということだったのである。気になっていた仕事も終わり、伊豆でのささやかな保養もできた。体調も悪くはない。本来なら治子夫人と共にその夜のアトリエ公演を観、そのプログラムに書いた「松浦竹夫君」に念のため目を通してもよかったはずである。だが彼は何かを理由にし、治子夫人を送り出したのである。そうしてその夜十二月二十二日の深夜、突然の悲報である。浅利は師加藤道夫の自死に自分たちの旗揚げが微妙に関わっていたのではないかとの疑いを無視できなかったのではないのか。そういう繊細な神経が浅利のもう一つの顔でもあったからだ。

病身故に同世代の同志たちの足手まといになり、今また弟子の、前途有為の若い友人たちにも後れをとることになってしまった自分に、それでもと自らを鼓舞する何ものもなくなっていることに深い絶望を感じざるを得なかったからではないのか。おそらく浅利は恩師の心情をそう読んだに違いない。そうして、すべては取り返しがつかないことになってしまった以上、自分たちにできることはいつの日か『なよたけ』の上演をもって師の恩に報いることと、師によって開かれた正統な演劇への眼を磨き、方法論を構築しこの道をひた走ることだけだと考えた。師に託されたものはそれに尽きると彼は考え、彼は一人誓った。どんなに稽古に熱中しようとしても常にこの思いから逃れられなかった。

初日を終え浅利は雪明かりの帰り道で、何か吹っ切れた気がしていた。ただ無性に寂しかった。彼は猛烈にロマンチックで、おそろしくリアリストな自分を知っていた。この夜は一人になりたくなかった。

念願の『なよたけ』上演

再度ここから始めることにする。一九七〇年十月十日、遂に念願の『なよたけ』が加藤道夫追悼特別公演として初日を迎えることとなった。浅利慶太と劇団四季が精神的支柱を失い、喪失感と戦いながら旗揚げ公演の初日を乗り切った日から、実に十六年と二百数十日目のことである。劇団の節目ごとにプログラムあるいは機関誌に「加藤先生の言葉」を掲げ、今日までの日を刻んできた。

『なよたけ』を浅利がここまで先送りにしてきた理由は、言ってみれば月並みである。日生劇場を運営しながら、劇団四季の総合力を養い、加藤道夫の名を辱めないベストな舞台を実現できる日を待っていたということに尽きるのである。しかし、この作品は簡単には取り組めるものではなかったのである。原作の『なよたけ』(五幕九場)が、いわゆる五幕仕立ての戯曲とは一味も二味も違うことから、浅利は原作のままでは難しいと感じていた。といって、浅利自身が師の作品に手を入れることはできないと考えていた。その上この作品の核心となる三幕二場の後半から三幕三場の特異なシーン、戯曲のト書きには〝幻想の辻広場〟とあるこの場をどのように具体化するのか。それがもう一つの難問のように思われた。加藤道夫はこの稿を起こした一九四三年二十五歳の年譜に「高津春繁にギリシャ語を学ぶ」と記している。おそらくギリシャ悲劇を直接読みたかったのであろう。かのコーラスが、『なよたけ』の合唱あるいは陰陽師の行者たちの不気味な「魂ごひ」の呼ばい声のヒントになったのかどうか。続く能の体験がそうであったのか。最初の長篇戯曲『なよたけ』の稿を起こす。ヴァレリー、リルケ、ジロドゥ、クローデル等を好んで読む。「能」に興味を持ち、中村真一郎らと共に度々観る。陸軍省通訳官の試験を受け、任官。秋、『なよたけ』執筆。つまり筆者の言いたいことは、劇作家加藤道夫が敢えてこのように記しているところに『なよたけ』との関わりを強く思わずにはいられないということなのである。加藤が特に意識して読んだ作品はギリシャ悲劇でありジロドゥであり、意識的具体的に観たものは「能」だった。中でも『なよたけ』のストーリーに大きな影響を与えずにいなかったものはジロドゥの『オンディーヌ』であったろう。水の精オンディーヌと若く美しい騎士ハンスの愛の物語だ。『なよたけ』は月世界の天女なよたけと若き詩人石ノ上ノ文麻呂の無限の愛である。人間の若者と恋に落ち、恋人ハンスのため必死に本物の人間になろうとするオンディーヌ。そのオンディーヌを裏切ったハンスは水界の掟によって死を与えられ、同時にオンディーヌは人間界での記憶のすべてを失って水界に戻る。これによってすべては何一つなかったことになる。二人の愛の軌跡は完全に虚無と化す。一方、なよたけは別世界に去る日が決まっていた。迎えが来た日、なよたけは愛する文麻呂の腕の中で仮の生を終え、魂は天界に昇る。二つの物語は、真実の愛を見つけた瞬間が同時に永遠の別れの合図となり、儚く切ない記憶となり消えていく。但し『オンディーヌ』は一瞬の後すべてが虚無に変わるが、『なよたけ』は散文的な「終曲」で、新たな世界の始まりを暗示する。詩人石ノ上ノ文麻呂の誕生である。筆者はしかし、詩人石ノ上ノ文麻呂の誕生にかけて、作者自らが演劇によって新しい日本を再生しようとの決意だったのだろうと考えていた。

数年前まで筆者は、三島由紀夫が加藤道夫の死後、『なよたけ』を読み直して書いたという「加藤道夫のこと」と題する一文を見逃していた。『なよたけ』を観る前に読んでいれば、筆者の『なよたけ』理解はよりすっきりとしたものになったであろうと思ったことであった。それは次のように書かれた。いかにも三島由紀夫らしいこれは彼の告白である。

……王朝時代のデェモン「あんなあな」に犯された青年文麻呂が現実に傷ついて滅亡に瀕しながら、これを見事に転化させて芸術家として再生する。その転調に戯曲の主題は悉くかかっている。一人の芸術家の誕生がドラマの主軸をなしてゐるこの作品は、世界の戯曲のうちでもユニークなものである。加藤氏が、これを書いたとき、おそらく目前の死をいきいきと予感して書いた。死の予感の中で、死のむかう転生の物語を書く。芸術家が真に自由なのはこの瞬間なのである。

（初出「毎日マンスリー」一九五五年九月号、傍点引用者）

引用部分の前半は戯曲の主題についてであるが、三島の主題のつかみ方はさすがである。後半は作家として芸術家として存在すること、存在し続けることの覚悟について、当時三十歳の三島がその覚悟やよしと二十六歳で南方へ赴任する加藤道夫の死の覚悟にエールを送っているのである。そこにはドラマの主役である石ノ上ノ文麻呂と、作者加藤道夫を重ねて見ている三島の冷徹な確信がある。三島自身も同じように考える作家だったからであろう。

この『なよたけ』は原作のままでは上演できないと浅利は考えていた。しかし、筆者が観た初日はそんなことを考える余裕は最早なかった。目の前には私たちの「かぐや姫」が生まれた、森閑としてなお柔らかい深緑の奥深い竹林があった。観終わった後で、五幕ではなかったことすら気付かなかった。ただひたすら、詩人加藤道夫が生前、自らの生の証そのものの作品を、舞台を通して観られなかったことの無念に想いを馳せていた。作者の志を継いで遂に実現した愛弟子たち、中でも浅利慶太は大きな責任を果たしたという興奮と安堵を噛みしめつつ、一方で、これを劇団四季全体の飛躍のてこにしなければと考えていた。

あれから半世紀後の昨秋、『なよたけ』の上演台本を手にして分かったことがあった。原作は五幕八場と「終曲」からなっていたが、台本は倉橋健によって二幕八場と「終曲」にテキスト・レジ（上演台本としての手直し）されていたのである。倉橋は加藤道夫の親友であった。

浅利が高校演劇で演出した『わが心高原に』を観て、高校生とは思えないと絶賛した。加藤や倉橋の賞賛が今日の浅利慶太を生んだのである。テキスト・レジは、基本的に大きな変更はしない方針だったように思われる。五幕が二幕になったのは、日生劇場の舞台機構と浅利の厳しい薫陶を受けた技術集団がそれを可能にしたのである。原作のやや複雑な五幕の必然性は、時間のロスでしかなかったことになる。長台詞は部分のカットにより、冗長を避け、運びを速め、物語のテーマがより明確になっていた。

日生劇場自主制作の中止が劇団四季の船出に

『なよたけ』の上演をこの年に決めたのは、グランド・ミュージカル『青い鳥』（一九六九年十二月）の制作を決めた頃のように思われる。それは『青い鳥』の一年前、一九六八年十一月の『ハムレット』の上演に合わせて四季株式会社（劇団四季）営業部強化のため、新人十二名の増員に踏み切ったことが筆者には一つの示唆になっていた。この頃既に浅利は日生劇場の展望と、自分がどのような形で、いつまでこの劇場に関わっていられるかを考えなければならない状況になりつつあったからだ。まさに本稿第七章の「決断の時」が迫っていたように思われるのである。

浅利は四季の団友、平幹二朗のハムレットと四季の看板女優、影万里江のオフィーリアで、名実共に『ハムレット』の大当たりを確信していた。その仕掛けの一つ、美術装置に、ロイヤル・シェイクスピア・カンパニーの首席デザイナー、ジョン・ベリーを口説き落としていた。浅利は予め金森馨、吉井澄雄らと美術、照明に関し検討を重ね、ジョン・ベリーの実績について金森、吉井の意見と報告を基に浅利の演出意図が彼に正確に伝わるかどうかを詰めていた。我々世代の『ハムレット』のイメージは映画、演劇、そして戯曲研究（翻訳）によって、「古典的」と言えばそれだけでおおよその共通理解があった。しかし、シェイクスピアの国、イギリスではそれがどのように共有されているのか、それは十六世紀エリザベス朝の頃の劇場をイメージするが如きものであっても困るのである。浅利は奇をてらわず、四季の俳優の力量、台詞によって一場の夢が紡がれ、幕が下りて現実に戻る、その間を邪魔することになると危惧されるものは徹底排除と考えていた。その結果、ジョン・ベリーは九月十九日に来日し、稽古にしっかり立ち合い、美術プランを立て、十一月一日初日の成果を見届けて帰国した。舞台は全体にシンプルで黒一色の見事なものであった。英文学者倉橋健は「まちがいなくシェイクスピアの『ハムレット』を見、かつ聴いたたのしい一晩だった」と述懐している。

この舞台を新人営業部員の目と心に焼き付けることが、浅利の対新人社員研修の第一の眼目だった。彼らは入社と同時に本邦最高の『ハムレット』を観劇したのである。これほど中身の濃い、間違いのない研修は他にあろうか。浅利は舞台を夢と感動を売る場であると言い続けてきた。この世界が虚業と呼ばれる所以《ゆえん》である。それを売る営業部員が夢も希望も、従って感動もないのでは仕事にならない。まずは自分がすばらしい舞台に感動できるかどうかである。喜びも感動も感じない者はこの世界には無用である。今日の『ハムレット』に感動し、この喜びを多くの人々に味わってもらいたいと思わない者も又、この世界では生きられない。その思いが通じるかどうかは東京公演で、決して甘くはないこの仕事で、手応えを実感できるかどうかにかかっている。浅利はこの決定に賭けるものがあった。

これまでも日生劇場の現代劇では出演俳優も営業部も、時にはノルマを課すこともある位に力を入れてきた。俳優と営業部員が相互に力を出し合ってリスクを抑え、営業部員を俳優がフォローする形で営業実績を上げ、若い営業部員を育てることができると浅利は踏んでいた。それによって日生劇場のイメージの更なる認知度のアップと、それを支える劇団四季の営業力の充実を図った。一石二鳥は浅利の得意とするところだったのである。

浅利は近い将来、日生劇場が自主制作を止め、貸し劇場になることを見越していた。そのように考えざるを得ないような雰囲気、自らを取り巻く包囲網がジリジリと狭まってきていることを肌で感じていたからである。そうなれば劇団四季は東京の劇団ではなく、日本の劇団として北海道から沖縄までの全国公演体制を確立し、これを軌道にのせるという初心に早急に戻らなければならないのである。日生劇場を軌道にのせ、盤石のものとし、その上で劇団四季の大望に着手するとの浅利の考えはこうして変更の止むなきに至っていた。とはいえ、自主制作を中止するとの決定が下されるまでに劇場のイメージアップは今以上にしなければならない。それが浅利の義務であり、責任でもあった。何よりも浅利の演劇人としてのプライドでもあった。

かねて浅利は、劇場を軌道にのせるのに十年かかるが、劇団が一人前になるには三十年はかかると考えていた。日生劇場を引き受けることになった時、浅利は劇場が一応軌道にのるまでには数年は見てほしいと役員会で発言していた。十年と彼は言いたかったのであろうが、彼自身も含め、大人たちの誰もがこの世界を知らず、劇場の運営など全くの素人だったからだ。日本生命の弘世社長以外の方々は二、三年と考えるかもしれないが、それは仕方がない。浅利はそう覚悟した。しかし、彼はあの日のことを忘れていなかった。

『ハムレット』は劇場開場五年目の企画であり、既に述べたようにこれは大当たりとなった。当たりをとるべくしての企画だったのである。その当たりの熱が冷め切らぬ三ヶ月後、一九六九年三月公演は世界名作文学の舞台化、ドストエフスキー原作の『白痴』であった。

これは『チボー家の人々』に続く世界名作文学の舞台化で、演出は浅利の右腕である宮島春彦であり、『チボー家の人々』に続く日生劇場デビュー第二作である。この公演でムイシュキン公爵に抜擢された新人、劇団研究生の松橋登がその貴公子然とした容姿から若い女性に受け、驚異的な当たりとなる。この舞台は当年十一月から十二月にかけ、文化庁芸術祭主催公演に選ばれ九都市九回、日生劇場、劇団四季、世界名作とそれぞれのネームバリューが相乗的に作用し、各地公共団体・新聞社・放送局主催が十一都市十三回公演となり、劇団四季にとってそれ以後の全国公演への大きな足がかりとなった。

『白痴』は翌年一月末から二月下旬にかけて日生劇場で再演され、八月中旬から九月にかけて十二都市十四回の公演を成功させ、足かけ二年にわたり九十三回の公演を記録する。『ハムレット』初演時に入社した十二名の営業部員と俳優を組み合わせた六班編成が、これらの公演にどれほど寄与し、どれほど学んだことか。彼らは担当する各地の短い滞在時間を俳優たちと共に文字通り東奔西走、出会うべくして出会った多くの方々の篤い力に支えられ、共に舞台を作ることを学んでいた。これこそが浅利の目論見通りの成果だったのである。そうして、彼ら営業部員と共に走り回った俳優諸君の、苦しくも喜びに満ちた日々が、年々語り継がれ、エピソードの山になって今日に生き続けることになる。その結果、劇団四季は有力新劇団がそれまで考えもしなかった全国公演の手打ちに挑戦し、これを僅か三年で可能にしたのである。俳優も営業部もそれは逞しかった。全国主要八十都市をそれぞれの人々の篤い協力を仰ぎながら確実に自主公演で満員にしたのである。これは浅利慶太の演劇論の勝利、実に前代未聞の驚くべき業績だったのである。

このような必死の努力の中、『なよたけ』班の演出部、俳優、営業制作部は、加藤道夫追悼特別公演の名にふさわしい舞台づくりに打ち込んでいたのである。言うまでもなく、浅利慶太、日下武史にとっては余りにも長く待たせすぎたかもしれないとの思いはあったにせよ、それを凌駕する舞台の内容で恩師を追悼できたことをよしとしたのである。浅利はこの日何を思い、日下以下の同志に何を語ったのであろうか。劇団四季の旗揚げ公演が加藤先生の追悼公演になり、十六年後の四季の大きな節目の年に『なよたけ』の上演で再び恩師の霊を慰めることになったのだが、慰められたのは自分たちであったと気付いたに違いない。

この年五月一日をもって日生劇場は先に述べた通り、自主制作を止めた。但し、日生名作劇場〈こどものためのミュージカル・プレイ〉は引き続き劇団四季が制作することになる。年間の劇場使用の内訳は、劇団四季の子会社である日本ゼネラルアーツ株式会社が六ヶ月、松竹と東宝がそれぞれ二ヶ月ずつの使用権を持つ貸し劇場として再出発したのである。浅利はこうなってしまったことを演劇人生の挫折と捉えていたであろうか。否である。自分に演劇を選択させた加藤道夫との運命的出会いを何ものにも代え難いものとし、順風満帆の船出の記念日としたのである。そうして『なよたけ』の主題はその記念日にふさわしい、芸術家の再生の物語だったのである。浅利は日生劇場の重役から日本の大プロデューサー浅利慶太となり、劇団四季はアヌイ、ジロドゥ劇団から日本を代表する劇団四季に大きな一歩を踏み出したのである。それは恩師が本来望んでいた新しい演劇の追求と軌を一にしていたことでもあった。加藤道夫は、自らが達し得ない巨大な野望を浅利らに託して逝ったのである。追悼はその志を継ぎ、何ものも恐れず前進することを意味していた。

この章の終わりに、浅利慶太と五島社長のやりとりの一場面を浅利のエッセイ『時の光の中で』から引用しておきたい。

浅利の表現ではこうなる。

〈解任直前のある日五島昇社長に東急本社へ呼ばれた。〉

「どうも周りが喧しいようだ。浅利君、きみ劇団四季を辞めないか。そうしたら君を日生劇場の常務にする。どうだい」

〈困ったことである。五島さんの推薦で日生劇場に行ったのだから本当は従わなければいけない。でもそうはいかなかった。そこで申し上げた。〉

「御意向に逆らうようですがお聞き願います。私の考えでは、それぞれを軌道にのせるのに、劇場は十年、劇団は三十年かかると思います。日生はすでに十年やらせていただき（引用者註）、クレジットも立ち、ほぼ軌道にのったと思います。しかし劇団四季はまだ創立から二十年たっていません。誠に申し訳ないことですが、私を四季に戻らせていただけないでしょうか」

〈つまり昇格人事を押し返したわけである。五島さんはきわめて不愉快そうなお顔をされた。長いお交際で五島さんのあんなお顔を見たのはその時がただ一回である。五島さんとのこの会話が一九七一年。劇団四季の創立三十周年まであと十二年である。〉

五島社長ほどの大実業家でも、自分の価値観でしか他人を見ることができなかったということであった。

この年一九七一年の劇団四季全国公演は前述のように完全に軌道にのる。

同年十一月四日から十二月二十六日、日本ゼネラルアーツ・劇団四季提携特別公演第一回『越路吹雪ドラマチックリサイタル〈愛の讃歌―エディット・ピアフの生涯―〉』を上演。越路吹雪と劇団四季俳優の組み合わせによる新形式公演は二ヶ月のロングランとなる。これにより、芸術選奨、芸術祭賞、ゴールデン・アロー賞の三賞を受賞。

この長期公演で越路吹雪と競演した劇団四季の俳優三十九名は全身黒ずくめで、ある時はピアフに扮する越路の恋人になったり、群衆やナレーターになったり、バックコーラスになったりする。この公演の経験はやがて劇団四季ミュージカルに結晶することになるのである。

（註）劇場のオープンから八年だが会社設立からは十年経過している。

第九章
「母音法」
—四季節の完成

1982年
『ハムレット』
日下武史
©山之上雅信

小澤征爾が発した、音を真円に聞かせる技術

「『民藝』は絵画だが、『四季』は音楽だなあ」

ある時、浅利はこう言って『フィガロの結婚』からケルビーノのアリアを口ずさんだ。稽古前のおしゃべりに三大劇団の噂をひとしきり並べ立て、その最後をこう締めくくったものだ。機嫌のいい時は大抵時事問題か、現在進捗中の日生劇場についての話が多かった。気分を変えるにしては、やや唐突な感じがしたが、筆者には、『フィガロの結婚』はこの秋の柿落としで来日する、ドイツ・オペラの演目なのではないかと直感した。

劇団四季創立十周年記念特別公演として、アヌイ、ジロドゥの作品から四本を交互上演する。それも一ヶ月間に二度繰り返すというのだから大変というより狂気の沙汰だと若手はぼやいていた。しかも劇場は第一生命の六階ホールである。ざっと計算しても楽屋の周辺、客席まわりの廊下にも大道具を置かなければならなくなる。しかも、大道具の搬入搬出は屋上の滑車を使い、ロープで一階から吊り上げ六階の窓から引き込むのである。大半が素人の研究生、準劇団員で、いざというときは足手まといになる者が多く、それを考えるだけでもゾッとした。一方、大人の俳優たちはそんな心配をしている暇はなかった。

四作品中の少なくとも二作品に出演するのは当たり前で、三作品否、全作品に出演するヴェ

テラン俳優もいた。たとえ再演の持ち役であろうと通常では絶対に考えられない芸当だった。全作品を演出する浅利にとっては、それぞれが再演、再々演である以上、演出の上でも演技の上でも何らかの新味をと考えたり、俳優の精進に期待するものもあったであろう。しかし、浅利にとってはこれほどの困難も胃に穴が開くような日生劇場の開場準備とは打って変わり、楽しくて仕様がない風であった。但し、とはいえ、その中で最大の関心事は、演劇の核心である俳優の台詞術であった。「四季節」と呼ばれ、揶揄と嘲笑にさらされてきたこれを真っ直ぐに育て、四季のみがこの物言う術の理想のデクラメーションを完成するにはいかなる方法があるのかという、苦しくも探し甲斐のある日ある時の瞬間を予想してみるのだった。自分たちのデクラメーションが四季節と呼ばれ、時として嘲笑の対象になってきたことには特別の感慨はない。ただ、この演劇の表現技術を完璧なものにする方法については、ある意味で必死に探してきたのである。その点で、四季の理想の演劇への道筋も未だカオスの状態ではあったが、自分たちの方向性を信じるだけではこの大業は完成できない。そこにある壁にいかにして穴を開けるか、その方法が見つかりさえすれば、ということではなかったかと思う。この探索は細く長く暗いトンネルに迷い込んだ状況であった。

当時の四季のレッスンは、独自のものではなかった。浅利をはじめとする創立メンバーは一致団結して反新劇でありながら、リズム体操にしろ、呼吸法にしろ、発声、開口、滑舌にしろ、すべては試行錯誤の段階だった。従ってやっていることは「新劇団」の日常訓練の内容と大きな差はなかったのである。それはそれでやっていろ。俺が決定的な法則を見つけ出す。それにいつでも対応できるだけの柔軟性は身につけておけ。浅利はそう考えていた。冒頭に挙げた民藝の「絵画」、四季の「音楽」は意外な秘密の吐露だったと知るのに、筆者は二十年近くを要することになったのである。

民藝の「絵画」は、米倉斉加年という玄人はだしの絵師がいてずいぶん評判になっていた。後にイタリアのボローニャ国際児童図書展で、彼の出品作がグラフィック大賞を二年連続受賞し、美術でも食っていける役者だとの噂は証明された。浅利が口にした「『四季』は音楽だなあ」の出どころがドイツ・オペラの『フィガロの結婚』も含めて指揮者小澤征爾事件の一件落着からの余裕によるものだったのだと気が付いたのは、それから数日経ってからだった。しかし、その件はそれだけであった。事件の特殊性もあり、筆者の興味はそれがどのような結末を見るのか、小澤を擁護する浅利の戦略に固唾を呑んでいたためでもあった。かつてこの件――NHK交響楽団と小澤征爾の対立について少し触れたことがあるのだが、その後知り得たこともあり、再度概略を述べ、浅利の「『四季』は音楽だなあ」と言った真意につなぎたい。

浅利によれば、一九六二年十一月十六日の夜に小澤征爾と夫人でピアニストの江戸京子さんが浅利のアパートにやってきて、N響のオケの連中とうまくいっていないと打ち明けられたというのである（『時の光の中で』）。

小澤夫妻は共に桐朋学園の一期生である。桐朋学園は、音楽評論家の吉田秀和と指揮者の齋藤秀雄、それにピアニスト井口基成らがつくった音楽塾が発展して設立された短大であった。小澤征爾はこの音楽短大の一期生となり、指揮者齋藤秀雄の強烈厳格な指導によって天与の才能に磨きをかけられる。桐朋学園を卒業後群馬交響楽団、日本フィルハーモニー交響楽団の副指揮者を経て一九五九年桐朋学園の父兄会や、成城学園高校の同級生の父である水野成夫（フジサンケイグループ・オーナー）の支援を受けて渡欧。同年ブザンソン（フランス）国際指揮者コンクール第一位。カラヤン国際指揮者コンクール第一位。一九六〇年ボストン郊外でのバークシャー音楽祭（現タングルウッド音楽祭）でクーセヴィツキー賞を受賞。一九六一年には遂にニューヨーク・フィルハーモニックのレナード・バーンスタインに抜擢され、同フィルハーモニックの副指揮者となる。この一連の活躍で世界が小澤征爾に注目した。ブザンソンの栄誉から僅か二年、小澤征爾は二十六歳であった。

その一年後、小澤はＮＨＫ交響楽団の客演指揮者に招かれる。日本のマスコミも総出で迎えたことは言うまでもない。これが世に名高い小澤征爾Ｎ響事件の序幕となった。

この事件が結果として浅利慶太と小澤征爾を固く結び付けることになり、それが「四季節」と半ば侮蔑されてきた浅利慶太の長きにわたる独特な物言う術の完成に重要な役割を果たすことなる。

小澤夫妻の訪問から数時間後、都内の有力紙朝一番刷りが小澤征爾とN響の対立を小澤悪者の線で報道したのである。N響の用意周到な作戦であった。以下は、この後に深く関わることになった浅利のエッセイ『時の光の中で』よりこの事件の推移と結末を援用させていただくことにする。


三人が話しているうちに夜が明け、朝刊が入れられる。


何の気なしに開いてみて、「あっ!」あの時の衝撃は征爾も私も京子さんも、決して忘れることはないだろう。社会面のトップに文字が躍る。

「N響、小澤征爾氏をボイコット」

「演奏には協力せぬ」

「指揮に疑問多い——事務局に申し入れ」

N響楽員の奇襲作戦によって「小澤征爾事件」は全国に広まった。事態は急激に非が小澤にあることで固まりつつあった。

事件はこういう道筋を辿る。八月ごろから楽員間に不満が生まれる。十月、東南アジア演奏旅行後、楽員に選ばれた委員会は百数十項目に及ぶ小澤非難の意見書をN響事務局長に提出。しかし局長は事態を穏便に処理しようと、これを握りつぶしてしまう。十一月の定期演奏会後の十六日夜。楽員側は、「今後は小澤の指揮では一切演奏しない」と申し入れる。そして東京新聞にスクープが流された。

事の起こりは、二十七歳、新進気鋭の指揮者と平均年齢四十歳を超える楽員との感情的なもつれからで、浅利の表現を借りればこうである。

「要するに、頭にきた」という。「あの野郎、若造のくせに、六十近いティンパニーの楽員さんを頭ごなしに怒鳴りつける。それも指揮棒で譜面台をたたき乍らだ」「年長者に対する非礼」「思い上がり」「タレント性だけで深い音楽的教養はない」等々の悪罵が新聞の文化面に踊る。

征爾にはしかし、二十二日から月末までデトロイト・シンフォニーを指揮する契約があり、渡米しなければならなかった。ただ一人細々と反論をくり返していたかれが不在となった後のマスコミ論調は、もう一方的なバッシングだった。

間の悪いことにこんな中、小澤は月末まで東京を留守にしなければならなかったというのだ。N響側の猛攻にたった一人で戦っていた彼が一週間不在になることの結果は誰の目にも明らかだった。小澤の友人たちが本気で何とかしなければとなった頃、浅利は突然フジサンケイグループのオーナー水野成夫に呼び出される。水野は当時財界の四天王と呼ばれた大物の一人で、若い芸術家の面倒をよく見ることで知られており、現に浅利や石原慎太郎もその中にいた。小澤については、彼が渡欧する際に水野が経済的に協力するなど、浅利の表現によれば「とくに征爾との仲はちょっと親子の趣きさえあった」と述べている。

「浅利君、征爾を助けてやれ」水野さんは、いきなりそう仰言った。私はストレートに答えた。

「このトラブルのポイントはNHK本体の無責任な対応にあります。衆を頼んだ楽員たちと争っても征爾のイメージは悪くなる一方です。ですから戦争を、NHKとの正面衝突に切り換える必要があります。それでよろしいんですか」

「僕もそれしかないと思う。僕が君にこれを頼むには理由がある。まず、君は江戸君に恩があるな」

日生劇場の開場が見えてきて劇場稼働の体制を具体的に決める段になり、企画担当に石原慎太郎、制作と営業担当に浅利という役員の人選が、日本生命のオーナーだった弘世社長と彼ら二人の推薦者で東急グループの五島社長の間で進んでいた。だが、そこには「いくらなんでも二十八歳の若者二人に」という声も上がっていた。その時劇場運営会社の株を十パーセント持ち、後に役員にもなる三井不動産社長の江戸英雄と野村證券会長の奥村綱雄がこの人事案を強く支持した。浅利によれば「こういう仕事は若い人にどんどんやらせる時代になったようですね」との江戸英雄の一言で決定的になったという。水野の理由とはそのことだった。

「水野さん、私は劇団を持っているんです。NHKと真正面から戦うというのは……」

それればかりではない。開場まで既に一年を切った日生劇場の制作、営業担当役員としての立場もあった。

「骨は僕が拾ってやる」

この水野の一言で浅利の肚は決まった。浅利は小澤擁護の陣営の参謀長の役割を果たすことになる。

浅利の戦い方の基本は、NHKが小澤と交わした契約書であった。契約書については浅利自身が身をもって徹底的に叩き込まれてきた。その第一回目が日生劇場の柿落し公演のベルリン・ドイツ・オペラ管弦楽団相手の契約交渉だった。浅利は帝国ホテルの一室に一日十時間以上、一週間続けてこもって検討を重ね、厚い本のような契約書を作成する。世界のショービジネスは、オペラもバレエも、ミュージカルも、劇場も含め興業全体にユダヤ人が深く関わっているという。それだけでショービジネスは手堅く手強いものとの見当もつく。ある意味でシェイクスピアの『ヴェニスの商人』である。

浅利は小澤征爾に対するNHKの態度は契約を無視していると見て、「契約通り」を基本姿勢とした。浅利がその契約書を見直すと明らかになることがあった。楽員と小澤の対立は契約の履行に影響を与えるものではなかったのである。NHKは自己の組織の一員である楽員を説得し、小澤のために演奏会を行う条件を整える義務があった。契約書上はそのようになっていることをまず浅利は確認した。巨大組織NHKとの交渉である。「勝手連」のようなものと浅利は述べているが、勝手連は勝手連なりの強みも凄みもあった。作家の石原慎太郎がいる。音楽評論家にして、ジャーナリストの安倍寧が陣営の広報参謀となった。浅利は前述NHKと小澤が交わした契約書の精査に当たった。そして浅利は、そこに前述したように唯一の突破口を見つけたのである。同時に「小澤征爾の音楽を聴く会」を組織し、年明け一月十五日の日比谷公会堂を確保する。そして、この事件をN響と小澤征爾の問題にとどまらせず、政財界を巻き込む一大社会問題に拡大させたのである。対策本部を未だ建設中の日生劇場に置き、その発起人には音楽評論家、作曲家を中心に建築家、詩人、作家、文芸評論家など二十余名を数えた。

小澤支援の陣容は整った。浅利の戦略は小澤の帰国を待ってNHKそのものに宣線布告をすることだった。浅利のエッセイには次のような記述がある。

十二月一日　征爾アメリカより帰る。
四日　定期演奏会の稽古開始。だが楽員は征爾をボイコットし練習不能。
五日　楽員、小澤降ろしの履行を事務局に迫る。
六日　練習再開。事務局は密かに楽員側に「第九」は小澤に振らせないと約束。その代わりとして定期演奏会をやること。拒否なら業務命令を出すと脅す。そしてその夜征爾は一通の覚え書きをK放送総局長に手渡す。内容はNHKが自己の責任において楽員のサボタージュを解決し、契約通り全てをとり行うことを求めている。

（傍点引用者）

小澤の覚え書きに目を通したK放送総局長は烈火の如く怒り、小澤を怒鳴りつけた。浅利の作戦はここにあった。小澤の覚え書きの細部は知らない。前記の傍点部分が浅利の思惑のすべてであったろう。

浅利慶太が引用した小澤征爾の訴えである。

「――激高したNHK、K理事はボクにこうどなった。『お前の未熟さにも責任があるんだ。サァあやまれ。あやまらなければ演奏会は中止だ』と。ボクは人間的にも音楽的にも未熟かも知れない。しかし、その反省は演奏会という手段を通してしか行えないのだ。演奏会の積み重ねによって成長していかなくて、一体どこに音楽家としての成長の場があるのだろうか。それなのにNHKはボクから演奏会を奪ってしまった」

（「週刊朝日」一九六二年十二月二十八日号）

NHK交響楽団の定期演奏会は、連合軍の空爆でさえ中止することなく続けられてきたというのに、こんなことで三十五年の伝統ある歴史に汚点を残すこととなったのである。その当日、浅利と安倍は、演奏会が中止になったと家で肩を落としている小澤に、だから君は契約通りに文化会館へ行かなければならないのだと支度をさせ送り出す。

小澤が出掛けると直ぐに広報参謀の安倍は新聞各紙の社会部に「小澤は契約通り文化会館に向かった」旨を伝える。楽屋には社会部記者とカメラマンが殺到することになる。

やがて定刻が来た。小澤征爾は譜面台だけが並ぶ舞台中央の指揮台にゆっくり歩いて上る。無人の客席に向かって立ち尽くす小澤征爾はこの屈辱によく堪《た》え、精一杯の平静を装ったに違いない。この様子は各社のカメラマンによって激写され、同日の夕刊から各紙は社会面で大きく取り上げた。「天才は独りぼっち」「指揮台に一人ポツン」このような見出しの新聞社は三社に上り、この日を境に小澤征爾に対する世間の目も、マスコミの目も百八十度変わったと書く。浅利の演出は狙い通りだった。

一九六三年一月十五日の日比谷公会堂は大盛会だった。二階正面席に、後の総理中曽根康弘夫妻、ライシャワー駐日アメリカ大使夫妻が並ぶ。小澤征爾は万雷の拍手に迎えられおもむろにドビュッシーの「牧神の午後への前奏曲」に入っていく。演奏は、日本フィルハーモニー交響楽団。この夜は、他にシューベルトの「未完成」、チャイコフスキーの「交響曲第五番」だった。三島由紀夫は翌日の朝日新聞に「アンコールの物すごさは、おそらく史上に残るものだ。——大げさにいうと、国民的喝采であった」と書いたと浅利は述べている。そうして、こうなった。

演奏会の翌日、吉田秀和、中島健蔵、黛敏郎の三氏の仲介で、小澤征爾とNHKの和解が行われた。双方このトラブルについて互いに自らの非を認め合う。いずれ将来、征爾がN響の指揮台に立つという内容だった。

小澤征爾がN響の指揮台に立つのはこの事件から三十二年後の一九九五年一月のことであった。

長々と小澤征爾のN響事件を追ったが、このとき浅利慶太が覚悟を決めて小澤擁護に立ったこと、そして手早く状況を把握し、問題を長引かせなかったことが、小澤をNHKは元より小澤自身からも救ったことになったのである。そのように図らなければ小澤が日本で演奏できなくなるどころか、小澤自身が自ら指揮棒を折らざるを得なくなっていたかもしれないのである。故国を後にし、二度と故国では演奏しないなどということになれば小澤の名誉を守り幸福な音楽家として人生を送ることができたとは到底思えない。日本人であろうがなかろうが、それは変わらない。この事件は浅利の政治力と先を見通す天性の才能を如実に示したと言えるかもしれない。この事件を通して浅利に対する小澤の信頼はゆるぎないものとなる。それが結果として冒頭に浅利の口をついて出た、「『四季』は音楽だ」の意味にようやく姿を現すのである。

小澤は、三井不動産社長江戸英雄の長女でピアニストの京子と一九六二年に作家井上靖の媒酌で結婚している。しかし京子の父は、娘の強烈すぎる個性に不安を抱いていた。案の定というべきか、四年後の一九六六年に離婚する。小澤にもいろいろな噂があって、性格の違いだけではなかったのかもしれないが。N響事件の頃は、夫妻それぞれのストレスから夫婦喧嘩が絶えなかった。筆者も京子夫人の電話を浅利に取り次いだことが一度ならずあった。その頃の話が浅利にとって劇団四季にとって、演技上の重要なメソッドに関わっていたのである。

浅利はこう述べている。

……議論が噛み合わないことがあるらしく、よくけんかをしていた。そんなある日、私は冗談半分に言った。

「合わないんなら別れちゃったらいいじゃないか」すると征爾は真剣に反論した。その時の会話を思い出す。

「かの女のピアノはすばらしい。厳格なんだ、一音一音が。例えばピアノ・コンチェルトの場合、普通はオーケストラにつつみこまれてしまうケースが多いんだけど、かの女の音はオケの壁を抜けて響く」

「分離か。もっと具体的に言ってくれないか」

「同じ大きさの粒の真珠のネックレスがあったとするね。真中の糸を抜く。すると真珠は等間隔に並ぶ。ピアノの音がきちんと響くのはこういう状態に鳴る時なんだね。それが彼女の音だ」

「でもピアノの音って円形はしていない。最初響いて小さくなる。つまり二等辺三角形だ」

「それを真円に聞かせるのが技術だ。劇場で音を響かす時に大切なのは大きさではなく分離なんだ」

「なるほど。そういうことか」


（傍点引用者）

この会話が、浅利の演出家としての人生に大きな影響を与えることになる。それはやがて「母音法」として浅利が確立するまで二十年近くを要することになるのだが、浅利の言う、四季の「音楽」は、これだけではなかったのである。

武満徹との共同作業で生まれた「フレージング」

小澤事件と前後するが、「『四季』は音楽だ」と言った浅利の胸中にはもう一人の音楽家、作曲家の武満徹の存在があったことを筆者はこの時点では全く知らなかった。いわゆるクラシック音楽については好きでもあり多少聴きかじってはいたものの、前衛音楽にはまったく無知であった。武満は、私の苦手である前衛音楽の作曲家で琵琶や尺八などの和楽器を取り入れているという程度の認識だったのである。劇団四季公演第四回、五回、六回、八回、十回と創立十周年までに初演だけで九作品と一番多いのが武満徹だったことも後で知ったことだった。浅利は、まだ無名に近い武満の才能を買って、病身と知りながら彼に音楽を依頼し続けていたのである。

武満の著作集（全五巻）の第一巻を開くと、そこには詩人以上に詩的であり、哲学者以上に哲学に満ち満ちた文章に驚く。特に一九七一年に単行本として出版され著作集第一巻に収められている『音、沈黙と測りあえるほどに』をはじめとする思索の数々は、彼がどのような音楽家、作曲家であったのかの真髄に迫る一里塚の様相を呈している。

作曲家武満徹とはどんな人間だったのか。以下の引用は武満徹著作集第一巻の『音、沈黙と測りあえるほどに』からのものである。

人間の発音行為が全身によってなされずに、観念の嘴《くちばし》によってひょいとなされるようになってからは、音楽も詩も、みんなつまらぬものになっちゃった。

こうも書いている。

ぼくは子供に訊いてみた。――きょう一日で何がいちばん楽しかった――
〈たくさん遊んだことさ……〉
――何がいちばんつまらなかった――
〈あんまりたくさん遊ばなかったこと……〉

そして彼はこう考えた。

子供の言葉は、大人の論理では解剖できない不思議な実体に漲っている。それが言葉を生き生きと美しいものにする。子供がみせる突然の感情飛躍は、肉体の生理と精神の生理が不可分だから、というより、それは肉体とか精神を超えた生命《いのち》そのものの表われなのだ。太陽のように率直でかげりがない。衰弱した肉体と虚大な精神が、大人の言葉を貧しいものにしている。

（傍点引用者）

武満徹がこれら現代の不毛について考えていた頃、劇団四季は「新劇」の関係者から「四季節」と揶揄されていた。武満はそういった劇団四季の、いわば「新劇界」の名簿には載っていても地図には記されていない存在の仕方を面白いと感じていた。浅利と武満はそこを一番の共通点として仕事をしていたのかもしれない。互いに相手の才能を、確実に存在しているであろうある実体に信を置いていた。

浅利慶太は、よく台詞の重さというようなことを言う。ぼくなりにこのことを考えてみた。それは言葉の観念的な重苦しさという意味ではもちろんないだろう。むしろ、全くそれとは逆のことにちがいない。重みのある台詞というのは、真に言葉によってしか表しえないい世界をさすのであって、その言葉は、ちょうど血液のようになにかを生かし、その言葉は絶えず新鮮な運動をするのである。簡潔に言えば、よく響く言葉のことだ。

（傍点引用者）

まだある。

〈よく響く言葉〉とぼくは書いたが、それはもちろんたんに物理的現象をさしたのではない。しかし、言葉について考える時に、ぼくらはなぜか文字を通して考えがちだ。国語審議会の人々も福田恆存氏たちも、文字、つまり書かれた言葉だけに目を向けすぎてはいないか。むろん、その意義は充分にある。ぼくは審議会の人たちの意見とは別に、発音される言葉について考えなければならないと思う。それが根本のことのように思える。われわれは発音という行為によって、言葉を獲得し、精神的になるのである。レトリックだけに頼ったものがつまらないのは、そこにほんとの発音がないからである。

（傍点引用者）

こういうことを考え、エッセイとして発表した武満と浅利は、互いにかなり近い存在だった。当然一九五五年初演の『野性の女』の主題——ヒロイン、テレーズの自由と反発、自らに妥協を許さない生き方について議論した。ジャン・アヌイが、どのような劇作家であるかについても語り合ったはずである。『野性の女』から演劇のテーマに、そして話題は表現一般に移り、ことばと音楽、あるいは絵画、西洋と東洋、人間の自由への憧れの強さが内発によるものか外発によって頭で考えるものかで実体がいかに大きく分かれるか等々についても議論は続いたように思われる。

浅利は武満の疑問を完全に払拭できず、武満は武満で浅利の問いに納得できる説明ができない。二人は極めて高度で難解なレベルでことばと身体と声と思想について折々に議論したのであろうが、芝居者と作曲家の違いもあり、互いの信頼とは別に容易に議論の一致を見ることはなかったように思われる。二人にとって、それが、かえってよかったのである。浅利は武満の疑問が深いところに立脚していることに内心驚きながら、自説を曲げなかった。この二人の議論から武満が独自で答えを出し、浅利も又、独自に考え続け修正を加えたり飛躍したりしながら、胸といわず、肚といわず、頭脳といわず、浅利は自らのカオスそのものが、ある方向に動きだすのを確かなこととして感じていた。それは結局二人の共同作業だったのであり、浅利はそこから得たもの、そこから発想したもの、技術化され得るものを整理していく。それが戯曲の書かれた文字上の句読点を取り払って劇作家の意思（つまりは、登場人物の心情、想い）に沿って喋り切る「フレージング」となった。時として、「折れ」とも浅利は言っていたように思う。これは一九六〇年以前から既に浅利が口にしていたことだとは、後に聞かされたことであった。浅利の物言う術の研究はなお続いていた。これに関する平幹二朗のエピソードがある。

一九六七年、日生劇場で彼は初めて浅利と出会った。作品はラシーヌの『アンドロマック』。

その時に台本の冒頭から一言一句、意味で切れるところをチェックし、そこに番号をふっていく。浅利の言う「フレージング」を体験した。彼が言うには、それまでは何の根拠もなくただインスピレーションに頼っていたので、そのメソッドにより役の心の動きを確信して演じられた。そう述懐し、以後はその方法を用いたと明言している。その後四季がミュージカルに力を入れだしたのを機に、演出家蜷川幸雄と舞台をすることが多くなるが、その際「平さんのようにはっきり喋れ」と皆に言ったということはよく知られている。

そこに小澤征爾がポトリと落とした一滴のワインによって浅利のもう一つのカオスが激しく反応しだしたのだ。それは目の前にありながら、かなり遠かった。超多忙の浅利がほぼ二十年の歳月をかけ試行錯誤の末に見つけた「母音法」がそれだった。これは、何か大きなものにつながっている。浅利の感性は「音の分離」をその糸口と確信し、しっかり握って片時も離さず遂に完成させた。それは当人によれば一九八三年頃ということのようだが、もう少し早かったのではないかと筆者は記憶している。一九七〇年代の終わりか、一九八〇年代に入って間もない頃に旅公演の移動中の列車の中で、中堅女優の一人が、筆者に向かって「浅利先生って本当に天才よね」と「母音法」の効果を賞賛していたからである。彼女はその時「母音切り」と言っていた。

武満の浅利への影響の一つ、ことばに対する武満の執念の一端を明かすエピソードを最後に挙げておきたい。

ニューヨーク・フィルの委嘱作「ノヴェンバー・ステップス」のタイトルを、武満は当初「琵琶と尺八の音が、オーケストラの水の輪のようにひろがり、音が増えてゆく」ことを想像し、water ring にしようと考えた。その時のことである。

言葉に繊細な武満は、翻訳されることでニュアンスが変わることを承知していた。たとえばすでに一九六〇年代に武満は、真剣に翻訳の問題について考え、実験を行っていた。それは、武満が書いた文章を日本語のわかるアメリカ人ジョン・ネイスンが英訳し、さらにその英訳を、日本の詩人大岡信に原文を知らせずに日本語に再翻訳してもらうというものだった。……武満が翻訳によって表現がどう変化するかに興味を抱き、二つの言語を同時に、複眼的に考えようとしていた、という事実である。

(『武満徹　ある作曲家の肖像』小野光子著、音楽之友社)

武満徹が亡くなって二十三年になる今日、この天才作曲家の実像は、粘り強い研究者小野光子によって克明に知られるようになった。枯木のように生き、音を探し、音楽とは何かを考え続けた六十五歳の人生のほぼすべてに小野は肉迫した。そうして肺結核が彼を苦しめながら彼の思索を深め、音を、音楽を深めていった強烈な武満を見事に描いた。これは得難い力作であり、名著である。

筆者が武満徹の名曲といわれる「ノヴェンバー・ステップス」を初めて聴いた時、テープではあったが、背筋に刃を当てられたような衝撃を受けた。やがてそれは、オホーツクの暗い奥から吹きつける白く厳しい風となり、えぞ松林の間を抜け、筆者の第二の故郷となった北見山地の懐に吹きつける風景を眼底に刻みつけた。戦後北海道バレエの開拓者、札幌舞踊界の主宰者千田モトの創作バレエ『盲女抄』の稽古初日のことである。一九七〇年代中頃と記憶しているが、北国育ちの筆者にはそれ以後、「ノヴェンバー・ステップス」の琵琶と尺八が空耳のように響くことがある。

名曲「ノヴェンバー・ステップス」によって世界のタケミツとなった武満であるが、そこにはニューヨーク・フィル副指揮者小澤征爾が強く、熱く、噛んでいた。

一九六六年五月一日、二日、四日の三日間に日生劇場内国際会議場で、武満と一柳慧の共同企画による現代音楽の音楽祭としての演奏会があり、そこに小澤征爾も参加していたというのである。第一回目ということと、海外の作曲家の新作もあること、それ以上に武満、一柳には特にかの事件の折に支援してくれた恩義もあった。これは外せないと参加したのであろう。

簡潔に記すとこの時の武満の作品のうち、三日目に演奏されたのが琵琶と尺八のための「蝕（エクリプス）」だった。小澤はこの作品に「寒気がして気持がわるくなる位感動したものだ。これこそぼくらのしゃべりたい言葉だ、とそのとき思った」。又、音楽評論家の吉田秀和は「いわゆる現代前衛音楽とは、まるで様子のかわった曲の登場として、満員の聴衆に、異常な感銘を与えた」と記しているという。

小澤はこの曲のテープをニューヨーク・フィルの正指揮者バーンスタインに聴かせ、創立百二十五周年（世界最古のオーケストラ）記念の一環として現代の作曲家に新作を委嘱する企画に武満を推薦することに成功した。

一九六六年の年末にニューヨークの小澤から武満に電話が入る。武満は二つ返事でこれを受けた。一九六七年、武満はロックフェラー三世財団から一年間の米国滞在の招待を受け、新曲「ノヴェンバー・ステップス」初演のため家族と共に渡米した。十一月三日にニューヨーク着。ニューヨークの冬は和楽器の大敵、乾燥が待っていた。琵琶の鶴田錦史と尺八の横山勝也は急遽楽器にレタスを巻き付けたり、部屋に水を撒くなどの工夫をしなければならなかった。日本の湿気が必要な和楽器にひび割れが生じてしまう。他にも武満は「泣き出したいほど」の精神的ショックを受けたりするが、小澤の咄嗟の知恵で大挽回を図るなど武満以下は泣いたり笑ったりのてんてこ舞いだったと想像する。半世紀前のニューヨークで日本の特異な楽器である琵琶と尺八にニューヨーク・フィルのオーケストラを対置する風景を想像できれば、先駆者の一喜一憂がひしひしと伝わってこないか。

十一月九日、初演の夜が来た。ニューヨーク・フィルの本拠地、ハーモニック・ホール（現ディヴィッド・ゲフィン・ホール）で、ベートーヴェンの「交響曲第二番」に続いて「ノヴェンバー・ステップス」が演奏された。

結果は大成功だった。バーンスタインは目に涙を溜めて「独自だ」「なんと強い音楽だ。人間の生命の音楽だ」と言った。この日、世界のタケミツが誕生したのである。

「母音切り」によって磨きがかかる「フレージング」

小澤征爾から武満徹と前後したが、浅利の「母音法」に収斂したのは、武満の音に対する求道者的資質と、小澤の音楽的に優れた感覚が浅利の大いなる課題に極めて重要な暗号を送っていたからである。もちろん浅利がそれとは知らずに何か天啓のように彼の身体のどこかで反応したのだ。それは、あこや貝が何の意識もなく抱き続けてつくり出す真珠のように浅利はほぼ二十年の間それを温め続けてきた。そしてある日ある時、それは忙中の閑、マージャン牌をつまんで、「ポン！」と発声した時だったかもしれない。「オン！」。アイウエオで切る？　母音で切るのか？　すべてのことばを母音で切ることによってその母音を立てる？

一音を落とす者は、去れ！

ITION　WO　OTOSU　MONO　WA　SARE!

イイオンオ　オオウオオア　アエ！

こうなるのか？　長母音は伸ばすとして、促音、拗音《ようおん》、撥音《はつおん》はどうする？　基本はあくまで母音を立てることだ。その方針で解決できるはずだ。浅利の手は止まっていた。

もしも、卓を囲む者が四季のスタッフか俳優であったなら、その時浅利はどんな顔をしていたのか聞きたいものだ。だが、浅利は手を見せない。「母音法」は当初「母音切り」と命名され、ごく穏やかに、静かに動きだしたはずである。まず、日下、水島らに話し、伸び盛りの若い俳優たちに実践を試み、徐々にそして急速にその実を挙げて行った。腹式呼吸と開口滑舌、そして「母音切り」によって、フレージングにもより磨きがかかっていた。すべての台詞を

「母音切り」でフレージングする俳優たちが目の前で変わっていくように浅利は錯覚した。すべての歯車がうまく噛み合うことの驚きを彼は隠さなかった。「母音切り」を始めて一年、二年、ことばはより明晰になり、より美しくなった。効果は具体的に見えていたのである。当然、歌唱力もレベルを上げ、本格的ロングランミュージカル時代への浅利の野望は、自身も驚くほどに膨れ上がり、今やそれは時間の問題になっていた。近年手掛けたブロードウェイ・ミュージカル『ジーザス・クライスト＝スーパースター』『ウェストサイド物語』『コーラスライン』は、ピュア四季（生え抜きのメンバー）が確実に安定して見ていられたし、その上、先の成長も期待できた。やれる。三ヶ月、否、五ヶ月もやれば彼らは別人になる。一人の演出家ができないことを十万、二十万人の観客が育てるのだ。浅利は、つい自分が前のめりになるのを笑って制していた。それにしても専用の劇場がいるなあと浅利は考えていた。

第十章
『キャッツ』
—夭逝せる同志への感謝

1983年『キャッツ』
©山之上雅信

革命的超ロングランへの挑戦

劇団四季を創立以来六十年にわたって指導してきた浅利慶太は二〇一八年七月十三日、悪性リンパ腫のため、享年八十五歳をもって華々しい生涯を終えた。この間、浅利は常に日本現代演劇界の話題の人であり続け、スターをつくらない劇団四季にあって唯一のスター、さらに言えば明治以来の現代日本演劇史の中でも、一人際立つ存在として記憶され続けることになる。

浅利の事績を一つ挙げよと言われれば、日本の社会にとっても劇団四季にとっても、創立三十周年記念公演として革命的超ロングランに挑戦し、ものの見事にこれを成し遂げたことに尽きる。かつて浅利は、自分たちが実現したい演劇を続けることは現代では贅沢なことなのだというのであれば力を蓄えてそれをやる、と語っていた。方法の一つはミュージカルで財政的余裕を持ち、ストレートプレイを打つことだと。彼はその考え方を捨ててはいなかった。劇団四季五十周年記念に建設した「JR東日本アートセンター自由劇場」は客席五百で、「正統な演劇」を創造し継承するための専らストレートプレイのための劇場としてつくられた。しかもこれによって浅利は大叔父二代目市川左団次が明治末に創設した〝自由劇場〟の精神を引き継ぐとの姿勢を言外に示したのである。筆者はかつての浅利の考えは何も変わっていないと思ったものだった。浅利がかねてから抱いていた悲願の公演体制の大いなる計画とその成就への第一歩は、こうして都民の前に姿を現した。

一九八三年十月二十日、新宿西口の一角の建設現場の覆いが取り払われた。異色のテント劇場は新宿西口の高層ビル街の谷間から夜の大空に向かって跳び上がろうとする真黒で巨大な猫だった。その名は「キャッツ」。実は二十四匹の野良猫たちの巣窟だったのだ。

副都心、新宿の西口駅から出るとすぐ目の前に格好の土地があり、それも新宿区のものだということが分かった時の浅利をはじめ劇団幹部たちの歓喜の声が聞こえてくる。この角の一等地は、まるで四季の『キャッツ』のために空けておいたと言わんばかりで、どう考えても彼らにはこれこそ天の配剤としか考えられなかったのである。ここに客席千余のテント劇場が設置されることになった。

入口を入り、ロビーから階段を上ると場内のすべてが一望できる。舞台は大都会の裏通りか下町の一角にある不法無頼のゴミ捨て場だ。現代の人間生活のすべてが分かるゴミの種類の数々が、猫の目を通して知覚される大きさで捨てられ、積み上げられている。巨大なタイヤ、かつては文明の利器と胸を張っていた自動車の成れの果てがある。破れた靴、電気スタンド、冷蔵庫、衣類、雑誌やゴミの入った袋、壊れた玩具。缶詰の空き缶、土管や壊れた椅子。パブの裏口から運ばれてきた残飯の臭いの中で、二十四匹の猫たちの夜の祭典が始まるのだ。

一九八三年十一月十一日から、きっかり一年間のロングランが、この夜に幕を開けた。このまま上演し続ければ、この同じ場所で少なく見積もっても五年は続いたであろう初回の東京公演は、一九八四年十一月十日、東京公演の千秋楽となった。

この日の昼公演で二十回を超えるカーテンコール。夜は午後七時七分、通算四百七十四回の公演が終わった。

この夜のカーテンコールは、日本では珍しい全観客によるスタンディングオベーションとなった。拍手は鳴り止まず、観客は別れを惜しんで涙を流した。

「カーテンコールは十五分間続いた」。報知新聞が翌日の新聞にこう書いた。ヒロイン、グリザベラの久野綾希子の紹介で登場した作曲家、アンドリュー・ロイド＝ウェバー夫妻がステージに現れロイド＝ウェバーは挨拶でこう述べた。

「すばらしいパフォーマンスでした。私の作品が日本で上演され、三年前からの夢がかなった。いつかロンドンで、このキャストでやりたい。行政当局がテント劇場に理解がないなら、この劇場を丸ごと買いとって持って帰りたい」

（「報知新聞」一九八四年十一月十一日付）

『キャッツ』はこの後、大阪、再び東京、名古屋、福岡、札幌と主要都市をロングランし続けることになる。二〇一八年十二月三十一日現在の公演地は品川区広町。これまでの通算上演回数約九千七百回。総入場者数約九百八十七万人で『キャッツ』の世界最多上演記録は今もなお日本で更新中なのである。

浅利慶太と劇団四季は、いわば賭けに勝ったのである。そのための準備は周到で、おそらくデクラメーション、歌唱力のレベルアップについての基礎や、前章で述べた「母音法」の完成が諸々のメソッドのしんがりを務めたことになる。特筆すべきは、メインキャストの扱いである。充分な研鑽を積んだ俳優たちが、ロングランを支えるためにダブル、トリプルでキャスティングされ、コンディションのいい者が当日の舞台に立つというシステムは、いろいろな意味で俳優たちのやる気と日常訓練に手を抜かないという基本姿勢を身につけさせた。おそらく他の劇団、バレエ団でさえも殆ど不可能なはずだ。それは俳優の数と長期連続公演の必要がないからである。

四季は長年ミュージカルを続けてきた。ブロードウェイ・ミュージカルに限ってみても一九七二年以降八二年までの十一年間に『アプローズ』『メイム』『イエス・キリスト＝スーパースター』(これは『メイム』と同時期の一九七三年六、七月連続で片や日生劇場、片や中野サンプラザホールで上演された)それに続く『ウェストサイド物語』『日曜はダメよ!』『コーラスライン』『エビータ』の七作品に上る。なお、『イエス・キリスト＝スーパースター』は浅利の独創的な演出によりメイクのくま取りと衣装と俳優の動きから歌舞伎版と呼ばれたり、江戸版と呼ばれたりもしたが、その後いわゆる『ジーザス・クライスト＝スーパースター』としてイスラエル版を作り、前者をエキゾチック版、後者をドラマチック版として交互上演するようになった。エキゾチック版を観たこの作品の作曲家アンドリュー・ロイド＝ウェバーは、浅利の異才に驚嘆した。これが浅利と劇団四季の新たな世界を切り拓くバネになっていく。

もう一つ、忘れてはならないことがあった。『ジーザス・クライスト＝スーパースター』初演の九年前に、ある記念すべきミュージカルの一大狂騒曲があった。それは一九六四年、本場ブロードウェイ・ミュージカル『ウェストサイド物語』を日本初公演として日本のファンに是非ということからであった。プロデューサーは無論浅利慶太である。そしてこれを語ることは浅利の日本の演劇に新たな展望と確かな礎を固めるための苦心と苦悩の物語でもあった。日生劇場の柿落としにベルリン・ドイツ・オペラの招聘を企画し、その重圧によって体調を崩し、痔疾を患い、階段を一、二段下りるにも顔をしかめる状態にまでなったが、その大仕事を予想以上の成果で終えた。これが彼の自信になった。だが、その成功は必然的に後に続く作品が面白くスピーディーでハラハラ、ドキドキするようなもので勢いをつけなければならなくなる。

そうしなければこの日生劇場にしても客足は遠のく。次のカンフル剤は何にするかを考えていた浅利の脳裡に閃いたのが『ウェストサイド物語』だった。始まりは映画である。浅利の『ウェストサイド』に賭ける執念のすべてを再現するのはいずれかの機会に譲り、取り敢えずプロデュースに関わる破天荒なあれこれの一、二で想像していただこう。

『ウェストサイド物語』がブロードウェイで初演されたのは一九五七年で全七百三十二回のロングランを記録しているが、当時は既に終わっていたかツアーに出ていたのかもしれない。招聘するとなれば新たなプロダクションの立ち上げとなる。浅利の凄いところは日生劇場オープンの二年目、日生劇場の支配人としてもまだ経験の浅い三十歳にしてプロデュースをやってしまうところにある。浅利はこの作業を始めてすぐにポール・ジラードという日本のバレエ界にも顔の利くダンサーを突き止める。彼は『ウェストサイド』の振付、ジェローム・ロビンスとも親しくブロードウェイにも通じていた。浅利はこの人物と組んで『ウェストサイド』の制作をすることにした。ブロードウェイでオーディションをし合格者とスタッフを来日させ、東京で稽古をして仕上げることにしたのである。浅利自身はこのプロデュースを振り返って「空前絶後」のことだったと述懐している。ここまででも、並のプロデューサーならば考えもしないであろう。次に浅利を襲った障害は彼を一瞬顔色蒼然というところに追い込んだかに思われたが、浅利の知恵袋にはいろいろな武器があった。

一九六四年十一月九日初日、十二月二十七日千秋楽の計五十回公演に向かって、稽古は着々と進んでいた。稽古場は東京の芝にある小学校の廃校を借りた。最後の総仕上げはジェローム・ロビンス自身が来日し、猛稽古と最終のダメ出しをし、完成させたのである。その稽古は猛烈をきわめ、たちまち怪我人が何人か出たということだった。初日の前日の舞台稽古で、女性ダンサーの一人が肋骨二本にヒビ。当然代役を立てると思っていたが、ロビンスの一言は凄かったと浅利は述懐している。「これでいいのだ。いいショーは怪我人が出る」。これがブロードウェイ流だった。その彼は、このプロダクションの完成度は一九五七年のブロードウェイ作品を凌駕したと言ったという。初日の幕が開いた。「すごい衝撃が客席を走った」と浅利は彼のエッセイに書いている。初日から数日後、筆者はその衝撃に感動していた。浅利は全五十回の公演中二十回は観たという。その結果を彼は次のように述べている。

この二十回の観劇はミュージカル創りの手法を小学生から大学院まで一気に教えてもらった感じである。

（『時の光の中で』）

この作品の実現のために、浅利は初めて政治家に頭を下げた。この公演の出演料はドルで支払わなければならなかったが、当時の日本は外貨が極端に不足していて、相当な理由があってもおいそれとはいかなかった。八方塞がりの中、浅利は窮余の一策で、三田会（慶應義塾大学の同窓会）の先輩で当時大蔵大臣の田中角栄ときわめて親しい政治記者がいることを思い出し、彼に頼み込む。「分かった。角さんに電話してやるから会いに行ってこい」。そう言って大蔵省詰めの部下に連絡し、定例記者会見の後に浅利を田中大臣に引き合わせるように手配してくれたのである。

大蔵大臣田中角栄と日生劇場の若い重役浅利慶太のミュージカル談義は芝居とはまた違った面白さがある。サワリの部分だけを浅利のエッセイから拝借させていただこう。

「角さん、例の浅利慶太って奴を連れてきたから、会ってやって下さいよ」。……

「解った。入り給え」。それまでも政治家の知り合いがいないではなかったが田中さんとは初対面である。会見は二人きり。ソファーを指して「座り給え。要件は何だっけ」。そこで手短に『WS』の話をした。以下は角さんとのやりとりである。

「これを招くことになったので何とか日生劇場に外貨の特別枠をお認め頂けないでしょうか」

「だけどお前、そんな不良の話やって日米関係は悪くならないのか」

「それが逆なんです。こういう作品を観れば日本の観客はアメリカ人の芸術的才能に打たれるはずです。戦後アメリカの文化はこういう形で日本に入ってきていません」

「なるほど。そんなにいいものならアメリカが金を出しゃいいと思うが、違うか……」

「ワシントンまで行って掛け合ってきました」

「どうだった？」

「駄目だったんです。不良の話には五セントも出せないと言われました」

「なるほど。解っていないな。他には何かなかったのか」。そこで『南太平洋』『オクラホマ』の話をする。すると角さんは「そんなのは持ってきても駄目だろうな」とはっきり言った。「その他は？」「『マイ・フェア・レディ』というのがあるんですが、これには一セントも出せないと言われました」

「おかしいな。何で四セント違うんだ？」


（省略）


『『マイ・フェア・レディ』の原作者がイギリス人だからじゃないかと思ったんですが」

「ケチなことを考えやがる。話は解った。何とかしよう。だけど、お前さんたちが道楽するたびに外貨が減ってしようがねえんだ。ほどほどにしておいてくれよ」

そしてかれは電話をとる。……

「ここにいらっしゃるのは日生劇場の浅利慶太さんだ。今度アメリカから『ウェストサイド・ストーリー』を招かれるという。この作品は傑作で、日本人が観るとアメリカ文化への理解が深まるだろう。新しい文化交流のあり方として重要なケースだから、十万ドル外貨の特別枠をつくってあげてくれ給え」

何だ、田中さん貴方全部解っていたんじゃないの、と言いたくなる明快な指示である。

（省略）

「よっしゃ、じゃあな！」。例の有名なポーズで右手を上げ、あいさつしてくれた。

……この間たった五分間。

（『時の光の中で』）

浅利はそう記している。ここで呼ばれたのは為替局資金課長だった。

いまや伝説の宰相田中角栄元総理の人柄がふつふつと湧いてくる。浅利の叙述も寸劇風でいかにも演出家である。緊張感の中、田中蔵相の相手の気持ちをほぐす気遣いも見え、無事に一件は落着した。浅利は最大の感謝の念と共に角さんの魅力に完全に脱帽した。

やや懐旧談に手間どったが、この『ウェストサイド』の一連のショックが浅利をもう一回りも二回りも大きくし、演出家、プロデューサー、そして経営者としての浅利慶太のすべての筋肉をバランスのとれた攻撃型にしていったのである。軌道を修正し『キャッツ』に戻る。

浅利の驚くべき行動力で実現した本場ミュージカル『ウェストサイド物語』の後、浅利が劇団四季の俳優を使って制作演出したミュージカルは前述のように一九七二年の『アプローズ』から一九八二年の『エビータ』まで七作品。それに越路吹雪と平幹二朗の二人だけの『結婚物語』を加えて浅利の手になるブロードウェイ・ミュージカルは計八作品。以上はすべて初演だけである。実態は、殆ど毎年のようにこれらの再演、再々演が日生劇場を沸かせ、その他全国を東日本、西日本に分け、春秋の定期公演として巡演してきたのである。この間、子どものための名作劇場（ミュージカル）、ストレートプレイ（セリフ劇）を合わせると年間の上演回数は合計六百回を超え、七百回を窺う勢いであった。しかし全国公演は交通費、宿泊費の割合が高くなり、年間一億五千万円から二億円にもなろうかというところまで膨らんでくる。出入りの旅行社が営業マンを一人張り付かせたいので劇団事務所に机を置かせてほしいと言ってきたと劇団の営業制作部員が笑って話していたのを記憶している。力説したいのはこれほどの活動をしても劇団員に対する生活保障、給与の支払いを常に心配しなければならなかったことである。特にブロードウェイのロイヤリティ（著作権・上演権）は高額で、万一入りが悪ければ、ロイヤリティのためだけに働いていることになるのである。浅利はこの恐怖から逃れ、劇団員にチケット販売の苦労をさせずに日々のトレーニングにしっかり時間をかけさせるようにするには、ロングランを打てるようにしなければ無理だと考え続けてきた。日本でロングランが可能な演目は、まずブロードウェイ・ミュージカル以外にはない。残念ながらそれが現代日本の舞台を楽しむ観客の八〜九割の好みであり、ある意味で劇団四季がそのイニシアチブをとってきたと言ってもよかった。ロングランの機運はそのようにして熟していったのである。

一九八一年のロンドンで、桂冠詩人T・S・エリオットの詩を原作としたミュージカル『キャッツ』は大当たりという情報が既に浅利に入っていた。

直感に導かれ劇場やチケット販売問題にも光明が

直感というものの力は、その力が長い時間をかけ、物や事や人や雨風をくぐり抜けて鍛えられた論理的帰結である。難解な詩人との定評とは別に猫好きの詩人として書いた『The Old Possum's Book of Practical Cats』(一九三九年刊)が『キャッツ』の原作になっているという。それを読んでみても、題名通り子ども向けのはちゃめちゃな詩のようでいて実はそうではないのであろうとしか筆者には分からなかった。しかし、浅利と共に慶應義塾高校時代、加藤道夫に手ほどきを受け、ヴァレリーやT・S・エリオットの難解な詩に触発された英文学者、安東伸介はこの詩にもエリオットの生涯を貫く「救済」というキリスト教神学に関わるテーマが隠されているというのである。それを作曲者のアンドリュー・ロイド＝ウェバーが見事に『キャッツ』の構造を貫く主題とし、心安らげる一夜の猫の〈メサイア〉に仕立てたのであろうと述べている。そうして演出のトレバー・ナンの才気がエリオットの「救済」に明確な形を与えたように思われる。それが『キャッツ』の台本となり詞となった。

浅利がこのT・S・エリオットと『キャッツ』に敏感に反応したのは、遡ること三十年前の創立時に、劇団の名を「荒地《あれち》」にしようとしたことがあったからだった。エリオットの長詩『荒地』が、第一次世界大戦後のヨーロッパ世界全体が荒んでしまったことを「荒地」に喩《たと》えていると知ったからであろう。浅利や日下、水島らは敗戦後の日本社会をエリオットの「荒地」に重ね合わせたのである。しかし、この劇団名について浅利が相談したのは加藤道夫の親友で、当時加藤と共に文学座に所属していた芥川比呂志だった。浅利は恩師加藤道夫が、自分が目をかけてきた浅利や日下、水島らといつの日か一緒に舞台を創りたいという強い想いを抱いていたことは知っていた。しかし、文学座に籍を置き、芥川比呂志や矢代静一らとアトリエの会で研究を続けながら、あてのない自作の戯曲『なよたけ』上演の希望を持ち続け、今一つ行動に出るのを躊躇していることも知っていた。「そのうち君らと一緒にやろう」と言った加藤道夫の声が浅利の耳にこびりついていたのである。若い自分たちよりも若く純粋に「正統な演劇」を夢見ていた加藤を、浅利たちは社会に通用しないその至純の魂を敬愛しながらも、その魂と弱っていく病身になすすべがなかったのである。

芥川は俳優として若者の憧れと尊敬を集めていた。彼は浅利の説明に穏やかな口調で異を唱えた。若いうちはこれでもいいが、君らが四十代になって「荒地」では困ることになるぞ。彼はしばし沈黙の後、「荒地」のアナロジーだが、「四季」というのはどうかと逆提案した。「四季」はフランス語でカトゥル・セゾンというが、それには別に八百屋という意味もあり、季節毎にフレッシュな果物や野菜が客に対し傾斜した台一杯に並べられるんだ。君らも年に四回の公演を定期にするよう頑張ったらどうか。春夏秋冬と四つの季節に彩りの違う芝居を打つのもいいのではないか。どうだろう。筆者がかつて浅利から聞いたあらましである。多少の違いはあろうが、フォー・シーズンズ、カトゥル・セゾンがしばらく筆者の脳裏から消えなかった。これが、劇団「四季」の名の謂《いわ》れであった。そしてこの「四季」がいかにセンスのいい名であるか。この自然の移ろいの中で人間が喜怒哀楽様々に変奏して生きている。それが演劇であり、人間の生であると頑なに思い続けていたものだった。だが、浅利は何故劇団の名を加藤道夫ではなく加藤の親友とはいえ芥川に相談したのかと、何度か考えた。が、それを考えることは浅利が自身に対して感じていた一抹の不安を辿ることになると思い、結論を出さずにきた。だが今ならばわかる。浅利は恩師加藤道夫に気後れしたのである。

加藤には弟子たちが独立して新たに劇団活動をすることは伝えた。それだけでも浅利には辛いことであった。その上、劇団名の相談をするのはどこか気が引ける。加藤を差し置いて芥川に相談するのは加藤に対する単なる気後れだけではなく、加藤と少し距離を置きたかったからではなかったか。もしもそうだとすれば、これは加藤への裏切りになる。浅利には迷いがあった。だが、加藤への敬愛の念と、加藤の余りの純粋、余りに理想主義的な考えでは、今の自分たちと共に行動することは不可能なのではないのかという漠然とした疑問も徐々に大きくなっていることに、浅利自身気付いていたのである。時として、師の体調を気にしながら演劇の話を続けることに気が重いと思うこともあった。人間たちの中で、社会の中で、いろいろな人間と一緒になって創っていくのが演劇であると言いながら、加藤はその人間の醜さ、社会の汚さを嫌悪し否定して少しの妥協も認めようとはしなかったのである。その頃の苦悩や真意を浅利に尋ねることは不可能になってしまった今、これ以上のことを詮索するのは意味のあることではない。やや、筆者の関心が出すぎたようだ。

先に述べたように、浅利はロイド＝ウェバーとトレバー・ナンがエリオットの詩からミュージカル『キャッツ』を創り上げたことにある閃きを感じた。ロイド＝ウェバーの美しい旋律は『ジーザス・クライスト＝スーパースター』とその後に上演予定の『エビータ』の主旋律によって、優れた作曲家というだけではないものも感じていた。トレバー・ナンについてはちょうど十一年前、日本初の本格的シェイクスピア劇をとロイヤル・シェイクスピア・カンパニーを日生劇場に招いた折の総監督でまだ三十代、気鋭の演出家だった。彼が演出した『冬物語』と『ウィンザーの陽気な女房たち』の、中でも『冬物語』の演出の才に筆者などは呆気にとられながらも、これこそがシェイクスピアの国の底力なのかと感嘆したものだった。これらの経緯が浅利に迷わず『キャッツ』に賭けさせたのであろう。自分にとって大変革を起こし超ロングランになるであろうとの彼の判断はそのまま啓示と呼ぶにふさわしいものだったのだ。とはいえ、伸るか反るか、一つ間違えば劇団四季は解散の憂き目を見るかもしれないと浅利が述懐していたことは、ずっと後になってから知った。劇団四季所属の数百名とそれにつながる者たちすべての生活が、彼の双肩にぐっと圧力をかけたであろうことは、その身にならなければわからない。

この年、浅利慶太は四十八歳になっていた。

浅利がロンドンで『キャッツ』を観たのは劇団創立三十周年の年の前年と述べているので、一九八二年である。おそらくこの年の三月、四月と二ヶ月のロングラン（日生劇場）ミュージカル『エビータ』の千秋楽を確認してからであろうと思われる。ロイド＝ウェバー、トレバー・ナンは共々浅利の申し出に快く日本公演のライセンスを与えてくれた。

『キャッツ』の上演権を得た浅利に待っていたのは、劇場の問題だった。が、これは既成の劇場を当てにできない。使えないことはロンドンへ行って直に分かった。劇場のプロセニアム・アーチが邪魔になるのである。日生劇場ですら『キャッツ』のために舞台の一部を改造することには難色を示す。勿論、長期公演はできない。東京でできないことは日本全国でできないことである。そこで仮設のテント劇場、即ちサーカス小屋風でいて、長期使用に耐え得る頑丈さを備え、すべてがしっかりしているものでなければならない。これは発想の転換から生まれた。芝居を劇場に合わせるのではなく、芝居に劇場を合わせようとしたのである。水まわり、空調、トイレ、楽屋、シャワー、緊急時の避難等々は無論である。最大の難問は場所だった。できるだけ交通の便がよいところにまず空き地を見つけること。その広さが充分にあることだった。それが見つかったのだ。新宿駅西口の一丁区画で新宿区が管理していた土地だった。交渉の結果これを規則に則《のっと》って一年間借りることに成功した。この土地の賃借料は月に二千五百万円ということだった。ここに一九八三年十月二十日、縦横四十メートル、高さ十七メートルの巨大黒テントが完成する。屋根部分には大きく黄色い猫の目が一対、天を見つめているかに見えるテント「キャッツ・シアター」は『キャッツ』の宣伝に予想外の働きをすることになるのだった。

ここで重大な問題が明らかになる。これがクリアされなければ最後に巨大な落とし穴となるようなことが待ち構えていたのだ。それはチケットの流通をスムーズにすることであった。

それまでのプレイガイドや劇場の窓口での販売方法は、劇場の座席表をクリアファイルに挟むか厚紙に貼りつけ、それがその日の客席を示しており、売れたところはマークされ、それ以外が空席である。しかし東京のようにプレイガイドが数あるところでは、全体に行き渡らないこともある。その上一ヶ月公演二十五回分となると、この座席表が二十五枚、裏表で二日分とすると間違いが起こる。結局一ヶ所で二十五枚の空席表を見ても希望の席がない時は別のプレイガイドに電話する。運の悪い客は何十ヶ所かの電話がすべて空振りということも当然出てくる。こんなことはやっていられない。十億円もあるいはそれ以上ものロイヤリティを支払い、その上また何億かの仕込みをし、挙げ句に客を怒り狂わせるなどということがあってはたまらない。これに気付いた時、浅利は直ちにこれはコンピュータ処理だろうと考えた。劇団四季では、全国公演を開始して数年後にはコンピュータを導入していた。一九七〇年代初め頃と思うが、筆者などには具体的にどんなことに使っていたのか詳しいことは分からない。おそらく全国各都市公演に関わるデータ、劇場となるホールの内容、音響や照明、客席その他諸々の特徴などを記録していたのだろう。半世紀前のことである。それはかなり大型のものだった。しかしハードだけでは役に立たない。例えば二ヶ月分のチケットを一斉に発売するとなったとき、問題になるのはどの日のどの席が空いているかということである。お客が走り回ってやっと見つけたというのでは話にならない。お客は一ヶ所にいて待っていればいいのである。そういうソフトを開発しなければならなかった。これについての重要なポイントはチケットを売るということではなく、空席の確認というふうに発想を変えることだ。それによって、電話販売と連動させれば、夢のような発券が可能になるのではと、これは営業担当の若手の提案だったと浅利は記している。

その頃雑誌「ぴあ」が、催事のチケット販売に乗り出そうとしていることを耳にした浅利は、早速「ぴあ」の矢内廣社長に会い、『キャッツ』のロングランの話をし、「ぴあ」と「四季」とでチケットのコンピュータ販売システムを開発し何とか『キャッツ』のオープンに間に合わせることに成功した。いずれは誰かがやるはずのコンピュータ発券はこうして実現した。芝居の入場券が、ちょうど新幹線の切符のようにどの駅からでも買えるようになったのである。これで『キャッツ』の大ロングランと共にチケット流通の一大革命をも成し遂げたのだ。

改めて述べるまでもないことではあるが、これらのことは、次に述べることと殆ど同時に進行していたということである。それはこの大計画にとって一番早く目処が立たなければならないことだった。『キャッツ』上演のロイヤリティは別として、仮設ではあっても「キャッツ・シアター」建設費なども含めると制作の予算は八億円を超えていた。何としてでも強力なスポンサーが必要だった。これには浅利や四季幹部の人脈、四季の理念に共感して力を貸してくれる強力なサポーターの力に負うところが大きかった。

浅利の人脈といえば慶應の「三田会」が筆頭に挙げられるが、億単位のスポンサーとなればおいそれとはいかない。ここはいわゆる〝もちは餅屋〟の出番である。

盟友、仲間へ捧げられた〈メサイア〉

浅利の若い頃からの友人に清水大三郎という大分県湯布院出身の九州男児がいた。彼は広告代理店大手「電通」の社員からニッポン放送を経てこの頃は産経新聞社の役員になっていた。浅利は彼から広告に関する様々な知識を学んだ。もう一人は清水大三郎の親友で清水より後に電通に入り後に社長になった当時取締役の成田豊である。この二人は『キャッツ』の共同主催者にフジテレビを説得してくれたのである。

当時のフジテレビ社長は石田達郎で北海道出身、浅利にとっては三田会の先輩でもあった。浅利と石田達郎は日生劇場柿落としのベルリン・ドイツ・オペラを介して旧知の仲であった。その頃の彼はニッポン放送編成局長だった。彼は日生劇場オープン前の仮事務所にやってきて、開場記念公演ドイツ・オペラの独占放送を、フジ・ニッポン放送グループに任せてもらえないかと言った。記念公演のスポンサーはシオノギ製薬である。中継権はシオノギが保有していた。

塩野孝太郎社長に諮《はか》ると社長は快諾したが、一つだけ条件をつけた。「フジテレビが了解されるなら放送は認めましょう。広く国民の皆さんのためになることですから。料金など勿論要りません。しかし一つだけお願いがあります。この訪日公演はシオノギ製薬の支援によって成り立ったことを明らかにしていただきたい」。堂々たる対応であったと浅利は記している。これによってフジサンケイグループはドイツ・オペラの舞台を四作、一気に放送することになる。

そういう関係があったからこその共同主催の実現ではあったが、共同主催とは大抵は名義だけで特別に力を入れてくれるかどうかは互いの信頼関係にもよる。それは契約という約束に表れる。その上浅利は、このプロジェクト全体に、強力なナショナルスポンサーを一社、独占でお願いもした。これが「キャッツ・シアター」本体になった。義理や人情だけでビッグビジネスは動かない。企業のメリットと法人としての社会への利益還元という考えに立ったからこその石田社長の英断であった。二人がかりでというと大袈裟だがそこを説くふりをしながら『キャッツ』の共同主催になることを面白いと思わせたのは清水大三郎、成田豊両氏の人柄と実力であった。こういう友を持っていた浅利を筆者は人にも運にも恵まれた時代の開拓者と思ったものだった。

『キャッツ』共催の条件として浅利が要望したことの一つは、一日十本のCMを出してもらうことだった。地方局の共催でもCMは出してもらうが、同じ感覚でキー局に要望するのはかなり厳しいことなのか筆者にはそのあたりのことは不案内であった。しかし浅利を担ごうとする者、担がせようと誘う者のすべてが、ミュージカル『キャッツ』は絶対に当たると固く固く信じていたからであり、結果オーライは始まる前から約束されていたのである。しかし、事はそう簡単ではない。浅利が要望したナショナルスポンサーについては、フジテレビの出馬迪男営業部長（後に関西テレビ会長）が苦労の末、一般的には堅いと思われていた優秀企業「味の素」に、絶対後悔はさせないと口説き独占スポンサーは決まった。二十四匹の猫たちの責任は重大だった。数十匹の猫の中から日々二十四匹が選ばれることになるのである。舞台に立つための競争は熾烈であった。数年後にテレビ、ラジオ、新聞雑誌も含め、一年間のサポートを金額に換算すると、ざっと五百億円ほどになったと知って、筆者はことばにならない一種不思議な感動に襲われた。

『キャッツ』の制作全般が確実に進展していくのを確認しながら、浅利は演出について、特にエリオットの韜晦《とうかい》趣味の溢れる詩をどのように日本語にするかに頭を抱えることになる。いかにもエリオットらしいことば遊びや、中には訳のわからない暗号のようなものも多いので翻訳にならないのである。そういった特殊な詩を今までのように訳詞家岩谷時子に依頼するわけにはいかなかった。横のものを美しい縦の日本語にし、メロディーに乗せる、それすらも今回に限っては多分歯が立たないはずであった。エリオットの言語遊戯には「歴史」や「時間」「追憶」に「救済」というキリスト教神学に関するテーマが真面目と不真面目が隣り合うように配置されている。意味不明なものほど重要だとすれば、どうすればいいのか。浅利は安東伸介に相談する。先に述べたように安東は慶應義塾高校時代からの友人で、今や英文学者であった。浅利の相談に安東は、この翻訳は絶対に不可能だと答えた。ことば遊びとことばの音それ自体の面白さが密接に関わるこの曲に、ピッタリの歌詞をつけるのは、日本語の特性を考えれば無理としか言いようがなかったのであろう。浅利はここで、『キャッツ』の最大の壁――エリオットの博学とエリオット独自の詩学――にぶち当たったのである。なおも食い下がる浅利に安東は次のような示唆を述べた。

そこで私は浅利君に、可能な限り固有名詞は原語の位置にそのまま置き、残った音節に、原語の意味とエスプリを出来るだけ生かした日本語をはめ込んで行くように提案した。これもまた決して容易な仕事ではなかったが、浅利君はその方法で、日本語台本を作って行った。

（『キャッツ』初演プログラム、劇団四季）

その結果、出来上がった台本は安東の危惧を裏切るような完成度を見せることになる。安東はこう述べている。

ロンドンの地名の連想が創り出すイメージなど、原語では無論大切であるが、日本人には殆んど理解しにくい。そういう箇所などは、大胆に原語をカットして、原語のイメージに相応する日本人に親しい別種のイメージに置き換えたところもある。

浅利君はそれでも、大変な苦労をしたようだ。血の出るような苦心というのが、決して修辞ではないことを、私は知っている。自宅にも研究室にも、何度浅利君から質問の電話を受けたか知れない。信濃大町の四季山荘からも、何度か質問の長電話がかかり、その度に私も頭をかかえ込んだ。家内が浅利君の電話を私に取り次ぐと、居留守を使おうかと思ったこともあったほどだ。……

日本語台本は、その構成において、『キャッツ』の宗教詩人T・S・エリオットの思想を適確に捉えた作品であると言いたい。さまざまな意味で浅利君の日本語台本もまた、ウェバーの音楽と同じように〈ノンセンス〉を〈センス〉に転化した、と言えそうである。

（『キャッツ』初演プログラム）

英文学の専門家をして、これほどまでに感嘆させた浅利の『キャッツ』台本に懸ける粘りと意気込みには、やはりただならぬものがあったと言えそうである。それは、野良猫の〈メサイア〉はエリオットにとって人間あるいは人類のための〈メサイア〉に他ならないということである。その上で、安東伸介の言う〈ノンセンス〉を〈センス〉に転化するためには、まず詩が分かり、エリオットの語法が、その八方破れとも見えるイメージの乱反射が、彼の詩法によるものであることを理解しなくては不可能だったということなのである。

一九八二年の早い段階で浅利はロンドンへ発ち、ウエストエンドの劇場で『キャッツ』を観た。すばらしいミュージカルだった。ロイド＝ウェバー、トレバー・ナンに会った。話した。浅利は興奮していた。自分の演出で、東京の『キャッツ』がより優れた『キャッツ』になると考え続けていた。帰国の時が来て、飛行機の中でやっと平常心に戻った彼が初めに思い浮かべたのは何であったか。劇団四季にとって、それ以上に浅利慶太にとって一九八〇年、八一年は悲しみの季節となっていた。

同志金森が一年間の癌闘病の末、八〇年十一月一日浅利たちが見守る中で逝った。「ファンタスティック」が最後の言葉だった。『キャッツ』の舞台装置は金森の一番喜びそうな、カラフルなゴミの山だ。彼の色づかいが独得な世界を構築し、吉井の照明が変幻自在にこれを見せてくれたであろう。金森は食事を忘れ、煙草とコーヒーだけで夢中になったはずだ。そういうことが彼の身体には最も悪かったのだが。金森は最後の仕事、重苦しい悲劇『エレファント・マン』の舞台稽古で客席に簡易ベッドを持ち込み、横たわったまま指示を出していた。あの姿が忘れられない。九月十五日、三日間の舞台稽古が終わった。主役の市村正親に背負われ赤い野球帽を被り、「じゃあ行ってくる」と手を振って病院へ戻った。

金森が胃癌と分かり入院手術となった時、開腹しただけで直ぐに閉じてしまった。手がつけられなかったのである。これが一月八日だった。金森の妻と浅利、吉井、日下、劇団の医務係立岡晃など数名に浅利は箝口令を敷き、金森は胃潰瘍で、それを除去したことにした。金森本人にもそのように伝え万一、どこかから真実が漏れ、金森に知られるようなことがあったら、その奴を俺が殺すと浅利は唸った。

その日から金森の能力を最大限に発揮させるためのバックアップ態勢が秘密裏に結成された。担当医師は「早くて三月いっぱい、桜は見られるかどうか」と言った。しかし、一月も終わり、二月も週一回の通院でしのぐ。浅利は七月公演『かもめ』の打ち合わせとして三月に入り、看護師付きでヨーロッパへ出張させる。出張とは表向きのことだった。浅利は制作部に金森の美術プランの予算を削るなと命じ、さり気なく必要経費を認めるように言い含めた。四月も特別の変化なく、五月中旬から再度『かもめ』の演出アンドレイ・シェルバンとの打ち合わせの名目でニューヨークに出張させる。体調はかなり悪化しているようだったが、七月公演の舞台稽古で舞台を歩く金森は普通に振る舞っていた。この頃は月一度一週間の入院が十月まで続いたということだった。そして最後の仕事が九月の『エレファント・マン』となった。金森はこの装置に棺《ひつぎ》のテーマを隠していた。

浅利は金森が癌と分かった時、全劇団員に対し癌検診を強制し、従わない者は退団せよと厳命した。だが残念ながら癌検診は首から下だけである。まさか劇団の看板女優、影万里江が脳腫瘍を患っていたなどとは当人をはじめ誰が予想しえたか。浅利は自分に責任があったと嘆き苦しんだ。影は一九八一年三月五日初日の『ちいさき神の作りし子ら』で悲劇のヒロイン、サラ・ノーマンの大役と格闘中であった。先天性の聾唖者で手話でしか通じ合えない。心身共に何倍も疲れる役である。その疲労から腫瘍の肥大が急速に進んだのであろうか。稽古中に度々手に持っている物を落とすようになる。舞台の上下《かみしも》が分からなくなる。そして遂に倒れたのだ。その時になってやっと浅利は異常に気付く。直ぐに入院診察。だが彼女も又手遅れだった。腫瘍が大きくなりすぎて除去できなかったのである。

こうして浅利の伴侶であり同志でもあった影万里江は急逝した。二月二十八日、初日五日前のことであった。この公演は、駒塚祐子の代役によって予定通り三月五日から二十二日まで上演され、無事に千秋楽を迎えることができた。カーテンコールで、相手役の日下が姿なき主役、影万里江の手を引き、舞台下手から姿を現す。上からの二つの照明が一つは日下に、もう一つは舞台上に明かりの円だけが。まるで日下の右手が実在の彼女の手を引いているかのように。その演出に筆者はもはや耐えられなくなった。数年が過ぎた。多分『ハムレット』の楽屋だと思うが、筆者が日下武史に『ちいさき神の作りし子ら』について問うと、彼は即座にこう言った。「あの芝居は自分の中ではなかったことになっているんだ。聞かないでくれ」と。筆者は恐縮するのみであった。

『キャッツ』上演の交渉を終え、帰国の途についた浅利は誰と一緒だったのであろうか。筆者にはその誰かが問題なのではない。浅利が空の旅、帰国の途中で泣いていたか眠っていたか瞑想していたのか、ただそれを知りたいだけである。普段の浅利は、彼にとっての本質的問題以外のことにいつまでもこだわり続けることはなかった。だが、その時はどうであったか。既に『キャッツ』以後を考え、より広く機能的な稽古場の建設を考えていた。それに必要な広い土地の目ぼしもついていた。更に彼がそのための政府予算の獲得に努力し成功した第二国立劇場の準備会がやや混乱していることなど、次々に思いを馳せていたであろう。そうしなければならない理由が浅利にはあったからである。それは、隠しようのない悔恨の念であった。他でもない、今は亡き盟友金森馨、影万里江にはこの『キャッツ』の〈メサイア〉を捧げなければならない。劇団四季の同志として共に見た夢の途中で亡くなった得難い二人だった。そしてまたすべての仲間たちにこの〈メサイア〉をしっかり味わってほしい。自分はかならず世界一すばらしい『キャッツ』を実現するだろう。すべては君らのお陰であると浅利は深く息を吸った。

第十一章
ミラノ・スカラ座の熱狂
―オペラ『蝶々夫人』演出

1985年『蝶々夫人』
©Lelli&Masotti TEATRO ALLA SCALA

西洋流『マダム・バタフライ』を否定するマゼールとの約束

ロリン・マゼールの指揮がクライマックスに達し、あの不思議に加工された日本の「推量節」が不協音となり、カーンともギャーンともつかぬ悲鳴となって劇場の天井を突き抜け夜空に消えた。同時に舞台は暗転となり、緞帳が暗黒の中を息をのむように閉ざされた。

スカラ座の初日では、カーテンが降りても、客席から何の物音もしないので、「これは受け入れられなかったのか」と思った瞬間、ものすごい拍手とブラボーに客席全体が包まれた……。

（『照明家人生《あかりや》　劇団四季から世界へ』吉井澄雄著、早川書房）

照明デザイナー吉井澄雄の述懐である。

日本人スタッフがこの歓声をどのように受け止めたことか。筆者のいかなる想像も、なお彼らスタッフの感動に及ばないのである。

十八年前、マゼールは浅利に対して西欧のオペラ界が『蝶々夫人』にどれほひどい扱いをしてきたかを怒りと共に語った。蝶々さんをはじめとする日本人の国籍不明は当たり前、もっとひどいのは「幕切れに裸で走り回るバタフライがあった」と彼は過去の上演を指弾しながら語った。そうして、自分はいつの日かどこかのオペラハウスの総監督になる。その時は君に演出してもらいたい、一緒にやろうと。浅利は承知し、マゼールがその場で作成した紙にサインまでしていた。マゼールは一九八二年、念願のウィーン国立歌劇場の総監督に就任した。殆ど忘れていた浅利にマゼールから手紙が来た。「約束は守ってもらう」。浅利は感激するやら慌てるやら、改めて巨匠といわれるようになったマゼールの心意気に感動し、直ぐにスタッフ、そして、日本人の「蝶々さん」を含む人材について同志日下武史、吉井澄雄に連絡をとる。時間はあるようでないものである。

　オペラ『蝶々夫人』はざっと百年前にあったとされる長崎の士族の娘の悲劇である。日本は東洋の果てにあるとはいえ、東洋と十把ひとからげで捉えようとすれば必ず誤る。それが従来の西洋流『マダム・バタフライ』であった。日本を殆ど知らない西洋人が演出すれば、オーケストラがすばらしければすばらしいほど作品はトンチンカンなものになってしまう。その轍を踏まない自信はあるが、それだけでは当たりをとれない。今日までの不当な借りを千倍にして返さなくてはならない。そう思うと知らず識らず浅利は汗ばんでいる自分に気が付いた。始まる前にこんな重圧を受けるとは。浅利は苦笑いした。ところがである。二年目に入ってマゼールはそのポストを失うことになる。追われたとの噂もあり、トラブルはあったようだがその詳細は浅利にも分からなかったようである。これについての浅利の記述には、少し気になることばがあった。「人種の問題がからんでいたかも知れない」がそれである。マゼールはユダヤ系米国人であった。何らかの噂が浅利の耳に入ったのかもしれない。後に（一九九六年七月）浅利もザルツブルクの音楽祭の幕開けにオペラ『エレクトラ』の演出を依頼される。日本人演出家としては初めてであった。浅利はオーストリアは東洋人には仕事がやりにくいところだということばを残している。

マゼールからの手紙には辞めることになった理由は書いていなかったようであるが、「君がウィーンでやりたいのであれば反対はしない」とあった。浅利は直ぐに返事を書き「私の『バタフライ』は貴方との友情の中から生まれたものです。ご一緒にできないとなれば私は情熱を失います。いつの日か貴方とやれる日が再び来ることを願いつつ」。そう返事を送りヤレヤレと解放感に浸り深酒をした。残念会の酒であったかもしれない。おそらく浅利はこの時点で本当に一件落着と考えたように思われる。

だが、それは嬉しい誤算だった。マゼールはウィーンの椅子を蹴ったその足でミラノに向かったのである。彼は浅利との約束もあり、ウィーンに対する意地からもミラノの「スカラ座」にこの話を持ち込んだのだ。ミラノはかつてオーストリアの領地だったこともある。芸術監督マッツォーニスが乗り気になった。浅利にしてみれば、酒の上でのことでもあり忘れかけていたマゼールとの約束で、名前と粗筋しか知らなかったオペラ『蝶々夫人』の研究に再び取り組むことになった。これで終わったと思いかけた途端、次はミラノの「スカラ座」となったのである。初日はウィーンよりも遅い一九八五年十二月二十日だった。が、二十年後の浅利のエッセイではスカラ座がウィーンよりも早まってしまったとなっているのである。

しかし、これが衣装デザイナーの森英恵では話はやや違っていた。ウィーンからスカラ座に代わって結果的に時間の余裕ができたと述べているのだ（「ラ・アルプ」二〇〇〇年十一月号）。

おそらく二十年後の浅利の記憶にある『蝶々夫人』の初演は、ウィーンとスカラ座の初日の年月を取り違えてしまったとしか考えられない。「準備期間が三年ほどありましたから」という森英恵が正しいように思うのである。四季の機関誌「ラ・アルプ」の編集部も細部に神経を使うところであるし、第一間違いようがないのである。

一方の浅利の記憶は連載エッセイ『時の光の中で』の「マダム・バタフライ」（「文藝春秋」二〇〇四年二月号）による。ひょっとしてウィーンの日程が正確には決まっていなかった可能性もある。一九八二年に就任したマゼールが、レパートリーを向こう四年五年もの長期にわたる発表をするとも思えない。スカラ座の一九八五年十二月二十日より遅いといっても一週間や十日の差に森英恵が準備期間が、と問題視するとも思われない。彼女ほどのデザイナーは抱えている仕事も多く、演出家が一発でデザインにOKするなど露ほども考えない。音楽を聴き、演出家の話を聞き、従来の『蝶々夫人』の資料のすべてに目を通し、スタッフ会議に何度も参加する。日本人にとっては歴史的な事件といっていい曰くつきの作品の一翼を担うのである。自らの名誉もかかっている。最大のエネルギーを注ぎ込むことに疑いをはさむ余地はない。時間がどの位あるのかないのかはまさに必須の条件だったはずである。「三年ほどありましたから」助かりましたとは、そういうことだったのである。

彼女の仕事の性質上、記憶の精度は高いと筆者には思われるのである。とはいえ、この際どちらかが間違っているとしても、それによって大勢が変わるわけではない。

マゼールとの約束が現実になり、そしてそれが突然反故になる。かと思っていたところへ今度はミラノの「スカラ座」でとなる。この間の浅利の歓喜、落胆、再び歓喜と激しく揺れたであろうその胸の内を垣間見るような気がするのである。

日本人にとって世紀の仕事ともなる一九八五年十二月二十日の『蝶々夫人』はこれ以上ない完成度によって大向こうを狂喜させ、八十二年前の初演で大きく傷ついたプッチーニの無念を晴らしたのである。だからウィーンとミラノの上演日程にここまでかかり合うことはないと思いつつ、つい手を止めてしまったのは、筆者の癖と浅利という人間を多少とも知っているという思いがあったからである。それはマゼールに突きつけられた嘘のような戯れのような二十年近くも前の約束が、紛れもない「約束」だったことがいかに浅利を喜ばせ、うろたえさせたことかと推測するからでもあった。

このオペラ上演の意義と、このようなチャンスがもたらされた経緯を聞いて驚くスタッフは、この仕事の重要性をひしひしと感じ、語る浅利も改めて事の重大さを噛みしめることになる。浅利自身が他のスタッフ同様明らかに仕切り直しであった。そこからの始動だったのである。浅利はオペラ『蝶々夫人』の物語を原作から調べ始めた。

原作はフィラデルフィア出身の弁護士兼作家、ジョン・ルーサー・ロング（一八六一～一九二七）がニューヨークの文芸雑誌「センチュリー・マガジン」に発表した長崎を舞台とする短編小説『蝶々夫人』である。ロングの姉サラ・ジェニー・コレル夫人（一八四八～一九三三）から日本についての様々な情報を得て書かれたものであった。

浅利が『蝶々夫人』の資料を集めて研究し始めた頃は、長崎で実際にあった没落士族にまつわる悲劇の定形で、娘を芸者に出し、その芸者が仲介者によってアメリカ海軍士官と結婚するが捨てられ、二人の間にできた子を夫の新しい妻に託し、自らは日本女性の婦道に従い自害して果てるという話である。維新後は以前に増して長崎は西洋世界との重要な窓口だったからだ。

しかし、コレル夫人の滞在中もそれ以前にもそういう悲劇の事実はなかった。ロングは姉コレル夫人から長崎滞在中の見聞を細かに聞き、それとは別に、『蝶々夫人』のアメリカ人ピンカートンと同じような生活を長崎で経験したフランス人作家ピエール・ロティ（一八五〇～一九二三）の自伝的小説『お菊さん』を読んでもいた。つまり、そのいかにもあったような悲劇はフィクションだったのである。

実はコレル夫妻の日本滞在はこれ以前にもあり、二人は清国への途中で夫人が疲労から病気になり日本で下船し、赴任先は清国から日本に変更され、メソジスト監督教会横浜教区長として八年間日本に滞在した。これらの経緯についてはプッチーニのオペラ『蝶々夫人』についての決定版と言える音楽評論家萩谷由喜子の「『蝶々夫人』と日露戦争」（中央公論新社）に詳しい。著者は、かねて『蝶々夫人』に日本の音楽が使われていることに興味を持ち、それが切っ掛けで次々と芋づる式に新たな事実にめぐり会い、それらを整理し、全体像を明らかにしたのである。一九八〇年代初め頃までの資料は本格的なものとはいえないものであった。それだけに浅利の想像力はかえって縦横に羽ばたくことになる。もっとも、物語の背景が実話であろうとフィクションであろうと『蝶々夫人』の演出に違いが出ることはないのであるが。

さてコレル夫妻は一八八一年に一旦アメリカに帰国したが、再度日本派遣を希望し続けた結果、一八九一年にやっと願いが叶った。それが長崎だった。この長崎での見聞や同地の習慣、親しく交際した日本人の印象などをコレル夫人は弟から請われるままに詳しく語った。コレル夫妻の第二次日本滞在期間（長崎）については、著者はメソジスト監督教会年会記録に拠ったとしている。

コレル夫人の夫アーヴィンは東山手外国人居留地に開校していたミッション・スクール、鎮西学館（一九〇六年五月に鎮西学院と改称）の校長に就任する。住まいは東山手の宣教館で、そのすぐ近くには、スコットランド出身の貿易商トーマス・グラバー（一八三八〜一九一一）が一八六三年に建てた日本最古の木造洋館グラバー邸があった。すべての部屋が独立していて外（長崎湾に臨む）に面する構造の洋館である。

グラバーは当初この洋館を、まだホテルらしいホテルもなかった長崎にゲスト・ハウスとして建てたのだが、コレル夫妻の着任の頃は、日本人妻ツル（一八四八〜一八九九）と息子の富三郎（一八七一〜一九四五、後に創姓して倉場富三郎）、娘ハナ（一八六八〜一九三八）ら家族の住まいにあてていた。

長崎きっての外国人名士、グラバーを表敬訪問したコレル夫妻は、商用で留守がちなグラバーよりも、むしろ、妻のツルと親しく交際するようになる。しかもグラバー夫妻の息子はコレルが校長を務める鎮西学館の第一期生だった。そうした縁も重なり、コレル夫妻とグラバー一家の親密度はさらに増した。ことに、サラとツルは同じ年の生まれということもあって、女性同士の親しい語らいがしばしば持たれた。サラはツルの口から、日本の風俗習慣や日本人の精神美学、思考などについての多くの情報を得た。例えば、日本女性はただ一人の夫を守って決して二夫にまみえないという貞女観や、あるいは恥辱に生きるよりも名誉ある死を選ぶといった日本女性の尊厳理想などである。そこから自害を推測するのは小説家には容易である。

ロングの小説『蝶々夫人』のヒロインは、まさに武家の女性の鑑ともいうべき特質を持つ。従来の説では、サラ・コレルは出入りの商人を介して、外国人の現地妻となって遺棄された気の毒な女性の実話を耳にし、それを帰国後に弟のロングに語ったことが小説『蝶々夫人』の原型になったとされてきた。

だが、グラバーの妻ツルは国際結婚を全うし二人の子にも恵まれ、彼女が五十一歳で病死した折に、その死がグラバーを激しく打ちのめしたほど夫から深く愛された女性であったということからも『蝶々夫人』の直接のモデルではあり得ない。しかし、ロングの小説のヒロイン像の原型としてサラを通じて知ったツルの婦道精神が一役も二役も作品に投影されていることは確かであろう。

又、こんな事実もあった。グラバー夫人のツルは、グラバーと結婚後も和服の生活を通した人だった。萩谷由喜子の著書中にあるツルの和服姿の写真を見ると、その袖に柔らかな線描で小さな白い蝶の刺繍模様が認められ、誰もがこれをモンシロチョウのデザインと理解できた。

この点からもツルは『蝶々夫人』の原型の一端を担ったのであろうと考えられる。

ロングは姉サラの長崎の話をタテ糸とし、別にフランスの作家ピエール・ロティが一八八七年に発表した小説『お菊さん』をヨコ糸としたと思われる。この作品はフランス海軍士官として長崎に駐留体験のあるロティ本人の自伝的小説であった。お菊さんと契約したロティはひと月余りで飽きてしまう。そこでお金を払って契約を解除する。お菊さんは受け取った銀貨が本物かどうかひそかに金槌で叩いてみる（他に歯で噛んだという記述もある）。そういう喜劇的な終わり方のようである。ロティが思い描いたようななまめかしい生活とはかなり違う、滑稽な生活がここにあったということのようである。そうであればヨコ糸などというものではない。だが、ロングはこれを自作の下敷きにしたであろうと萩谷が推察するもう一つの理由は『蝶々夫人』というタイトルが英語ならば通常『Madam』となるところをロティ風に『Madame Butterfly』としているとし、そんなところにもロティ作品の影響が窺えるというのである。

刺激をもたらす『蝶々夫人　日本の悲劇』

それはさておき、『蝶々夫人』に八曲もの日本音楽が採り入れられていることに強い関心を抱いた萩谷由喜子は、多くの資料からプッチーニの協力者として当時の駐イタリア公使夫人、大山久子に行きつく。写真に見る久子の当時のスタイルはしなやかで美しく、人々の噂に上ったであろうと推察するに十分である。そのうえ久子は彼女の子孫（著者は久子の孫に当たる澤田壽夫の存在を知り、多くの重要な発見をした）によれば、性格的にも社交的だったので多くの知己を得、また、宮廷にも出入りし、マルゲリータ皇太后の信任も厚かったという。浅利慶太のエッセイ『時の光の中で』にもこの美貌の公使夫人が出てくる。

ある日浅利はマゼールに「プッチーニは日本人の女性を愛していたのではないか」と尋ねた。マゼールは驚いて証拠はあるのかと問い返した。浅利としては、曲を聴いているとそう思わずにはいられなくなるというのである。イタリア語の歌詞をしっかり聞いてみると「花」「空」「風」「鳥」などが歌われている。何回か聞き込み、「はっ」とした。「花・鳥・風・月」。誰かが日本の歌の中に季題というものがあることをプッチーニに教えたのではないのかと。もう一つの証拠があった。一九四三年頃イタリアを代表する指揮者ファイローニの若い頃の話だが、ある日プッチーニに「マエストロはどうして『マダム・バタフライ』のようなオペラをつくられたのですか」と尋ねると「君が日本人の女を愛してみればよく分かる」と答えたそうである。

この話は浅利が一九八五年「スカラ座」で仕事をした頃、まだ健在だったファイローニ夫人が「夫から聞いた話」としてある日本人留学生に語ったエピソードで、その留学生は当時ミラノで学んでいた小嶋健二（声楽家・藤原歌劇団所属）であり、浅利は彼から直接この話を聞いたというのである。そうなると浅利のイマジネーションは止めどなく拡大する。その日本人女性は当時ローマに赴任していた公使大山綱介夫人で、彼女は山田流の琴の名手にしてピアノもよくした。プッチーニは公使私邸に度々出入りし、夫人の奏でる琴の音に耳を傾けていたとなる。そして日本の歌をプッチーニに教えたのは百パーセントの確率で彼女ではないか。そういえば「お江戸日本橋」のオーケストレーションを聴くと、作曲家はこのメロディーを最初、琴の音で聴いたのではないかとイメージさせるところがある。そして遂にプッチーニは恋に破れたのかもしれない、となっていくのである。浅利でなくとも、プッチーニはイタリア人としてもとびっきりの激情家であったろうことは作品を聴けば、そして見れば想像がつく。また一九〇〇年の夏ロンドンでロングの小説を劇化したベラスコの劇『蝶々夫人 日本の悲劇』を観たプッチーニは感動のあまり泣きながら楽屋に駆け込み、ベラスコにとびつき、この作品をオペラにしたい旨申し出るあたりは、さすがにイタリア人情熱家、プッチーニらしい。浅利の想像もあながち妄想とは言えなくなってくる。事実、久子はプッチーニのために本国の友人幸田延(幸田露伴の妹・当時東京音楽学校教授)に頼んで日本の楽譜を送らせており、それについては著者萩谷由喜子がほぼ明らかにしている。

ロングの小説は、アメリカの読者のジャポニズム趣味を大いにかき立て、一大センセーションを巻き起こした。早速舞台化の話がいくつか持ち込まれたが、その中で実現したのが、当時劇作家として名を成していたデイヴィッド・ベラスコ（一八五三〜一九三一）だった。

ベラスコは演出家としても卓越した才能を認められていた。当時彼は、ブランチ・ベーツという女優をスターダムに押し上げようとしていた。そのために新作の素材を探していたのである。ベラスコはロングの『蝶々夫人』の前にロティの『お菊さん』も読んでいたらしいが、ロングの小説に比べると問題にならない。しかし、『お菊さん』で戯曲の枠組みを整えていたベラスコは、ここでロングと契約し、僅か二週間で一幕ものの戯曲『蝶々夫人 日本の悲劇』を書き上げる。この題名がそのままプッチーニのオペラの題名になるのである。

ベラスコがこの戯曲を『蝶々夫人 日本の悲劇』としたのは、日本女性の婦道がドラマをつなぎ、決定的な悲劇を招くところにあったはずで、特にロングの小説との決定的な違いは、小説では自殺未遂の蝶々夫人が子どもと共に行方知れずになるという肩すかしを食わせるような終わり方であったのを、ベラスコの主人公は子どもをピンカートン夫人ケイトに託し、自らは信念に従って従容として死についたのであった。そして、その覚悟を決める伏線として最大の効果を上げたのは、夫を待ちわびる、あのまんじりともしない夜の過ごし方にあった。ベラスコは夕方から夜明けまでの十二時間の時を表現するのに幕を下ろさず舞台をそのまま観客に見せ、照明の変化によってそれを描き切った。その時間十四分間、台詞は一言もない。ひたすら視覚に訴えるだけである。しかし、この冒険はニューヨークの観客に受けた。

この公演は大成功を収め、ヘラルド劇場は涙と歓声に包まれたという。

浅利はベラスコの戯曲を読んでいたかどうか分からない。彼がエッセイで〈プッチーニ自身はこの作に「トラジェディア・ジャポネーゼ＝日本の悲劇」という傍題をつけている。〉と述べているので、筆者は読んでいないと思っていた。読んでいれば、前述のようなことは書かなかったはずだ。だが、スカラ座公演『蝶々夫人』のプログラムでは浅利はベラスコの戯曲について芸術監督マッツォーニスと語り合っているのである。この食い違いは「記憶」のせいなのか、あるいはプッチーニの日本への入れ込み方に刺激され続けていたせいかもしれない。

従来のオペラ『蝶々夫人』（全三幕）が八分間の間奏曲を演出上の工夫で視覚化できないため、幕を下ろしたままの演奏だったと知って、芝居者はそんな無様な演出はしないと思ったに違いない。ベラスコの戯曲の演出が、この無言の十四分を積極的に照明の微妙な変化だけで乗り切ったというが、ことばを発しなくても、歌わなくても、多様な表情、仕草は可能である。そんな想像はできる。スカラ座の浅利はオペラの八分間を次のように理解した。この曲を何度も聴くうちに八分間の間奏の前半が二幕の後奏で後半は三幕の前奏と考えた。前半は叙情たっぷりに帰らぬ夫を待つ妻の心情。やがて曲想が変わる。浅利はそれを西洋文明の侵入によって喪われゆく東洋日本の美への挽歌と受け止める。その結果こうなった。

私は海を客席側に設定し三人を正面に向かせる。そのシルエットを叙情的に障子一杯に映し出す。海を見る時は組みこんだ雪見障子の小窓を開ける。吉井澄雄の照明は三人の姿を美しく彩った。三幕前奏の思いきった音楽の変化と共に障子には地唄舞を踊る故閑崎ひで女のシルエットを映す。地唄舞の衣装は裾をひき、まさに芸者の正装である。ひで女さんには「心に、喪われてゆく東洋の美への想いを抱き、ゆっくり舞ってほしい」と注文した。……夜明けが来る。再び三人のシルエットである。こんどは寂しく、寒々と映し出す。

(『時の光の中で』)

この演出について、初日、その頃はフィレンツェに住む作家塩野七生さんがイタリア人の友人と連れだって観に来た。彼女はその感想を次のように述べていたと浅利は記している。

「夜明け近くまで話しこんだのよ」と塩野さんは言った。「みな感心していたわ。いつもは幕だけみせられる場面でマエストロ・アザリは絵を与えてくれたって」。

八分間はあっという間である。面白いものだ。「目」を与えると人の「耳」は開く。

(『時の光の中で』)

さて、自作のオペラ『トスカ』の公演に立ち会うためロンドンにいたプッチーニは、ヨーク劇場の『蝶々夫人　日本の悲劇』を見ることになる。傑作は絶妙なタイミングから生まれたのである。

ベラスコとの正式な契約は、プッチーニの激しい抱擁から一年数ヶ月後の一九〇一年九月二十日だった。プッチーニの懇願を一年以上も待たせたベラスコの真意はどこにあったのか分からない。単純に考えれば、自分の劇の評判とプッチーニの作曲、そしてオペラとして完成するまでの時間を大まかに考えたのかもしれない。そのじらしが契約にもプラスに働くなどと。

しかし、これによってプッチーニは二人の仲間、作家のジュゼッペ・ジャコーザ、ルイージ・イッリカに台本を依頼した。この三人は、それまでに『ラ・ボエーム』と『トスカ』を成功させていた。

次のオペラを『蝶々夫人　日本の悲劇』に決めていたプッチーニはベラスコとの正式契約を待ちながら日本の情報収集にも努めていた。そうして、行き違い続きで、諦めかけていた話題の川上音二郎一座、貞奴の舞台を遂にミラノで捉えたのである。当時彼が住んでいたルッカ近くのトッレ・デル・ラーゴから、フィレンツェ、ボローニャ経由でミラノへの旅は大仕事である。彼は今度こそ確実に貞奴の舞台を観られるように計画した。

一九〇〇年のパリ万博に川上音二郎一座が公演した時の貞奴の舞台姿は折からの日本ブーム

にのって大評判となり、パリに集まっていた美術家や音楽家に強烈なインパクトを与えたといわれている。その評判を聞いたプッチーニは、何としてもその公演を観ようと苦心惨憺し、イタリアを巡演する一座をやっとミラノで捉えた。その初日が一九〇二年四月二十五日だった。プッチーニは貞奴のインタビューを取りたかった。だが、ことばが通じない。さらに数回観ることになるが、日本語の通訳を見つけられなかったため、貞奴との直接会見は諦める。しかし、この時彼は貞奴に触発され、直ちにピンカートンと蝶々夫人が結婚式を挙げる場の曲を書き上げる。その時使った日本の曲は「越後獅子」だったと、以上はイギリス人ノンフィクション作家レズリー・ダウナーは記している(『マダム貞奴　世界に舞った芸者』木村英明訳、集英社)。プッチーニが観たのは『袈裟と盛遠』だった。その三幕で貞奴は琴で「越後獅子」を演奏した。音楽の他に彼が観た芝居は、殆どがハラキリで終わる悲惨なものだった。ミラノの批評家はこう書いているとダウナーは記している。「『芸者と武士』は観客の背筋に震えを走らせるために、実に単純な手段で、強烈な恐怖の効果を発揮しつつ展開される」。プッチーニは日本の珍しい音楽と貞奴の演技に大いに触発されたというのである。

　ここに明治現代演劇の立役者、川上音二郎とその妻、一座の看板女優である貞奴の予想外の活躍が明らかになるのである。

川上音二郎といえば「オッペケペー、オッペケペー、オッペケペッポー・ペッポーポー」で有名な壮士芝居の第一人者だ。この川上音二郎は常に貞奴と共に語られてきた。そして我が浅利もまた、大山久子に次いで二人目の女性キーマンに貞奴を挙げているのである。当然、一九〇〇年のパリ万博である。慶應の仏文に学んだ浅利は高校生の頃、アンドレ・ジッドを読んでいた。そのエッセイの中に「サダヤッコ」があったことを彼は記憶していた。若い彼はジッドが貞奴を女性美の極致の如く絶賛しているのに驚く。そこで彼は父に尋ねた。これはおそらくその当時のことと推察する。彼の父浅利鶴雄（一八九九年十月二十九日〜一九八〇年四月十五日）は大正末に小山内薫、友田恭助、和田精、汐見洋、土方与志と共に築地小劇場を創立した演劇人で、戦前、戦後を通じて一時代を画した浅草国際劇場の初代支配人であり、松竹歌劇団の育ての親の一人でもあった。


「貞奴って一流の芸者？　演技もすばらしかったの？」

「どうしてそんなことを聞くんだ」「だってアンドレ・ジッドが絶賛してるんだもの」

父はそのエッセイを一読して言った。

「馬鹿だなお前は。オッペケペなんかにくっついて、パリくんだりまで流れてゆく芸者に、一流がいるわけがないじゃないか。ただし、エキゾチシズムというのはそれほど強烈なんだということを、よく覚えておくんだな」

冷静なジッドがあれほど熱くなったのだから、血の気の多いイタリア人プッチーニが見たらどうだっただろう。私はプッチーニのイメージの中でふくらんだ蝶々夫人の原型に、芸者貞奴の存在を感じてならないのだ。

（『時の光の中で』）

この浅利の感じ方は正しかった。ダウナーは、「ジッドは貞奴の『芸者と武士』の最後の場面に恍惚となった」と書き、次のようにジッドの批評を紹介している。

三度も薄い衣装を脱ぎすてて変身するこのシーンの貞奴は実に見事です。彼女の激情、蒼白の顔、振り乱した髪、狂乱を映す鏡、はだけた着物などが生み出す混乱のなかにふたたび彼女が現れたときはいっそう美しい…アンジェル君、単刀直入に言えば、これはアイスキュロスの劇のように美しい。

（『マダム貞奴　世界に舞った芸者』レズリー・ダウナー著、木村英明訳、集英社）

浅利少年が読んだものと同じかどうかわからないが、確かにアンドレ・ジッドは恍惚となったのである。

自由民権運動の壮士川上音二郎とその勢いに惚れた貞奴に関わる正当な評価は、同時代の者でなければわからない。川上がすさまじいエネルギーで日本の演劇を改良しようとした。そしてその限りにおいて成功したのであろう。今日、その生涯を丹念に調べ、その大いなる理念と冒険に正しい評価を下したように思われる井上理恵（近現代演劇研究者・演劇評論家）の『川上音二郎と貞奴――明治の演劇はじまる』（社会評論社）を二十一世紀の初めに我々は得た。音二郎没後、百年にしてやっと蒙は啓《ひら》かれたのである。これによって川上音二郎とその妻、女優第一号の貞奴の仕事に対する謂れなき中傷や噂による卑下、見当外れの批評に終わりを告げることになる。

井上はこう述べている。

> 近代社会の新演劇の開祖、新聞小説の初の舞台化、日本の演劇人として初の世界巡業、西洋風劇場を東西に建設、近代的な児童劇の初上演、歌舞音曲抜きのストレートプレイ〈正劇〉の初上演……等々、全てが〈初めて〉づくしの人生を歩んだ演劇人である。……川上音二郎は近代社会の同時代演劇を民衆に提供した存在であり、しかも、〈祖〉と呼ば

れなければならないならかぶきの阿国の如く〈日本近代演劇の祖〉と呼ぶことこそふさわしいと考える。

にもかかわらず川上はその活躍ぶりに反して不当に扱われてきた感がある。亡くなる前の「大日本俳優見立」(M四十一年、四十五年。池田文庫所蔵)では、川上は新俳優の「総大将」に位置していた。川上の当時の大きさが窺われる資料である。

川上は、その強烈な個性と野性的な行動力で花柳界一の芸者貞奴を手に入れ、壮士芝居の延長で芝居を打ち続け、西洋各国を巡業しながら当時の自然主義に感動しその方法を輸入した。政界に太い人脈を持つ山師的興行なども同業者や知識人に嫌われたのではとは筆者の想像である。

日本人のアイデンティティを刺激した『蝶々夫人』

貞奴について浅利の知性と感性は実に正しく働いていた。パリ万博に出演した貞奴の評判に、老年にさしかかったロダン、まだ二十歳前後のピカソの底知れぬ目が貞奴の動きを正確に捉えていた。そして、モネ、マネ、ロートレック、文学のアンドレ・ジッド、エミール・ゾラ、作曲のドビュッシーらが貞奴から受けた強烈なインパクトは、最早単なるエキゾチシズムだけでは済まされなかったのである。それは、芸者という既成概念で眼前の表現を差別する日本人の社会通念からは全く自由な自然な目が見て感じた興奮だった。職業としての芸者が、厳しい修練によって基礎の基礎からつくられた古典的身体の使い方とそれを統御する足腰の強さ、そして日本的おもてなしの技術としての歌舞音曲の修得がなせる業であった。酔客が相手とはいえ、日本の芸者の本当の芸は馬鹿にできないものだったのである。

そんな貞奴の出自は、やはり普通ではなかった。史実に基づいた杉本苑子の小説『マダム貞奴』（読売新聞社）にはこう述べられている。旧幕時代は日本橋の両替町で町役なども務めた大商人だったが、維新後に家運は傾き、芝神明に薬、書籍の販売をかねた質屋を営む小山久次郎の末娘として生まれ、名は貞。幼少の頃は乳母《おんば》日傘で育てられた。しかし、家運は遂に切羽つまり貞は芳町の浜田屋へ養女に出される。貞七歳の時という。女将の亀吉はやり手で芳町でも一、二の羽ぶりだった。女将は一目でお貞に惚れ込み、この掘り出しものの娘に、芸者一通りの芸事ばかりではなく、一流と呼ばれるにふさわしい気っ風まで、ぞんぶんに叩き込んだ。これが十七歳で一本立ちになり、貞奴となる。時の総理大臣伊藤博文がパトロンになり、名声は一挙に花柳界の外にまで広がることとなる。

浅利は、『蝶々夫人』の初演でプッチーニが受けた辱めと「蝶々さん」を通して長きにわたり嘲笑され続けたであろう誤りを正す役割が自分に巡ってきたと考えていた。そうして日本及び日本人が受けた理由のない屈辱に応えようと、研究のための資料を漁りながら演出の構想を練っていた。その姿勢、態度はそのままオペラ『蝶々夫人』を生み出すために、もっと日本を知らなければならないと日本の情報に飢えていたプッチーニの姿に重なるのである。一方はその初演以来、東洋の島国日本を知らないために生じた誤解を解くためであり、一方は未知の国に関わる作品の生みの苦しみであった。

かくして音楽家ではない浅利はまずオペラ『蝶々夫人』の台本を傍らに全曲を聴き込む日々が始まった。同時にプッチーニ研究もすすめ、その中からこのオペラの完成に二人の全くタイプの異なる日本女性がからんでいることを知った。

こうして一九八五年十一月、スカラ座の初日四十日前に浅利他、美術の高田一郎、衣装森英恵、照明吉井澄雄ら日本人スタッフ総勢十四、五名はミラノへ発った。

それから間もない十二月初め、筆者は劇団四季全国営業統括の佐々木典夫部長（現会長）と札幌駅前ホテルで打ち合わせを終え、雑談をしていた。

「浅利さんミラノへ発ちましたよ。着いてすぐに現地スタッフ、キャスト分の浴衣と草履を至急送れ、と言われ送りました。現地調達は無理ですよね」と笑いながら話した。「浅利さんの今度のコンセプトは、日本の〝木と紙〟の文化に対する西洋の〝石〟の文化、十九世紀末のアメリカ人が日本の文化に対する無知故に起こる悲劇と言ってました。初日には私も行きます」。およそこのような内容だった。筆者は改めて『蝶々夫人』を想った。〃石の文化〃対〃木と紙の文化〃は新しい発想ではないが、浅利の考えは直ぐに理解できた。舞台の造形も想像できた。スッキリとわかりやすいオペラになるであろうと確信できた筆者は「佐々木さん大丈夫だ。これは絶対に成功する」。ホテルのラウンジが心なしか明るさを増したように感じた。

ミラノでは歌手の選定は指揮者マゼール、芸術監督らが中心となってほぼ決められていた。稽古が始まった。ある日ちょっとした事件が起こった。以下は渦中の浅利の表現をそのまま引用する。

アミーチ・デラ・スカラという会がある。スカラ座の有力観客で組織されている。スカラ座には二階三階と相当数のボックス席がある。それをシーズン通して買い取る人々の会である。ある日マゼールと私が招かれた。今回はどんな演奏や演出を心がけているかという質問である。……「ミラノにはドゥオモ（大聖堂）があります。数百年かけて造られた石造りの建物です。正にイタリア文化の誇りでしょう。貴方がたの文化は言うなれば石の文化です。それに較べると我々日本の文化は、木と紙の文化です。もっと言うなれば貴方がたの文化は『重さ』の文化。『存在』の文化です。が、我々の文化は『風』の文化。もしくは『無』の文化なのです。私の『バタフライ』はそういう発想にもとづいてやります」。通訳が悪かったのかも知れない。あるいは私の言い方が解りにくすぎたのか。皆不機嫌になってしまった。そしてとんだところに飛び火する。ある老婦人が言った。「マゼールさん、こんどのプロダクションには七つの国のパスポートをもった人々が集まっているそうですね。外国人ばかりで、プッチーニの美しいイタリア語が表現できるのですか」。

たしかにバタフライは日本人の林康子、シャープレス役はスペイン人のホワン・ポンズ、ボンゾ（坊主）役はヨルダン人だった。それに蝶々さんの女中のスズキ役には韓国人のキム・ハクナム。問われてマゼールの表情は少し変わった。そして答えた。「外国人だからイタリア語が駄目というのはどうでしょうか。舞台をご覧になって下さい」。

（『時の光の中で』）

話し合いは終わったが、それからが大変だった。浅利の危惧は当たった。

韓国人のキム・ハクナムにはイタリア語に難点があった。日本語の子音にはかならず母音がつく。我々が子どもの時から慣れ親しんだローマ字で表される発音だが、ハクナムの場合、これがやや舌足らずに聞こえるのである。それが来た。マゼールと芸術監督マッツォーニスの意見が一致し、キム・ハクナムを初日から外すという方針が知らされた。東洋人は十数名の日本人と一人の韓国人、それがハクナムだった。浅利は困った立場に立つことになった。しかも彼女はスカラ座に登場する第一号の韓国人歌手ということで、楽屋入りの時は多勢の韓国マスコミのカメラマンが彼女に群がっていたのを浅利は見ていた。

……そのハクナムが期待を裏切り初日に降ろされてしまう。韓国人たちはどう思うだろう。ただでさえ反日感情の強い人たちだ。多勢の日本人が彼女をいじめ足を引っ張った。そう誤解される可能性が十分ある。私はマッツォーニスを訪ねた。少し強い言い方になった。

「かの女を降ろすなら、日本人全体も今度の仕事への協力を考え直さざるを得なくなる」

……その日からマゼールのキム・ハクナム特訓が始まり、初日近くまで続いた。マエストロ・マゼールとは長い交際だが、かれ自身がピアノをたたきながら歌手を特訓しているのを見たのは、後にも先にもこの時だけである。かの女は無事初日に出演した。

（『時の光の中で』）

キム・ハクナムの件で浅利はまさに薄氷を踏む思いをしたはずである。浅利としては、イタリアで活躍している林康子はタイトルロールとして適役であり、その召し使いのスズキが韓国人キム・ハクナムでよかったと思っていた。マゼールと芸術監督のマッツォーニスは蝶々さんとスズキの主従関係を重視し演出上のことも考えた上でのことであろうと思っていたからである。そして、あの韓国報道カメラマンの興奮する姿だった。彼女は韓国人オペラ歌手として世界三大オペラハウス「スカラ座」出演の第一号になったのだと。彼女は一挙に韓国国民の誇りとなったのである。そのハクナムが初日に降ろされてしまうことになればどうなるかである。

浅利は彼女のイタリア語の発音にいささか難があるとしても芝居でカバーできる範囲かどうか、作品全体の足を引っ張ることにならなければよいと考えていた。だが、マゼールとマッツォーニスは危ういと感じたのである。ほんの少しの疵でも芸術家としては見過ごせないものがある。ましてスカラ座の出し物なのである。オペラ歌手の発音がおかしいとなるとこれはかなり致命的である。浅利は悩みに悩んだ。キム・ハクナムが韓国人でなければ彼らの決定にこれほど強く反対することはなかったであろう。

浅利は、この一年半ほど前に外務省、日韓文化交流連絡会芸術小グループ座長に就任していた。これが彼をもう一つ苦境に立たせたのである。

芸術活動が政治によって左右されることに断固として反対の浅利ではあったが、日韓という非常に微妙な間柄を無視できなかった。そして又、芸術家キム・ハクナム個人が再起不能のダメージを受けないとも限らないことも無視できない。降板の原因がイタリア語の発音にあるというのであれば、何故彼女を選んだのかとなり、初日降板は差別と受け取られかねないのである。その上、日本人演出家浅利慶太の力が働いたとなるのは目に見えていた。日韓の新たな対立に発展しないとはいえない。ハクナムが初日までイタリア語に最大の努力をすればこの疵は限りなく小さくなるであろう。浅利は、ここは身体を張らなければ事態を変えられないと判断したのである。浅利は未だかつてこれほどの困難に遭ったことはなかった。彼の結論はマッツォーニスを動かし、マゼールを動かした。浅利がハクナムを特訓し、マエストロ・マゼールはあり得ない個人レッスンに打ち込んだ。こうして『蝶々夫人』は初日を迎えたのである。その努力もあり、ハクナムに対する批評の目は総じて温かかった。

この日客席に在った佐々木典夫はこう証言している。

……天井桟敷から一斉に「アザーリ」(アサーリ)コールが長々と沸き起こりました。生まれて初めて日本人としてのアイデンティティを強烈に刺激されました。

冒頭の日本人スタッフもおそらく同じ気持ちになったのであろうと思ったことであった。

以下はイタリアの各紙から、そして日本の各紙特派員の批評からその一部をお届けしたい。

「イル・ジョルノ」紙（ミラノ）
スカラ座へのデビューは、まさに大成功……
〝日本のバタフライ〟が観客を圧倒
……今回の上演は、まさに初演以来の暗い、屈辱の歴史への挑戦であり、そしてこれは、歴史的な成功をおさめたのである。この成功は、長いオペラの歴史における最も輝かしい記念碑のひとつに数えられるものとなった。……しかし、何といってもこの日の最大の勝者は、この舞台を創造した日本人スタッフたちである（演出家、美術家、衣裳デザイナー、舞踊の関崎ひで女）。とりわけ終演後のカーテンコールで近年スカラ座では見られなかった程の絶賛を浴びたのは、演出の浅利慶太である。

（十二月二十一日）

「アヴェニーレ」紙（ミラノ・ローマ）
詩的でありながらも鋭い分析を行った演出、
〝マダム・バタフライ〟
しかしオーケストラの指揮には議論あり。
魂のない美しさ。
――マゼールはプッチーニの大作を

退屈なものに終始させてしまった
にもかかわらず、天才的な演出家・
浅利慶太によって「日本の悲劇」は
すばらしく表現されている。

……このオペラは、「マノン・レスコー」「ラ・ボエーム」「トスカ」で成功したプッチーニが、その後スランプに陥った端緒となった作品である。西欧とは異質な文化をもった日本を舞台としたことも観客に拒絶される原因となった（彼は一九〇四〜一九〇七年の間に四回も改訂をおこなっている）。

そんな作品を、演出・浅利慶太は、プッチーニの音楽から離れることなく、感動的な効果をあげている。彼は〝バタフライの魂〟をみじんも失うことなく、表現しきったのだ。

（十二月二十二日）

「ウニタ」紙（ミラノ・ローマ）

まさに大成功。
スカラ座で東洋人たちが何度もカーテンコールをうける。
浅利慶太演出によるプッチーニの有名なオペラ

ロリン・マゼールの指揮

……浅利慶太の演出は最高であり、比類のない正確さをもって観客を舞台にひきこんでいくことにかけては、まるで魔法でも使うかのような力を発揮する。だから、彼の演出について、そこに用いられた細部の独得の手法にふれることなく記述することは極めて困難であるし、彼が創造した世界のイメージを文章によって読者に伝えることは、まず不可能だ。

（十二月二十二日）

「インターナショナル・ヘラルド・トリビューン」（NYタイムズ国際版）

「蝶々夫人」での
スカラ座の冒険は、賞賛に値する。
――日本人チームはすべてを委ねられた。

……浅利はこれまで述べてきた事実をはっきり理解していたようである。過去八〇年間〝プッチーニの描いた日本〟を受け入れてきたイタリア人に〝本当のこと〟を教えこもうとするかわりに、彼はプッチーニの音楽に最高の敬意を表した。優美で繊細な様式の中でこのオペラを扱い、イタリア人たちを圧倒したのである。

（一月十一日〜十二日）

同様な賛辞で他八紙。続いて日本の全国紙評。

「読売新聞」（丹羽正明評）

日本の様式感貫く浅利氏演出

ミラノでの「蝶々夫人」

ミラノ・スカラ座で二十日に初日を迎えたプッチーニのオペラ「蝶々夫人」は、林康子主演、浅利慶太の演出、吉井澄雄の照明、更に森英恵が衣裳デザインを担当するというぐあいに、日本人がキャスト及びスタッフの主要部分を受け持った画期的な上演であった。

（十二月二十五日）

「日本経済新聞」（川本雄三編集委員評）

浅利オペラにミラノもうなる

「東西」遭遇に新演出スカラ座「蝶々夫人」

叙情性も豊かに

……世界的なオペラの殿堂であるイタリア・ミラノ・スカラ座の今シーズンの正式レパートリーに組み込まれた「蝶々夫人」は、二十日午後八時に初日の幕を開けたが、上演は満場の拍手と「ブラボー」の掛け声に包まれて大成功をおさめた。

（十二月二十八日）

「サンケイ新聞」（坂本鉄男客員特派員）

浅利慶太氏の演出に酔う

〝マダム・バタフライ〟

……劇場を埋め尽くした観客は、浅利慶太の意表を突いた、しかもあまりにも見事な演出に息をのむばかり。隣席のタキシード姿のイタリア人紳士は、連れの婦人に「最高のシンボリズムだ」とささやいた。

（十二月二十九日）

「朝日新聞」（高崎保男評）

日本による「蝶々夫人」

異国趣味超え伝統手法の美〈伊各紙も絶賛の評〉

……「われわれは初めて、真の『日本の悲劇』と呼ぶに適わしい〈蝶々夫人〉に接した」と、イタリア各紙の評は予期以上の絶賛を連ねている。そのすばらしい成果が、今から八二年前にこのオペラを初演したミラノ・スカラ座の舞台で実現したことは、いちだんとかけがえのない意義をもつ。

（一月十日）

最後に浅利にとってこの上もない喜びのメッセージを記して、この章を終わる。

「一九〇四年、バタフライの初演が失敗に終わった時、私の祖父(＝ジャコモ・プッチーニ)がどんなに苦しんだかを思えば、今夜の私は幸福の絶頂にある。」(プッチーニの孫、シモネッタ・プッチーニ夫人の談話)

――「イル・ジョルナーレ・ヌゥオーボ」紙から

(十二月二十二日)

第十二章
「第二国立劇場（仮称）」建設の功労者として

2008年頃の浅利慶太、日下武史、吉井澄雄
©上原タカシ

設立準備協議会内部から反乱勃発

浅利演出によるスカラ座の『蝶々夫人』は世界のオペラ界にとって、又、日本人にとっても画期的な作品として生まれ変わったのである。否、こんな月並みな賛辞では全く役に立たない大事件に匹敵する出来事で、そうでなければ久しくなかったスカラ座の最高の観客がスタンディングオベーションで三十分以上も泣き叫ぶわけがなかったのである。翌日の新聞批評は軒並み絶賛の嵐のようだった。浅利をはじめ日本人スタッフは皆同じ感動をしっかり胸に叩き込んでいた。

この作品は、初演の大好評を受け、一九八七年五月に再演、一九九〇年に再々演と二〇〇四年までの十八年間にシーズンの出し物として五回も上演されたのである。筆者には未知のことだが、これは特筆されるべきことなのだという。他にフィレンツェのコムナーレ劇場で一九九六年に、また、アメリカ、チリ、中国でもスカラ座の定番になった浅利バージョンで『蝶々夫人』が上演されたというこれも全く異例のことであった。スカラ座は二〇〇一年には同じくプッチーニの『トゥーランドット』の演出を浅利に委嘱している。もう一つ、忘れてはならないのが、オーストリアからの委嘱であった。一九九六年七月のザルツブルク音楽祭で浅利はリヒャルト・シュトラウスのオペラ『エレクトラ』を演出した。音楽祭のオープニング作品を日本人が演出するのは初めてのことだった。『蝶々夫人』の大絶賛が改めてスカラ座の名と共に浅利の名を世界に知らしめることになったのである。

日本での浅利『蝶々夫人』は、一九九六年五月、小澤征爾指揮、新日本フィルハーモニー交響楽団、タイトルロールはロシアのプリマドンナ、ガリーナ・ゴルチャコーワを迎え、東京文化会館で上演され、高い評価を得た。

しかし、ミラノ・スカラ座公演以降、スカラ座の定番となり、シーズンの演目に定着し日本公演他各国で浅利演出の『蝶々夫人』が上演されるようになったにもかかわらず、日本では何故かこの壮挙を無視しようという暗黙の空気が見え隠れしていた。「スカラ座」や『蝶々夫人』に関わる資料、例えば手軽に市民が利用できるウィキペディアなどは浅利の壮挙にはまるで無関心という有様で、これほど意識的に無視を続けてきた音楽業界に根深い誤解や怨念が今日まで続いていることを思わないわけにはいかない。

浅利は後年、『蝶々夫人』スカラ座公演についておそらく当時の心境を踏まえ次のように記している。

評価について語るのは手前味噌がすぎて恥ずかしいが、三千人の観客は総立ちになりブラボーと共に「アザーリ・アザーリ」と連呼した。「近年スカラ座では見られなかった程の絶賛を浴び」と新聞は書いてくれた。日本での私の演出の仕事は毀誉褒貶いろいろである。なかには経営者としては認めるが、演出家としてはどうか、などという失敬なものもある。私自身は「生涯一演出家」のつもりである。しかし日本国は難しい。そろそろ諦めかけていた時、この夜が来た。客席の声を聞きながら、もう評価は死ぬまでこれでいいと思った。

（初出「文藝春秋」二〇〇四年二月号、文藝春秋）

これは、ミラノから帰国した浅利が肌で感じた東京の空気がそれほど異様だったからである。筆者はそう読んだ。

浅利が本格的にオペラ『蝶々夫人』と四つに組んでプッチーニ研究を始めた頃、第二国立劇場（仮称、以後「二国」と記す）は突然の反対運動、それも設立準備協議会内部の反乱という予想外の事件に見舞われていた。浅利は、この「二国」推進のための組織、「第二国立劇場設立準備協議会」の専門三部会（音楽、演劇、舞踊）で互選により委員長に選ばれていた。この話は既に開場していた伝統芸能専門の国立劇場では一九五五年にやっと調査費（二百五十万円）が計上され、翌一九五六年、文化財保護委員会は国立劇場設立基本要綱を策定。国立劇場設立準備協議会が閣議決定され、ようやく第一歩を踏み出したところから説き起こさなければならない、長くて不毛で不愉快、悲惨ということばが一番似合っている話である。現代舞台（オペラ、バレエ、現代演劇）の芸術家にとっては聞くも涙、語るも涙の話になるが、かいつまんで述べよう。

国を相手に陳情を続けた結果、一九六六年十一月に「国立劇場」が千代田区隼町のパレスハイツ跡に開場した。しかし、これは当初現代舞台（オペラ、バレエ、現代演劇）関連施設も同時にということであったが、諸々の事情から伝統芸能のためだけのものとし、現代舞台芸術は、衆議院文教委員会によって「政府は伝統芸術以外の振興を図るため、施設その他に付き、必要な措置を講ずべきである」という一文を遺しただけであった。現代舞台芸術には幕が引かれてしまったのである。それまで一縷の望みをつないで懸命に陳情を繰り返してきた藤原歌劇団の創設者藤原義江、バレエ教育の功労者日本バレエ協会初代会長服部智恵子、舞踊家の高田せい子、声楽家で音楽教育の下八川圭祐らと共に力を尽くしてきた浅利は特に藤原、服部の二人に「二国」のことをよろしく頼むと腕をつかまれて懇願されたと述懐している。国立劇場は浅利にとっても日本が文化国家となるために必要欠くべからざる必須の条件だった。文化の先進国は皆国立劇場を持ち付属教育施設も完備していたからであった。日本は能、狂言、歌舞伎が伝統文化でございますと言いながら、明治以降、国立の、と言いかけては沙汰止みになるという繰り返しだった。それが戦後の経済復興で伝統芸能と共に現代舞台芸術も叶えられるかと一時期待に身を震わすほどの興奮をさせながら、相も変わらぬ政治用語で、そのうちにというだけになったのである。ここで後を託された浅利慶太は、その重責を常に感じていた。だが、ひょんなことから「二国」推進の中心人物になっていったのである。

時は一九七一年一月二十六日。何だか時代がかった物言いになりそうだが、この「二国」に関しては知れば知るほどそんな気持ちになってしまうのである。筆者もまだまだ青二才の芝居者だと思わず苦笑いである。

一九六七年二月十七日第二次佐藤内閣が発足した。それから間もない日だった。浅利は佐藤首相夫人の寛子さんから呼び出しを受けた。夫人は劇団四季創立メンバーの一人水島弘の後援者でもう十年以上も毎公演十枚を捌《さば》いてくれていた。それは佐藤栄作首相と水島弘の尊父が同郷、同学（東大法学部）で、就職も同じ鉄道省であり、官舎も近く俗にいう親戚づき合いをしていたことによる。不運なことに水島の尊父が五十代で早逝したため、母堂が子どもの養育のためお茶の販売をして家計をやりくりしていたのを、寛子夫人は知人や企業を紹介するなどの労を惜しまなかったという。その流れで俳優水島弘の後援もすることになったのである。寛子夫人は首相夫人としては実にザックバランな庶民派そのものであり、「柔軟でどこへ出しても安心できる人柄だった。つまり佐藤総理という人は、こういう女性の夫なのだ、というわけである」。これは浅利の寛子夫人評である。

浅利が呼ばれたのは佐藤総理の長州なまりを直すという話だった。そのための家庭教師になってほしいというのである。第二次佐藤内閣が決まり、当分は総理を続けなければならないことを見越した夫人の計らいで、ややもすると、長州なまりが、佐藤総理の端正な顔立ちと相まって少々固く威圧的に受け取られかねないと心配した夫人の賢明な判断だった。思い出してほしい。年輩の国民ならば、佐藤総理が政界の団十郎と異名をとったほどの貫禄があったことを。その風貌で、長州なまりの「そういうこんだ」と言われると押し付けがましく感じる向きもあろう、という内助の勘が働いた結果であった。浅利がどういう心境でこの役割を引き受けたのかは想像する他はないが、筆者としては、他ならぬ総理夫人のお願いであることが第一点。藤原義江、服部智恵子らと共に文化庁、大蔵省、その他数え切れない議員や省庁に陳情し志半ばにして倒れた先輩と、日本の現代舞台芸術のためには何らかの方策が見つかるかもと考えたとして当然であるように思ったものであった。これが本命の二点目であったろう。そうでなければ浅利慶太ではないのである。

月に一度か二度ということのようだったが、その頃の浅利は日生劇場を軌道にのせるべく、そして同時に劇団四季をより充実した演劇集団にするため、一日二十四時間は余りにも短いものに感じていた。一回一時間としても公邸にお訪ねする時間は総理の空き時間であった。厳しかったと思う。しかし、やがて父子ほどの年の差はあったが、佐藤総理と浅利の間には確かな友情が芽生えていくのである。浅利は絶対に無理は禁物と考えていた。話題がいつも文化芸術になるとは限らない。国内の政治経済、対外政策、市場の問題、日本の経済力の話から日本人論、明治維新の薩長土肥の連合の話から江戸無血開城の話など様々な話題を材料にしながら、総理のことばに注意を促し、二度三度とイントネーションを口述矯正したようであった。その間を縫って浅利はしつこくならないように「二国」の必要性を説くことを忘れなかった。この間総理は大きな政治的業績を残した。一九六八年には小笠原の返還、そして翌六九年は沖縄の返還合意が実現した。また、文化政策、即ち「二国」建設決定であった。浅利はある時思いが余って失言し、総理に叱られたこともあったと述懐している。こんなことがあった。

当時戦闘機一機の購入費用は二十億円だった。

「総理は直接侵略を防ぐために多数の戦闘機を配備しておられますが、二機だけ間接侵略防衛のために廻していただけないでしょうか」「どういうことだい」

「保守政権が文化のための予算を少ししか計上しないため、演劇人を含めた舞台人のほとんどが反政府的で左翼勢力はそこに浸透しています。極端に言えば共産国家の影響力下にあります。新しい国立劇場を建て、芸術家を助けて下されば、かれらはバランス感覚をとりもどします。その費用はファントム（F4E）二機分です」

たしかに少し不謹慎な話だった。佐藤さんは表情を改め言われた。

「次元の違う話を一緒くたにしては駄目だ。君らしくないな」

（初出「文藝春秋」二〇〇三年七月号、文藝春秋）


丸四年経っていた。一九七一年一月二十一日楠田實総理秘書官から直ぐに官邸へと連絡を受けた浅利は直ちに官邸へ急行した。総理はニコニコしながら「浅利君の第二国立劇場、今日福田大蔵大臣に指示したよ」。

こうして、七一年度の予算案に第二国立劇場の調査費百五十八万円が計上され、大（オペラハウス）、中（演劇）、小（実験劇場など）のホールを備える現代芸術の城、新国立劇場建設は具体的に動きだすことになったのである。しかし、それからがあまりにも長かった。一九七六年三月に藤原歌劇団創設者の藤原義江氏は浅利に後を託して亡くなった。翌年三月に舞踊家の高田せい子氏が、そして一九八〇年、声楽家音楽教育の下八川圭祐氏が、日本バレエ協会初代会長の服部智恵子氏は、あと少しで道筋が見えるのを待たずに一九八四年三月に亡くなられた。あちらへ行って諸先生にいい話ができないことを嘆きながら亡くなったのである。竣工は一九九七年。七一年に調査費がついてから何と二十六年もかかったのである。何たることであろうか。経済大国日本が現代の舞台芸術に関する限り国会も内閣も官僚も日本の芸術文化にまるで何の見識も持っていなかったことをこれほど如実に示した例はなかったのである。

浅利の決断

「二国」の一大事に話を戻す。

「二国」は調査費のついた翌年の七二年十二月に、第二国立劇場設立準備協議会が発足し、音楽、舞踊、演劇の三部会はそれぞれの内部で議論をし、積み上げたものを上にあげ、最終的に各部の代表による専門委員会において最終決定を下すことになっていた。専門委員の長は互選によって浅利がなっていた。一九八四年三月十六日と浅利は記している。専門部会はこの日建築の検証を終えた最終案を承認した。ところが、それから二十日も経たないうちに反対運動が起きた。その首謀者は建築家協会会長の圓堂政嘉と、長年第二国立劇場設立準備協議会専門委員のメンバーを務め、最終案に賛成していた作曲家團伊玖磨だったのである。彼らはそれぞれ文化庁長官に要望書を提出した。二つの要望書はまるで同一人が書いたようにコンセプトが一致していると浅利は述べている。

これが合図のようにマスコミが動きだす。

四月二日の朝日新聞朝刊を皮切りに、マスコミは連続して「二国」原案への批難の雨を降らせることになる。浅利は彼らの行為を暴挙と断じ、敢然としてこれに立ち向かう決意を固めるが、その前に連続ゲリラ豪雨の真の狙いがどこにあるのかを確かめなければならなかった。長年の会議がどうもおかしいと感じたことも聞いたこともなかった。しかし、戦う以上は一気にこれを倒さなければならない。

浅利は、日々飛び出す、幼稚でデタラメな論拠による批難を読んでいるうちに気が付いた。マスコミは自分たちは何も動かず、金の亡者に唆された頼りない手下たちの肩書と名前を信用し、「悪者退治」の話を真に受け、これが二国の妨害になるという意識もなく、何の疑いもなく、彼ら批難者に手を貸すだけの記事を書き流しているのだと。浅利は、余りに愚かな大間違いのキャンペーンに、早目に身軽になって喧嘩の仕方はこうだと見せることにしたのであろう。過去十二年間の会議議事録をチェックし、そうして彼は何を理由に辞任するかを考えていた。公職に就いたままで身内の批難者、反対派に白旗を上げさせるのを潔しとしなかったからである。

その頃、劇場建築費五百億円をどう工面するかで着工まで七年もの年月を無駄にしていた。照明デザイナー吉井澄雄によれば、「二国」の使わない空中権を隣に建つオペラシティに売却することでオペラシティはより高層のビルにすることができる。それによって劇場は不足分の建築費を捻出できるというのである。教えてくれたのは当時工学院大学の理事長であった都市計画家高山英華だったと記している。浅利はこれを不満として委員長を辞任した。国が芸術文化の拠点をつくるのに空中権なるものを売って国立劇場を建てるとは何ごとかというものであったが、それは表向きのことであって、本音は既に建設への道筋で峠を越えた今、これ以上の妨害を避けるため身を引く。その上で、彼ら利権に群がっている者たちを黙らせることであった。同時に「二国」に五百億円を計上できない経済大国とは一体なんだ。経済一流政治は二流、三、四がなくて芸術文化は五流とでも思っているのかという怒りを文部省（当時）、文化庁、大蔵省主計局に向けたのだと筆者は改めて浅利の反論を読んで確信した。

次に浅利が反論のために挙げた朝日新聞を中心とする二国の決定を白紙に戻せとするキャンペーン一覧を揚げる。これを見るだけで陰謀は表面上巧みに計画されていることが手にとるように分かるのである。彼らはこれで成功疑いなしと乾杯したに違いない。

○四月二日（朝日）論壇「第二国立劇場はコンペで——道路沿いの予定地・初台にも問題」（藤森敬一・福井工業大学助教授投稿）
○四月九日（朝日夕刊）「設計競技で大揺れ——建築業界・外人締め出し反対」

○四月十三日（日刊建設通信）「風雲急、二国コンペ――最悪、白紙の線も」
○四月十六日（同）「劇場に馴染まない敷地――過小賞金は不当な抑圧」（圓堂政嘉氏に緊急インタビュー）
○四月十八日（読売）論点「第二国立劇場は再考を――異分野芸術同居に疑問」（前川国男氏）
○四月二十日（朝日夕刊）「哲学不在の第二国立劇場――〝幕の内弁当的〟劇場構成」
○四月二十二日（朝日）座標「無定見は後世に悔い」（雑喉潤・編集委員）
○四月二十三日（読売夕刊）「〝見切り発車〟反対――国際コンペ無視に抗議、建築家協会も要望書」
○四月二十六日発売（週刊新潮）「第二国立劇場をめぐる〝わるいやつら〟」
○五月十一日（朝日ジャーナル）「なぜ急ぐ？　第二国立劇場建設」
○五月十一日（週刊朝日）「政界巻き込む芸術家たちの思惑――第二国立劇場建設を演出する〝黒幕〟浅利慶太への風圧」

浅利は五月十一日まで待つ必要はなかった。

一連のクーデター・キャンペーンは、「二国」を利権とみた外部の〝金の亡者〟に唆され、浅利を「二国」の役職から引きずり下ろすことを狙ったものだった。彼らの目論見を浅利が潰してきたというのではなく、脛に傷持つ彼らは劇場建設に深い知識もなく議論を戦わせることができなかった。結局、表立って動けなかったのである。最後の手段は論敵の背後にいるのは浅利と決めつけ自分たちの目的のためには浅利が目の上のタンコブと映ったのであろう。それにしても無能な反対派は会議で意見を主張できず、遂に彼らが恐れていたことが起こった。最終案が専門部会で承認されてしまったのである。

ここに至って彼らに残された行動は〝クーデター〟以外になかった。最終決定から二十日あまりは、彼らが狼煙《のろし》を上げた後の四月二日から五月十一日までのキャンペーン内容を吟味し、確実に実施することで浅利が退任するか、うまくいけば決定事項を白紙に戻せると自信を持ったに違いない。彼らはこれだけ騒げば勝てると考えたのである。だが、彼らは相手とする浅利慶太がどんな人物であるかをよく知らなかったのである。そんなことより大声を上げることに専念したのであろう。土地が初台と決まり、コンペが行われれば、劇場のハード面も決まってしまう。〝土地転がし〟も呼び屋の濡れ手に粟の〝べらぼう〟も夢と消えてしまうのである。

土地について浅利らの調査では「二国」に最適な土地は初台以外にはなかった。この一番難航した建設用地も、都市計画の権威、高山英華氏の尽力もあり、国有財産中央審議会筑波跡地利用委員会によって初台の東京工業試験場跡地と決定された。これに十四年かかったというのである。この間先輩たちは次々と亡くなった。浅利ら正統派は渋谷区初台の土地には、新宿の工学院大学も大蔵省に申請していることを知っていた。そして、この工学院大学の跡地の地価は世界有数の高価な土地ということであった。この大学が初台を手に入れれば、その跡地には大手不動産の巨大プロジェクトが動くのは目に見えていた。反対派は佃島は地価も安く土地も広いと主張し（実のところ、佃島の土地の広さは初台よりも四〇〇〇平方メートルも狭かった）、とにかく「二国」を佃島にすることが土地転がしの手先の仕事になっていた。彼らは「二国」を何としてでも佃島に追い払おうとした。

もう一派は、オペラ、バレエ劇場の客席に関心のある呼び屋の手先で、彼らは客席数が多ければ多いほどその役割を果たすことになる。彼らの要求はハード部会が様々な法規の範囲内で計算して出した千六百席に対し最低でも二千三百席をというものだった。これには文化庁の係官も手を焼いたのか「千六百席にこだわるとオペラ劇場の建設はできなくなるかも知れませんよ」と言われ、ハード部門の委員だった照明デザイナーの吉井澄雄は傷ついたと述べている。日本オペラ界の総意を簡単に覆せるはずもなく、ハードの委員たちは呆然とした。この件はギリギリ譲歩し、千八百席で決まった。採算がとれない、外国オペラ公演も不可能というのは呼び屋の発想であり、大は小を兼ねるのは、この場合観客のためにも、日本オペラのためにもならないのであった。

いま一つの反対派の言い分は、オペラ劇場はオペラとバレエを本業とすべきである、にもかかわらず劇団四季がいつの間にかここに入りこんできたように言いふらし始めたのである。しかしこれは真っ赤な嘘であった。十年も前の報告書に、「二国」の公演事業として「オペラ（室内オペラ、オペレッタ、ミュージカルを含む）」となっているのである。

浅利は、このままでは「二国」の建設がまた遅れてしまうことを危惧し、ここは自分が身を引き、無役になって彼らクーデター首謀者の骨を切る覚悟を決める。浅利は本当に怒ったのである。彼ら金の亡者に唆された者たちに情けは無用だった。浅利の行動は早かった。辞職の理由は、国立劇場の建築費の不足分を空中権の売却で補うなど、手品を使うようなみっともない真似をすることに対する抗議の辞任とした上で、浅利は彼らの背後で糸引く者の名を敢えて示さず、彼らの反対の論拠に何の理もないことを克明に調べ上げて攻め立てたのである。四月から五月にかけての反乱に五十枚の反論は見事という他はなかった。詳しくは「文藝春秋」（一九八四年七月号初出）でお確かめいただきたい。あるいは、浅利の著書『浅利慶太の四季 著述集3』を参照されたい。彼らのいい加減さを暴き、脛に傷持つ彼らの向かう脛を蹴とばし、痛快極まりない真夏の読み物にした。

ここに出演するにわか狂言の役者の名を挙げれば、作曲家團伊玖磨、よく知らないまま名を連ねた無責任な作曲家黛敏郎、舞台装置家朝倉摂、当時日本バレエ協会副会長小牧正英。建築家協会会長圓堂政嘉、建築家前川国男、福井工業大学助教授藤森敬一、工学院大学学長伊藤ていじ（以上当時の肩書）。しかし、両派はどこかで共闘を確認したのであろう。当時朝日新聞編集委員の雑喉潤はドタバタ喜劇と知らずに出演したのであろう。よく知らないまま言われた通りの記事を書いた朝日新聞の不勉強記者、同、読売新聞の不勉強記者、根も葉もない捏造の「週刊朝日」（一九八四年五月十一日号）、「朝日ジャーナル」（同、五月十一日号）、そして、陰の総元締め、某大手不動産会社と、浅利が名前こそ挙げてはいないが、当時呼び屋としての力を豪語していた者の存在をあぶり出したのである。

この著名な呼び屋は「スカラ座」などには個人的な信頼のあった人物で国内の音楽、オペラ、そしてバレエ界に顔の広いプロモーターだった。

また、某大手不動産会社からはこの二年の間に二度にわたってさぐりの電話が入っていたことを浅利は記している。一度目は浅利の反論時点で二年前とあるので、一九八二年の五月か六月頃であろう。「……佃島にいい土地があるから文化庁長官に話をとりついでもらいたい」。そして二度目は批難キャンペーンの最中で同じ財界の偉い方だったという。浅利は佃島のお話にはダーティな予感がするので、お関わりにならぬようにと申し上げたと。

既に鬼籍に入られた方々が圧倒的と思われるが、この人たちの怨念というよりも逆恨みが今日に至るまでミラノの浅利の功績を敢えて無視する空気をつくり続けているというのも、考えてみればそれほど、浅利の壮挙は驚異的なものだったのだと思わずにはいられない。浅利の反論で、彼らは、一挙に完全に糸の切れた操り人形になってしまった。「二国」に正しい沿革があるかどうか分からないが、こういうことがあったと誰かが時々語る必要がある。この件だけでも国税が思わぬところで食い物にされているのは疑いようもない事実と思われてくる。

正確な辞任の日付は分からないが、浅利は一九八四年五月には、第二国立劇場設立準備協議会の委員を辞任した。準備協の専門委員会としては三月十六日最終決定をしていた。重要な仕事を一つ終えたのである。この後「二国」の竣工が何年後になるにせよ、立ち消えになることはあり得ない。最後まで見届けられなかったことは誠に申し訳ないが、今は亡き二人の先輩、オペラの藤原義江さん、バレエの服部智恵子さんは私の努力を諒としてくれるであろうと浅利は考えていた。クーデター派に肉を切らせて骨を断つ。そう考え、そう決め、決めたように彼らに反撃した。彼らは潔く非を認めるしかなかったのである。しかし、そうはならないのが人間世界である。彼らは浅利に対し、彼らにもできることをしたのであろう。それにしても余りにも情けない有様にややもすれば浅利自身が泣きそうになりながら反論したところもあったように感じていた。筆者は浅利の反論が発売されるひと月ほど前に直接その事件のあらましを聞き、義憤に駆られ、呆れ果てたものだった。

浅利は発売される七月号「文藝春秋」の広告を見ながらどのような心境であったのかと筆者は考えたことがあった。それぞれの世界で、日本では超一流の人士を名を挙げて批難したのである。もう済んだことだと平然としていてはいられない。浅利はいろいろな意味で寂しい思いを噛みしめていたように思われる。

最後に浅利の『蝶々夫人』東京公演（一九九六年五月）の批評にやっと巡り会えたので、ここに一部分を引用して終わりたい。日本の音楽評論家としては最高の吉田秀和の批評である。

いま日本で浅利慶太の名を知らない人がいるだろうか？

彼こそは劇団四季に君臨し、ミュージカルの企画、公演、舞台と俳優・歌手作りの一切を統率し、この国のミュージカル産業を今日の隆盛にまで築き上げた人物である。また少し昔を知る人には、戦後早くからジロドゥ、アヌイらフランス近代劇上演で幾つかの名場面を提供した懐かしい名でもあるだろう。……

その浅利が小澤征爾指揮《蝶々夫人》の演出を受け持った。私は一九八五年、彼がミラノ・スカラ座の委嘱で別のスタッフと同じ曲を演出した時もみた。非常に優れたものだったが、今回のは仕上げも一層磨かれ、より高い完成度に達している。一方で浅利好みの——歌舞伎から来た——様式化が進むと同時に、演技の内面化も深められた。

浅利はこの曲を軽薄な男と、彼を心底愛した女と、その間で悩む「良識人」との間で起こった逃げ場のない悲劇としてとらえ、出発点から終点に向って、まっすぐ飛んでゆく矢のように進行さす。その矢の進路を造形するのに、彼は黒、鼠、白、赤の四色で「場を設定し」、その枠内に軽薄な男は白と青、悩む男は茶、女は白・紫・白と変身したあと、最後に赤に沈む存在として規定する。彼の特徴は、まず、陰影は使わず、すべてを色の組合わせでピタッときめ、何事があろうと、黒、鼠、白、赤の枠は厳として動かさないところにも出ている。照明（吉井澄雄）はこの四色を避けながら、たった一つの「悪趣味の色」もみせないよう慎重に選びとられたものだけで情景を照らし、背景をつくる。ただし、影絵、透かし絵的な映像は二度、「最適の時」の「最適の形象」で浮かび上がってくる。以上の設定には、少し大胆にいうと、ジョルジュ・ブラックの絵画にみるような天才的斬新さと古典的構成の共存と共通するものがある。この徹底した様式化とよき趣味の厳守は、舞台の全体に新古典主義的な香気を与える。その点、これは、たとえばゲッツ・フリードリヒ（引用者註）の《ジークフリード》でみせた演出の水準をはるかに抜く高さに達しているといっても過言ではない。

そしてこう結んでいた。

ここではふれなかったが指揮の小澤征爾と浅利の二人は、歴史の浅い日本のオペラ上演史上、まれにみる偉材である。それなのに、二人が二人とも、はじめて日本に生まれる国立歌劇場の運営からはずれているのは――どういういきさつか知らないが――かえすがえすも心残りのことである。

（「朝日新聞」一九九六年五月二十三日付、〈音楽展望〉）

慧眼なこの評論家が、浅利、小澤の辞任のいきさつを本当に知らなかったとは思えないが、拙著の読者には簡潔に述べておきたい。浅利の辞任については既に述べた通りであり、小澤征爾が辞任したのはオペラハウスに専属のオーケストラがなくてはならないという彼の意見が文化庁に容《い》れられなかったからである。つまり、大蔵省の承認が得られなかったからであった。

（註）ゲッツ・フリードリヒは、二十世紀に活躍した世界で最も著名なオペラ演出家であった。

第十三章
『ミュージカル李香蘭』
—真実を見つめて

1992年『ミュージカル李香蘭』
野村玲子 ©山之上雅信

動かし難い歴史の真実の一コマとして

ある友人から「浅利さんが『李香蘭 私の半生』を面白い、面白いといって読んでいらっしゃるから、もしかしたら、ミュージカルにしようと考えていらっしゃるかも知れませんよ」と、聞いてはいたんです。

往年の国際スター山口淑子（芸名・李香蘭）は一九九二年十月号「文藝春秋」の浅利との対談でこんなことを述べている。しかし、この時既に『ミュージカル李香蘭』は初演（一九九一年一月、青山劇場）されていて、青山劇場に引き続き、日生劇場の三月、四月の長期公演を終えていた。彼女が聞いた話はおそらく一九八七年のいつ頃か、浅利が東南アジア大型文化使節団の一員として参加した折の話と思われる。機内で、この謎多き歌姫、美貌の女優の半生記を読もうと、浅利は発売を待って求めたものと思われる。著者は山口淑子と時事通信社の元記者の藤原作弥であった。これはただの半生記ではない。李香蘭は勿論藤原作弥も異色の経歴の持ち主である。藤原は宮城県の生まれであるが、五歳で言語学者の父に従って朝鮮の清津へ、二年経って満洲の興安街に転居、一九四五年のソ連参戦で安東へ脱出、一九四六年に帰国という波乱の少年時代を送っている。そして東京外語大学仏語科卒、時事通信の記者、後に日本銀行副総裁となる人物である。浅利は共著の二人がそれぞれただ者ではないことに惹かれて買い求めていたはずであった。狙いはついていたのである。歴史について（中国大陸における内外の戦争、反乱についての歴史）主観と客観のバランスがとれていると見たのである。

スカラ座のオペラ『蝶々夫人』の演出については、プッチーニの音楽さえ聴き込んでいれば、浅利にとっては充分だったはずだが、それだけではこのプロジェクトには何故か不足のような気がして浅利は、プッチーニの日本研究を追いかけていた。その物語の元になるアメリカ人ジョン・ルーサー・ロングの小説『蝶々夫人』はニューヨークで評判となり、それに目をつけたのがその頃名を上げていた劇作家デイヴィッド・ベラスコで、劇化を思い立ったこと。ベラスコはまさにストーリーを探していたのであった。その一幕の戯曲はニューヨークで大当たりとなり、続くロンドン公演でもロンドンっ子にも受けることになる。時は一九〇〇年代に入っていた。その評判を聞きつけたプッチーニはたまたま自作のオペラ『トスカ』の上演でロンドンに来ていたのだが、そこでこの芝居に遭遇した。これがプッチーニにとっては奇跡的な出合いとなった。プッチーニも又、自分にぴったりのストーリーを求めていたのである。彼はそれをロンドンのヨーク劇場で見つけたのであった。プッチーニの心は破裂した。感動の余り泣きながら楽屋のベラスコを訪れ、この戯曲のオペラ化を頼み込む。この演劇『蝶々夫人 日本の悲劇』はプッチーニを捉えて離さなかった。返事は一年以上待たされるが、プッチーニはひたすら待ち、その間、日本研究に勤しんだ。そうして一九〇四年、彼は満を持して初演に臨む。が、しかし、彼はオペラのミューズに意地悪され、大失敗を喫することとなった。しかしプッチーニは挫折しなかった。これは自分が探し求めたストーリーであるとの確信は揺るがなかったのである。そうでなければプッチーニのような本質的に熱い作曲家は仕事を続けられないのである。当たりを求める劇作家やオペラの作曲家は、自分が夢中になるものでしか勝負はしないものなのだ。浅利はプッチーニ研究で、それをいやというほど知らされた気がした。演出家も勿論、その例に漏れないが、ただ、本は自分が書いたものではなかった。そこが違った。本が面白くなくては演出家がいくら頑張ったところで知れている。演出家はスジ張り職人であると言ったのは浅利であった。かつて、演劇の魅力とは、感動とは何でしょうかの問いに対し、こう答えていた。

演劇の感動は「八割が戯曲の文学的要素」から生まれます。「俳優や演出などの魅力は残り二割」にしかすぎません。

浅利は『蝶々夫人』の初演が終わった直後から、次のオリジナルミュージカルを考えていた。プロデュースのすべて、台本から演出のすべてを自分独りの責任において、自分の歴史観世界観のもとで、日本人と日本国の名のもとにあらゆる国の国民に見せられる単なる娯楽でないもの。それはかなり漠然としてはいた。しかしながら『蝶々夫人』の感動で日本クルーの全員が感じたであろう日本人としてのアイデンティティと、その力に刺激されたことが原因になっていたことだけは明らかであった。浅利は考えていた。自分はオペラの演出で、イタリア人の観客を絶叫させた。オペラの鑑賞眼に関しては自他共に許す見巧者が、生まれ変わった『蝶々夫人』に熱狂したのを見たのである。浅利は改めてそれを確認した。俳優と演出家だけでは非凡なる舞台はならないのである。物語の筋が、人の心を打つように表現されているかどうかであり、それによって舞台の出来はおおむね決まってしまうのである。浅利は疾うに分かっていたことを確認したのだと思う。今までもミュージカルは多数つくってきた。一般向けのものもオリジナルのものはいい結果を残してきた。しかし、次のミュージカルは本そのものから自分が手をかけようと、いわゆる作家の魂が俄然大きく動きだしていた。その浅利の魂が『李香蘭私の半生』に狙いをつけたのだった。

「李香蘭」といえば知る人ぞ知る、中国大陸と日本を股にかけた謎の歌姫として戦前、戦中、戦後を駆け抜けた世界的女優だった。その数奇な運命を背負った李香蘭は中国人なのか、はたまた日本人なのかについて中国人も日本人も等しく好奇の眼を向けていたものだった。有名な歌がある。人口に膾炙《かいしゃ》したものは「支那の夜」「夜来香」「何日君再来」などで筆者も子どもの頃歌ったものだった。敗戦後、中国に捕らわれの身となった「李香蘭」は死刑以外は考えられない状況の中、日本人であることを証明できる一枚の戸籍によって漢奸（中国人の裏切り者）ではなく、日本人であると証明され無罪となる。これに対する中国国民の不満の声に説得に当たったのが周恩来首相だったというのである。周恩来首相は「何故こういう方策をとるか、いずれ分かる日が来る」そう説得したという。

『李香蘭 私の半生』を読んだ浅利は自分の勘と一九六七年以降一九七二年までの佐藤首相との得難い熱い交流を思い出していた。「李香蘭」を知っている年輩の人は勿論、戦争を知らない世代、若者たちにも、この李香蘭、今は本名の山口淑子の数奇な半生と日中戦争が深く結び付いていたことを知らせる必要があると。それにはミュージカルという手法がベストであろう。日本の正史になりにくいが、動かし難い歴史の真実の一コマとして。そういうこだわりのようなものがこのところ浅利の心を占めていた。日本が犯した中国をはじめアジア諸国にたいする戦争という歴史的犯罪に対するこだわりが、一種の直感にまでなっていることに浅利自身、少なからず驚いていた。『李香蘭 私の半生』が出版されると知ってそれは是非読まなければならないと感じたのは、おそらく佐藤首相の影響だったのである。

蒋介石総統と佐藤総理

佐藤首相になって外交的案件は着々と進んでいた。日韓基本条約調印他、日ソ航空協定、小笠原返還決定等日米共同声明発表、続いて沖縄返還協定調印もした。しかし佐藤首相が当時一番心を砕き悩んでいたのは日中国交回復をどのように軟着陸させるかであった。首相は二つの中国に悩んでいたのである。一九四九年に中国の内戦は中国共産党の勝利に終わった。中華民国の蒋介石総統は台湾に逃げていた。この年の十月一日、中国共産党の毛沢東主席は北京の天安門で、中華人民共和国（以後、中共と記す）の樹立を宣言した。しかし、この宣言にもかかわらず西側諸国は革命国家中華人民共和国に冷たかった。蒋介石政権の中華民国が公式に中国を代表していたからである。

日本はこのいわゆる中共と民間主導で一九五八年二月に日中鉄鋼協定、三月に本格的な第四次民間貿易協定を結んでいた。しかし、その僅か二ヶ月後、改めて日中の間を引き裂く大事件が起こったのである。この年、五月二日、長崎市の浜屋デパートで日中友好協会主催の「中国の切手、切り紙」などの展示会場に客に紛れて入ってきた怪しげな男が中共の五星紅旗を引きずり降ろした。男はすぐに逮捕されたが、日本側の対応は感心できるものではなかったようである。旗は破損していないし、中共は国が正式に認めていないのでその旗は保護の対象外だったというのである。日本の規則には抵触しない事件だと判断し長崎国旗事件として当時はそれで終わると考えていた。だが、これは大変な事件になっていった。国として正式に認められていない国の国旗は特に保護の対象になっていないということや、引き降ろされた五星紅旗が破損していなかったことから暴徒に対しては科料五百円の略式命令で終わりにした。それは中共のプライドを激しく傷つけることになり、日本の対応を不満とした中共は当時の岸政権まで批判する過剰反応をし、その報復として契約したばかりの民間貿易の協定を破棄した。それ以後、岸内閣は勿論、次の池田内閣退陣までの六年間は何一つ変わらなかった。その次を受けた佐藤首相は、なんとかこれを打開しなければ日本の将来に大きなマイナスになると考えていた。しかし事は単純にすすめられなかったのである。それは先にも述べたように台湾の中華民国、蔣介石総統が国際的にも中国を代表する政権として認められていたからである。

佐藤首相は人間として信義に篤い人であったが、個人の心情と国の運命を同一に論じられないことは理の当然であり、それ故にこそ悩みも深かったのである。このことは、方法を間違えると日本国民に巨大なツケを負わせることにもなりかねないことだったからである。それは、そう遠くない時期に中共が中国を代表する政権になるということであり、蔣介石もそれは考えているはずであったが、なんと言っても日本と日本人は蔣介石に大恩があった。

終戦直前、蔣介石政権は重慶から逸早く、対日戦争の処理は「以徳報怨＝徳を以て怨に報いる」の思想で臨むと放送したのである。そうして一九五一年のサンフランシスコ平和条約で日本を独立させることに米英と共に賛成し、日本に対する戦後賠償権を放棄すると明言したのである。蔣介石が独立に賛成しなければ拒否権を持つ五大国のうち米英だけの賛成では日本は独立できないことになったかも知れず、その後の冷戦構造の中でどのような運命になったか分からないのである。佐藤首相は首相になる前に、派閥の中の中国通議員に佐藤の意を伝え、いろいろと動いてもらっていた。が、ある時点で動きが止まっていた。佐藤も彼の言動をチェックする暇がないままになっていた。その間に中国では一九六六年から吹き荒れた毛主席の永久革命を旗印とする紅衛兵による文化大革命が起こり、佐藤もそんな世界の変化の中で政権についたので、気にはなりつつ、心ならずも先延ばしになっていた。そんな中、日本に都合の悪いことが生じていた。

佐藤首相のために動いていた議員の中国側の相手は、周恩来首相に近い温厚で生真面目で経済に詳しい南漢宸という人だったが、接触は不調に終わっていたのだ。というのも、佐藤首相と彼の意を体して動いていた議員との意思疎通を欠いている間に、中国側は佐藤が首相になったので新たな何らかの接触があると思っていたが、なかなかない。遂にしびれを切らし、佐藤内閣批判に変わっていた。それだけならばまだ救いはあったのだが、文化大革命の中でかの南漢宸が日本と接触していたことから売国奴と吊るし上げられ、三角帽を被せられて大衆の前で痛めつけられた。南漢宸はその屈辱に耐え切れず自殺したというのである。周首相は最も信頼する部下を見殺しにする以外に何もできなかった。結局、南漢宸が捕らえられたのは日本が裏切ったからであるとなり、日本への怒りと佐藤首相への不信感だけが残ったというのである。この情報をもたらしてくれたのは、浅利が佐藤首相にこの人ならばと紹介した白土吾夫によってであった。

浅利はその頃既に佐藤首相のブレーンの一人になっていた。五年以上もことばの教師をしながら、国内外の政治、経済、文化芸術について二人だけの時間を持ってきたのである。この時間は最も信頼できる相手として相互に尊敬していたのであったから。

佐藤首相は半信半疑で白土吾夫と会った。彼は文芸評論家中島健蔵が会長の日中文化交流協会の事務局長だった。浅利は指揮者小澤征爾のN響事件で小澤擁護の中枢で動いた時、中島健蔵にも協力を依頼した。その頃に知り合い、世話になった白土吾夫であった。彼は中島の使いでそれまでに北京を往復すること三十回以上という中国通で「当時中国が最も信頼する日本人の一人であり周首相、毛沢東主席にも何度か会っており、人間的にも極めて誠実かつ慎重な人で、もし中国首脳に何か語りかけるのならばこの人を介するのが最善」とは浅利の白土吾夫に対する人物評価だった。浅利は佐藤首相のやる気を話し、首相のため、日本のためにと口説き落とした。長崎の国旗事件以来の事態を改善しなければという点に関しても異存はなかった。

その結果、日中間の懸案について佐藤首相の意見を中国首脳に伝えるという条件で腰を上げていただいたと浅利は述懐している。白土吾夫によって佐藤首相の率直な胸中は周恩来首相に伝えられた。中国からも確かな反応があった。その中の一つが南漢宸の死の経緯であった。佐藤首相のその時の姿は忘れられないと浅利は書き残している。「深い憂いに沈みながら事情を語られた」と。

佐藤首相の南漢宸に対する心情は白土吾夫によって周首相に伝えられた。

「南漢宸さんの出来事は全く知らなかった。しかし、これには当方にも責任がある。当方の落ち度によって結果として南漢宸さんを悲運に落としてしまった。南漢宸さんには心から御悼み申し上げ、またお詫びもしたい」。短くまとめると以上のような内容になる。

この佐藤総理の率直なことばが北京に伝えられた時、周首相は「そうか、佐藤はそう言って南君に詫びたのか」と目を潤ませられたそうである。そう浅利は記している。

これ以降、日中間の対話はスムーズに運んでいった。

この交渉の場はすべて公邸内の佐藤さんのお部屋で行われた。外務省も官邸もこの件には全くタッチしていない。とはいえ、番記者たちの目をくぐって何回も中国側の人々を公邸に案内するのは気骨の折れる仕事だった。家庭教師以来の長い間のお手伝いが、彼らの目を逸《そ》らせてくれたのだろう。取り仕切って下さったのはすべて寛子夫人と、後に佐藤さんの後を継いで議席を持った佐藤信二さんであったと浅利は記している。

一九七一年十月二十九日に始まった白土吾夫を介しての中国との接触は半年後の七二年五月五日に終わる。この頃の日中間は社会党、公明党、民社党などの公党がそれぞれ日中国交三原則を中国側と合意するまでになっていた。内容は①中国を代表する唯一の合法政府は中華人民共和国政府、②台湾は中華人民共和国の不可分の一部、③日華平和条約は無効であり破棄されるべきの三点。中国側は佐藤総理にもこの承認を求めた。受け入れられれば北京へお招きする。ということは佐藤政権による日中国交回復の実現である。浅利は何としてもこの政治難題を佐藤総理の手で解決してもらいたかったと述懐している。白土吾夫の努力でもたらされたこの条件を、後に日本政府はすべて受け入れることになる。だが佐藤さんは中国側の要請をはっきり断られた。浅利はそう書き残している。

佐藤総理の述懐——浅利慶太の記憶

一九七二年五月五日夜、浅利は一人で静養中の鎌倉のお宅に佐藤総理を訪ねている。

佐藤さんは私にしみじみとした口調で語りかけられた。

浅利君、よく聞きなさい。昭和二十年我が国は戦争に敗れた。国土は荒廃し、日本人はこれからどうやって生きてゆけばよいか方途を失った。米軍の占領は六年続き、やがてサンフランシスコ条約によって日本は独立を回復した。蔣介石の政府はその時すでに台湾の台北にあったが、日本に対する賠償権を放棄してくれたことだ。あの戦争で最も大きな災いを蒙ったのは中国だと思う。もし賠償を台北の政府から求められたら相当大きな日本国民の負担になっただろう。おそらく日本の復興は遅れざるを得なかったと思う。蔣介石は終戦直前重慶からの放送で対日戦争の処理は「以徳報怨」の思想をもってのぞむと言った。今大陸の中国政府の求めている台北政府の否定は、国際的潮流となってゆくだろう。日本もその方向に行くかも知れない。蔣介石も覚悟はしていよう。しかし佐藤はそれをやってはならない。もしやれば蔣介石は私に代表される日本人を忘恩の徒と思うだろう。中国は今二つに分かれているが、いずれは一つにまとまる。その時蔣介石の怒りは大陸の人々にひきつがれてゆくことになる。

浅利君、私は近く退く。そして次の政権が北京と復交するとなれば、蔣介石も止むを得ないと思うだろう。

（『時の光の中で』）

六月十七日、佐藤総理は正式に退陣を表明した。そうして九月二十九日北京の人民大会堂で田中首相、大平外相、中国から周首相と姫外相が出席し中国側の希望に沿い日中共同声明が調印された。これに先立つ九月十七日自民党副総裁だった椎名悦三郎が特使として台湾を訪れ、調整を図ったのであった。

蔣介石総統と佐藤さんの間には通い合うものがあったと思う。公邸の居間には蔣さんの筆になる「以徳報怨」の大きな額が掲げられていた。この思想は元々老子のものだという。そして終戦時この考えをもって日本に対したのは蔣介石さんだけではない。浅利はこう述べている。『ミュージカル李香蘭』誕生の秘話はこれがクライマックスになるのであった。

テーマは「李香蘭」であり「以徳報怨」

浅利は『ミュージカル李香蘭』の取材のため旧満州の瀋陽市（旧奉天）の近くにある撫順戦犯管理所を訪れたことがある。ここには、日本軍の傀儡政権満州国皇帝溥儀や旧満州国の高官、日本軍の将官など多くの人々が収容されていた。終戦時突然越境侵入したソ連軍に連行された人々は悲惨な抑留生活を強いられ、刑死、病死、凍死で何万人もが死んだが、ここ撫順の四人は一定期間を経て釈放され、帰国を許された。不当と怒りの声を上げた中国人は多かったという。それを抑えたのが先にも述べたが、周恩来首相だったというのである。

浅利は個人的に人間佐藤総理に敬服し、佐藤総理も又浅利慶太をよき相談相手としたのである。それについては佐藤総理も浅利慶太も日本人と日本国を考える以外に何一つ付け加えるものはなかったであろうことは言うまでもない。歳の離れたよき友であったのである。この五、六年の間に浅利自身も個人的に悩み苦しんだことがあった。その時、佐藤総理は秘書を通じて浅利を見舞った。心から心配してくれたようであったと漏れ伺っている。総理を退かれた佐藤前首相は肩の荷を下ろし、晴れ晴れとした表情になっていた。長髪にしていた佐藤が多少照れながら「浅利君に是非長髪にした方がいいとすすめられたので」とニコニコ顔で話されている写真とコメントを見ながら、筆者は美しい友情に接したと思ったことを記憶している。

浅利は演出家として、舞台の元となる台本を自らの手で作りたくなっていた。それは様々に逡巡した挙げ句、昭和の暗部、満州国建国から太平洋戦争に至り、敗戦を招く日本人のアジア諸国に対する贖罪が日本国及び、日本人から正しく語られたことがないことであった。佐藤元総理は名を捨てて実を取ることに拘った。それは純粋に日本のため中国のためを考え抜いた結果であった。次の内閣に引き継いだ佐藤の胸中にあったものは、古代中国の老子のことばが行為となって現代に結実する、その力「以徳報怨」に強く、激しく打たれたからであった。その佐藤を見ていた浅利の目を引いたのが『李香蘭 私の半生』、山口淑子と時事通信の記者であった藤原作弥の共著だったのである。

山口淑子（李香蘭）が関東軍にその美貌と歌声を巧みに利用された半生をジャーナリストの目で補完したものであろうと咄嗟に浅利は納得した。この著書をまず読み、足で調べられるもの、調べられる限りの資料でこれをミュージカルにする。おそらくこういう暗い内容は台詞劇には向かない。意図だけが空回りして終わる。ミュージカルならば現在の客層はかなり自由に発想し理解できる力がある。俳優の演戯の面からも、戦争を知らない、学校教育でも触れられないままになってきた多くのことからまず教育するには、こちらがもたない。かつてはといっても戦後に語られたことだが、日本の役者は兵隊と農民は心配なく見ていられるといわれたものだ。現代ではこれが死語になってしまった。戦争は音と光と闇と歌と群舞で表現できるはずだ。浅利は『李香蘭 私の半生』を読み、旧満州、撫順の戦犯管理所、中国上海と取材し、膨大な資料に目を通した。それらの大部分は台本には出てこない。しかし、それらは歴史の事実と真実の重く広い大地となってこの『ミュージカル李香蘭』を支えることになる。上演台本には当時の世界の動向と、それ以前の清朝時代に欧米列強がジワリと食いこんでくる大きな歴史のうねりがあり、日本もそれにあおられるように中国大陸に引き寄せられて行く様子が推理されるように描かれている。そこには清朝の末裔、愛新覚羅溥儀兄弟を利用して満州国を建国するとの野望を持つ軍部の影があった。四方を固めるのは泣く子も黙る関東軍である。これが独走した。昭和天皇が好まぬ戦争を、面従腹背の軍部が敢えて戦線を拡大し日中戦争に突入する。浅利の選択――「以徳報怨」のテーマは正しかった。ミュージカル以外の方法では無理だったと。

ヒロインになる「李香蘭」は本名山口淑子。佐賀県出身の父山口文雄と福岡県出身の母石橋アイの間に奉天北煙台で生まれた。南満州鉄道で中国語を教えていた父は親中国的で、淑子が小学生の頃に家族で奉天に移住し、その頃父親の友人で家族ぐるみで交流のあった瀋陽銀行の頭取、李際春将軍の義理の娘分となり、「李香蘭（リー・シャンラン）」という中国名を得た。中国には親しい家との間にそういう風習があったのである。

李家の娘愛蓮は李香蘭を本当の妹のように可愛がった。愛蓮は後に恋人王玉林と共に抗日ゲリラとなり、玉林は日本軍に捕らえられ無惨な死を遂げる。又、父李将軍が漢奸として処刑されたと知っても愛蓮は李香蘭を本当の妹のように愛するのである。それは李香蘭が天真爛漫な性格で、日本を愛し中国を愛していることを愛蓮は疑わなかったからだった。

このミュージカルにはもう一人の主役と言っていい人物がいたのである。それは日本名川島芳子、清の皇帝溥儀からは分家筋の娘、愛新覚羅顕玗である。芳子の養父となる川島浪速は長野県松本市の出身で、東京外国語学校で中国語を学び陸軍の通訳として中国に従軍。日本軍の占領地域における警察機構の創設に手腕を発揮した。これが縁となって警察行政を管轄する粛親王善耆（皇帝の分家筋の末裔）と親しくしていた。当時粛親王は日本をモデルに立憲君主制による近代化を目指しており、清朝を守り、ロシアの南下を防ごうと考える川島の考えに共鳴していた。一九一一年に辛亥革命が勃発するや清朝内部は混乱し、皇帝溥儀は退位してしまう。しかし、粛親王が復辟《ふくへき》運動（一度退位した皇帝を再び皇帝にすること）のために日本政府との交渉人に川島浪速を指名し、彼の身分を補完する目的で娘顕玗を川島の養女とした。これが川島芳子、後に東洋のマタ・ハリと呼ばれた男装の麗人である。彼女は一九一五年（八歳）で来日し、日本で教育を受ける。豊島師範付属小学校卒業後は跡見女学校に進学し、川島の転居に伴い長野県松本市で松本高等女学校の聴講生となるが、実父の死で一時休学した後、中退する。一九二三年北京で愛新覚羅溥儀に接見。おそらく清朝は滅亡すると実感したのであろう。その翌年、彼女は十七歳でピストル自殺を企てるが未遂に終わる。その後断髪し男装する。芳子の美貌と行動に加え、清朝皇族ということから大勢の川島芳子ファンが押しかける騒ぎになったという。男装から二年後の一九二七年、芳子は関東軍参謀長斎藤恒の仲人で蒙古族の巴布扎布（パプチャップ）将軍の次男と結婚するが、三年で離婚。その後、上海駐在武官の田中隆吉少佐と交際する中で諜報活動に関わるようになったといわれている。

ちょうどこの頃、かの甘粕事件の甘粕正彦がフランスから帰国し、直ちに満洲に渡り南満州鉄道東亜経済調査局奉天主任となっている。また、奉天の関東軍特務機関長土肥原賢二大佐の指揮下で情報、謀略工作を行うようになるなど、本格的に満洲国建国への工作に参画することになる。

甘粕事件とは、憲兵大尉甘粕正彦が一九二三年九月一日に起きた関東大震災の混乱に乗じてアナキスト大杉栄、伊藤野枝を、何ごとかを画策しているとの疑いから、九月十六日に逮捕、憲兵隊本部に連行、厳しい取り調べの後で殺害した事件である。逮捕時、大杉栄の甥橘宗一(六歳)がいたので、その子も共に連行し、これも殺害した。遺体は処置に困り本部の裏庭の古井戸に捨て、上から馬糞やゴミを投げ込んで隠していたが、取り調べで甘粕の部下が白状したのであろう。

この事件は上官の命令だったという甘粕の部下の証言があったようだが、結局は甘粕の単独行動ということでウヤムヤに終わった。特に六歳の子どもまで殺害していることでやや紛糾した。甘粕は一度は否定し菰《こも》包みを見て察した旨の証言をしたが、後に部下が甘粕の命令だったと述べたことを問われると、部下がそう言っているのであればそうなのでしょう。私は軍人です、と責任を認めた。細部を詰めることなく軍法会議は甘粕に懲役十年として結審した。

しかし、その甘粕は三年で仮出獄し、予備役となってその翌年七月には陸軍の予算でフランス留学をする。三年ほど経った一九三〇年突然甘粕はフランスから帰国するとそのまま満州に渡り、南満州鉄道東亜経済調査局奉天主任となり、前述の通り奉天の関東軍特務機関長土肥原賢二大佐の指揮下に入り情報、謀略工作に従事することになる。また右翼の思想家大川周明を通じて後に満洲事変の切っ掛けとなる柳条湖事件や満州国建国に重要な役割を果たす右翼団体大雄峯会に入り、メンバーを配下として甘粕機関という民間の特務機関を設立する。他方、満州経済の支柱でもあったアヘンに関わり、日本の生命線たる満蒙を絶対に死守するためにも、満州国建国とその発展を支えるための非合法活動の資金としたようである。関東軍そのものが、南満州鉄道などとグルになってアヘンの取引を大幅に増やしたといわれているが、どの証拠が正しいのか皆目見当がつかない。ただ、満州、中国国内のアヘンをめぐって英、米、仏、ユダヤ、ロシア、満州、中国の軍閥、そして遅れて参入した日本が関東軍と手を結んだ大手商事会社と武力と諜報活動によって、その取引高はトップに躍り出たといわれており、その莫大な利益は戦後の日本の政治活動にも使われたともいわれてきた。佐藤前首相もその辺のことは知っていたはずである。

甘粕はまた、関東軍の命令により、一九二四年のクーデターにより一九二五年以降天津に幽閉されていた宣統帝溥儀を天津から湯崗子まで、様々に策略をめぐらし脱出させることに成功した。その時川島芳子は溥儀の皇后（婉容）の救出を関東軍に依頼され、天津から旅順へ護送する任務に携わっている。だが、謀略は相互に何の関わりもなく行われるはずで、この件では互いに会うこともなかったように思われる。

芳子は後に国民党行政院長だった孫科（孫文の長男）から国民党の内部情報を入手する。孫科はこの件の責任を取らされ失脚したという。この不思議な存在である川島芳子は一九三七年七月に天津が日本軍に占領されると、そこで料亭「東興楼」を経営し女将になる。この時代に知人の紹介で「李香蘭」と知り合い、妹のように可愛がったというのである。境遇が似ていたからか、一回り以上年の離れた美しい少女に惹かれるものがあったのか、よく分からないが、満州人や中国人が「李香蘭」を中国人と信じていた頃、芳子は李香蘭をヨッちゃんと呼んでいたというのである。本名の淑子を知っていたからであり、李香蘭は芳子をお兄ちゃんと呼び合う親しい間柄になったといわれている。

この川島芳子が浅利の台本でも重要なキーパーソンとして登場し、新生満州帝国建国や五族協和等は、みな関東軍の謀略であり、妄言であることを既に知悉《ちしつ》していたのである。

芳子は身分を利用し、ある時は自由気儘に、またある時は自暴自棄に生き、その結果、時と共に複雑になってゆく満州国、中華民国、日本（関東軍）、そしてこの広大な大清朝のたがの外れた混乱の中を、時には命を賭け、時には恋に身を任せての冒険三昧を繰り返していくことになる。彼女の目立つ動きは満州人、中国人、中華民国、中国共産党、そして関東軍に常に見張られていたに違いない。そんな中でも満州と関東軍、中国内の動きを伝えながら、気になる少女李香蘭の運命がこの大陸の情勢に翻弄されてゆくのを見守っていたのである。それは李香蘭を思い、李香蘭の罪なき罪を庇い、軽減しようと気遣う薄幸な男装の麗人川島芳子の本心を見せていたのかもしれない。

満州国建国後の甘粕は民政部警務司長（日本の警察庁長官に相当）に抜擢され、突然表舞台に登場することになる。遂にそれは経済使節団の満州国代表団副団長として公式に訪欧し、イタリアではムッソリーニとも会談するなど政治、経済の表裏に隠然たる力を発揮することになり、結果として新生満州を支えたのである。あっという間にこうなって見れば、これは陸軍の、例えば甘粕のかつての上官であった東條英機の差し金だったのかもしれない。知謀に長けた甘粕を軍人としては第一級と東條は見ていた節があるからだ。甘粕は後に満州映画協会の理事長になり、李香蘭と関わることになる。浅利台本には甘粕は姿を現さないが、彼の息のかかった若い将校たち、そして参謀も次々と登場し、関東軍の本音を撒き散らす。

前後するが、ここに満州の軍閥、張作霖の爆殺を指揮したとされる河本大作陸軍大佐の一九二八年六月四日の事件に至る回想文がある。一九五四年十二月号「文藝春秋」（初出）に掲載されたもので、河本の死の十ヶ月ほど前に発表されたことになる。この事件に関しては、ソ連特務機関犯行説もあるところから、河本は自らが首謀者として実行したものであることを改めて明らかにすべきと考えたのであろう。具体的な列車爆破の実行は一人ではできない。複数の兵他南満州鉄道の関係者もからんでいるのである。謎は残るとしても、ソ連特務機関の犯行を後に関東軍がやったと強弁する必要があったとは考えにくい。その逆はあってもである。

河本はこう述べている。

轟然たる爆音とともに、黒煙は二百米も空へ舞い上がった。張作霖の骨も、この空に舞い上がったかと思えたが、この凄まじい黒煙と爆音には我ながら驚き、ヒヤヒヤした。……ただ万一、この爆破をこちらの計画と知って、兵でも差し向けて来た場合は、我が兵力に依らず、これを防ぐために、荒木五郎の組織している、奉天軍中の「模範隊」を荒木が指揮してこれにあたることとし、城内を固めさせ、関東軍司令部のあった東拓前の中央広場は軍の主力が警備していた。……

喪は発しないで、人心を鎮めるために、張作霖は重傷だが、生命に別状なしと発表して、城内は異常な沈黙のうちにあった。そしてその当座、昨日に変わって、たとえ一時ではあったが、さしもの排日行為も熄んでしまったのは笑止であった。

この事件は当初日本の新聞では蔣介石の中国国民党軍のスパイの犯行の可能性も指摘され満

州某重大事件と呼称されていたが、その後の調査で関東軍高級参謀の河本が立案し、現場警備を担当していた独立守備隊の東宮鉄男大尉及び朝鮮軍から分遣されていた桐原貞寿（後に藤井貞寿）工兵中尉らを使用して実行したと判明した。

河本の遺骨は、一九五五年十二月十八日に舞鶴港に到着した第十二次中共帰国船「興安丸」で他の抑留者、他の遺骨と共に戻ってきた。葬儀は翌年一月三十一日に青山斎場で行われた。この時旧陸軍関係者や満州国の関係者が大勢参列した。弔問は友人代表の大川周明であった。

河本君は心身ともに不思議なほど柔軟にして強靭。屈伸自在で而も決して折れたりしない。きわめて小心にして甚だ大胆、細密に思慮し、周到に用意し、平然と断行する。

（『昭和陸軍の研究』保阪正康著、朝日新聞社）

と評した。

浅利の『ミュージカル李香蘭』では、関東軍の謀略と軍事力を駆使して南満州鉄道を守り、満洲全土に睨みを利かせようとするがゲリラに絶えず悩ませられる。やがて関東軍の忍耐が切れる。無差別な虐殺が突然起こるのである。撫順炭鉱をゲリラが襲い、日本人が数名殺される。ゲリラは守備隊の追撃で平頂山の村に逃げ込む。守備隊は村民全員を戸外に整列させゲリラの行方を訊きだそうとするが反応はない。怒り狂った守備隊は見せしめとして機銃六丁による一斉射撃で、村民三千余名を殺害し穴を掘って埋める。その現場は、遺体八百人分の骨を掘り出しその上に屋根をかけ、日本軍の残虐の証拠として保存されているという。浅利は取材でそれを見てしまったのである。現在の中国人にとってそれ以上に強烈な排日の根拠はない。まさにそれは五族協和、新生満州帝国の理想の実体がまやかしであったことを暴露した。関東軍の余りの傍若無人ぶりに呆れ果てるのは満洲人、中国人ばかりではない。日本政府を信じ、日本軍を信じ五族協和の理想の実現に努力してきた日本人も絶望の淵に落とされたのである。

美辞麗句で飾られた新生満州帝国は偽りで固めた関東軍のオモチャだったのである。青年の反発、満洲人、中国人の激しい反発に関東軍は懐柔策を考える。その一つが「映画」であり、表に出せないサービスはアヘンなどの麻薬だった。表向き厳しく取り締まりながら、その陰で開放していたのである。満洲国と満鉄が出資してつくった国策映画会社・満洲映画協会（満映）から中国人の専属映画女優「李香蘭（リー・シャンラン）」をデビューさせる。美少女の香蘭のすばらしい主題歌。それは大ヒットとなる。流暢な北京語と美貌によって満洲でも日本でも一躍ブームを惹き起こした。これは関東軍のヒットとなった。そして知らずに騙され続けたのは李香蘭だったのだ。映画は満洲、中国ばかりではなく、朝鮮でも台湾でも「リー・シャンラン」は大モテだった。最も喜んだのは関東軍だった。

調子にのった日本は遂に中国本土にまで進出したとのリットン調査団の報告に国際連盟は日本に対し「満州撤退勧告」を決議。日本のみ反対、四十二対一、日本は国際連盟を脱退する。

その頃、日本国内の疲弊は頂点に達していた。軍は満蒙開拓団の大型移民をと叫び、政治家は軍の無茶な動きに反対する。それに対する血気に逸る青年将校はクーデターを起こす。

一九三二年五月十五日、五・一五事件。

一九三六年二月二十六日、二・二六事件。

こうして軍部の力が異常に強くなり、議会はあれど機能せずとなる。日本はドイツ、イタリアと三国軍事同盟を結び、世界を相手に戦争を遂行するための軍人主導の国家になっていったのである。

李香蘭の父、山口文雄は理想に燃えて中国語を学び、これをもって日本と満蒙、中国のいわゆる五族協和を心から信じ、中国語を教えながらその理想を広めていた。しかし、祖国日本も軍も、それを方便としていただけだったことを知ることとなる。娘淑子はそのことを知っているのか。絶望の中で、山口夫妻は娘の行く末を案じ、李将軍には会わす顔がないと苦悩する。日本軍は次々と中国の主要都市を陥落させつつ快進撃を続けていた。だが、やがていわゆるA

ＢＣＤ包囲網によって石油が止まる。石油維持のための作戦、戦線の拡大南下が避けられなくなってきた。その中で李香蘭はお国のため、満洲、中国のためと必死に映画に舞台に精を出していた。後にこの努力が漢奸として最悪の刑罰を科せられることになるのである。

この作品は、そこから始まる。漢奸として逮捕された李香蘭、川島芳子、香蘭の名付け親、李将軍もいる。

群衆の殺せ殺せの怒号の中、舞台は上海の軍事法廷に移る。軍事裁判の罪状認否が始まる中、場面は過去に遡る。

時局は太平洋戦争へまっしぐらであった。

真珠湾攻撃の臨時ニュース。

浅利の台本はこれら大陸に渦巻く理想と謀略と暴力と悲劇を描いて一幕を終わる。

米英との戦いの中で

一九四一年十二月八日日本軍マレー上陸。ハワイ真珠湾奇襲攻撃、対米英宣戦布告。

十二月十日マレー沖海戦、グアム島占領。フィリピン上陸。
一九四二年一月マニラ占領。
二月、シンガポール占領。

日本の鬱屈したストレスを一掃するかのようなハワイ真珠湾奇襲攻撃の大戦果に、国民の心は限りなく晴れ上がっていた。海の男たちの歌とダンスで幕が上がる。

一九四二年二月十一日。紀元節（建国記念日）のこの日、李香蘭のリサイタルが東京の日本劇場で開かれた。開場を待つ観客の列は開場前、既に日劇を七回り半。この群衆が、「李香蘭！　李香蘭！」と叫ぶ。日本国民は李香蘭を満州人とも中国人とも思っていたであろうが、日本人と知っている者はほんの関係者ひと握りに過ぎなかった。この日劇の大騒動に登場するのは、丸ノ内警察署長。彼は李香蘭を見ようと集まった群衆に向かって居丈高な態度で説教を始める。たかが満洲娘一人に何たる破廉恥、何たる心得違い、許し難いこの騒ぎ。この非常時、何事か！　今日は紀元節、建国の日だ。非国民ども、私が誰か知っておるか。我こそは丸ノ内警察署長だ（当時はこういう手合いがあちこちに顔を出していたものだった）。
これは浅利がこよなく愛したジャン・ジロドゥの手法、コミック・レリーフである。

日劇の幕が大歓声に応えるように上がる。「李香蘭！　李香蘭！　李香蘭！」の歓声に迎えられ、華やかに、あでやかに李香蘭は歌う。「何日君再来」「蘇州夜曲」「夜来香」。

香蘭の歌に合わせてダンスが華麗である。その踊り子たちの退場に代わって抗日ゲリラ、愛蓮たちが戦う場面に変わる。

歓声から歌声にかわる中で、場面は満洲北部、ハルビン北方を流れる松花江付近の戦闘場面に。

愛蓮「松花江のほとり」を歌う。愛する玉林と共に抗日ゲリラに身を投じ、負傷者の看護をしながら銃をとる愛蓮。やがて負傷者共々ゲリラたちは静かに「松花江のほとり」を合唱する。望郷の想いを歌い、いつの日か故郷の父母のもとへ帰る日の早からんことを希う、祈りの歌である。

曲の終わりで、負傷者息絶える。

東京。李香蘭のホテルの部屋。ドアがノックされ、杉本が現れる。杉本は満映の社員で香蘭の父山口文雄の中国語の生徒であった。彼は山口を慕い、五族協和の信奉者でもあった。香蘭はそんな杉本を兄のように思っていた。杉本は満映の理事長甘粕が満洲人と日本人の差別をしないやり方を尊敬していた。しかし甘粕は杉本の満州人に対する扱いを本当は嫌っていたのである。甘粕は杉本を東京に転出させる。それを待っていたかのように赤紙が舞い込む。杉本はこの夜李香蘭を訪ねて、永遠の別れを告げに来たのであった。

香蘭は杉本から思いもよらないことを聞くことになる。それは、太平洋戦争の戦況が、実は大本営の発表とは逆で、かなり状況は悪いこと。杉本の入る連隊は南方へ向かうことになるらしいことなどであった。香蘭は、ここに至って自分がどんなに杉本を愛していたかに気付くことになる。香蘭は、ただ一所懸命に満洲と日本、日本と中国のためになることしか願っていなかった。そのためだけに映画に舞台に誠心誠意、尽くしてきた。でもそれは何の役にも立っていなかったのだとしたら……。私の願いは絵に描いたような子どもの夢だったのだろうか。学徒動員の学生たちも若い将校や兵たちも、未来に自分たちの理想が、栄光が訪れることを信じて南方への船上の人となっていく。私は何も知らなかった。愛する人を失いかけている今になってやっと何かが分かってきた。

李香蘭と杉本は尽きせぬ想いを断ち、

ほとんど絶望的な再会を願いつつ

運命に身をゆだねることしかできない
生きて生きて生きて再び

一九四一年十二月八日の真珠湾奇襲の成功から僅か半年後に、日本軍は敗戦への坂を転がることになる、余りに痛い敗北を喫した。

一九四二年六月五日から七日にかけて太平洋戦争の帰趨《きすう》を決めるミッドウェー海戦があった。ミッドウェー島攻略を目指す日本海軍機動部隊とアメリカ海軍機動部隊の死闘が繰り広げられた。この海戦で、日本は壊滅的な打撃を受けることとなった。

連合艦隊司令長官山本五十六大将は、対アメリカ戦の基本方針として、積極攻撃作戦を考えていた。アメリカの国力と日本のそれとではまるで比べものにならないことが分かっていたからである。物量で劣勢の日本が敵を待って迎え撃つなどは論外と考え、敵の弱点を叩く短期決戦以外に勝機はないというのが山本長官の開戦当初からの持論であった。しかし、ミッドウェーでは、この作戦の前提となる情報戦で、逆に日本はアメリカに弱点を晒《さら》してしまったのである。情報が漏れていては作戦は作戦でなくなる。この海戦は、完全にアメリカの勝利に終わってしまう。

この作戦は既に予定されてはいたが、急遽急ぐことになったのである。その原因となったのはこの海戦の僅か四十日ほど前の四月十八日に起きた、日本海軍にとってあり得ない事件のせいであった。アメリカの空母ホーネットが、ミッドウェー島で空母エンタープライズと合流し、日本に向けて発進した。ホーネットは日本本土に接近し、十六機のB25ミッチェル双発爆撃機隊で東京、名古屋、大阪などを十二時間にわたって爆撃した。機はその後中国大陸に脱出後、不時着、放棄された。これは、機がホーネットに帰還すれば、日本の機動部隊の餌食になりかねないからである。エンタープライズの支援戦闘機がいても、損害はB25十六機だけにとどまらない。それによって万一日本軍に空母のホーネット、エンタープライズが発見されれば莫大な損害になる。双発爆撃機は初めから放棄することにしていたのである。

これに驚いた日本の軍部は、たとえ、爆撃による被害は軽微ではあっても、国民の精神的動揺・不安は作戦上大問題であると考えた。アメリカの中継基地、ミッドウェー島を攻略し、二度とアメリカに空襲などはさせないための大作戦がこのミッドウェー海戦だったのである。

しかし、その作戦までの時間が少なく、あらゆる面でしっかりした準備が整わないままに見切り発進したのは、ハワイ真珠湾攻撃以来の勝ち戦でアメリカを甘く見た結果でもあった。海軍はこの海戦の内容をひた隠しに隠し、陸軍大臣にすら全容を知らせなかったというのである。

アメリカの損失

（沈没）
●航空母艦一、駆逐艦一
　航空機、ミッドウェー基地隊を含む約百五十機
（戦死者）
●三百七名（パイロット百七十二名）

日本側の損害
（沈没）
●航空母艦四、重巡洋艦一
（大破）
●重巡洋艦一
（中破）
●駆逐艦一
●搭載機約二百九十機のすべて（但し、パイロットの損失は少なかった）
（戦死者）
●三千五十七名（パイロット百十名）

この海戦に関する大本営発表は次の通り。

敵空母ホーネット、エンタープライズを撃沈。敵飛行機百二十機を撃墜。

味方の損害は空母一隻、重巡洋艦一隻沈没。空母一隻大破、未帰還機三十五機。

『ミュージカル李香蘭』の台本には、ミッドウェー海戦はない。テーマは「李香蘭」であり、「以徳報怨」である。満蒙、中国での日本の軍事的責任が中心課題だからである。従って敗戦までの五年間の戦争を問題視しすぎると『李香蘭』のテーマから離れてしまうからである。しかし、中華民国の総統蔣介石が終戦時、重慶にあって「以徳報怨」の心で終戦処理に臨むと言い、一九五一年のサンフランシスコ平和条約において、米英と共に平和条約に賛同したお陰で日本は独立することができたのである。そしてその翌年の日華平和条約に際し、中華民国政府は、日本に対する賠償を放棄してくれたのである。ある意味で、蔣介石の行為は、徹底的に叩かれた敗戦国日本に対して心からなる反省を促すものである。同時に戦勝国の米英ソの大国に対する、一人の人間として、又、中国という歴史的超大国の当時の指導者としての矜持をことばと行為によって全世界に示したことの意味は、ただ一つ、戦争をしてはならないということではなかったか。浅利は、佐藤元首相よりこの老子のことば「以徳報怨」をそのように受け止めたと筆者は台本『ミュージカル李香蘭』を読みながらそう思わずにはいられなかった。

浅利は少年時代、空襲を避けて軽井沢へ疎開していた。そこでいじめにも遭った。家は焼け、思いもよらない生活を送ることになったのである。高校生になり、演劇で何かに目覚めた時、彼が憧れた劇作家加藤道夫は南方戦線で英語の通訳として前線にいたが生き残り、マラリアに冒され栄養失調で死に瀕しながら、国に遺してきた自作の戯曲『なよたけ』を想いながらやっと命をつないできた。

浅利が感化された演劇の師はそういう経歴を持ち、戦争の後遺症に悩まされ続けながら、次代の浅利たちに、フランスの演劇を、演劇の正統性について、アヌイ、ジロドゥの世界に目を向けさせ、中でもジロドゥの天才を弟子たちの心に焼き付けた。だが、戦場で心身に刻み込まれた宿痾《しゅくあ》がもとで加藤は自裁する。加藤道夫の親友で浅利にとっては同じ慶應の先輩である文学座の芥川比呂志にも何かと演劇上の相談に乗ってもらったが、芥川も又戦争の犠牲者で、長く苦しみ、『ハムレット』その他で名優との評価を受けながら入退院を繰り返し惜しまれて亡くなった。

浅利ら十名の学生が、劇団四季を創立し、ジャン・アヌイ、ジャン・ジロドゥを専門に上演し続けた理由の一つに、何故人間は下らぬ理由で戦争をするのかという根源的な疑問と怒りがあった。戦うなら、むしろそういう理不尽、不条理と戦おうと、惰性と先例に従い妥協する社会に抵抗した。アヌイの純潔はそこからきていた。ジロドゥの汎神論的思考の中に反戦思想が確実にあった。『ジークフリート』や『トロイ戦争は起らないだろう』にはその思いが明らかにある。浅利はこの両作品を二十代から繰り返し演出してきた。戦争と手を切ることのできない人間の人種差別や、それ故の憎悪、宗教的抗争から生まれる憎悪の不思議。人間は争いたくないにもかかわらず争うのか、争わずにはいられないから争うのか。そういうことの長年にわたるささやかな疑念の一つの答えが、中国文明の「以徳報怨」であった。老子のことばというこれは、中国春秋時代、戦乱に明け暮れる中でささやかな平和のための努力目標だったのかもしれない。古代ギリシャの西洋哲学の時代に東洋にも孔子、老子のような哲学者がいたことを改めて考え直さなくてはならない。浅利はそう思ったに違いない。これを正統に理解することは少なくとも孔子、老子以来中国二千五百年の過酷な大陸の歴史を生き延びた人々を知ることになる。その末裔である十数億の民もまた、平和を希求し続けているのである。

『ミュージカル李香蘭』では、日本が太平洋戦争に国民総動員で対しているとき、抗日ゲリラの若者たちが死んでいく満蒙の荒野を描き出した。そして、香蘭は杉本との別れで自分が何も知らずに、ひたすらスポットライトを浴びている最中に、南方の島々で飢えとマラリアに倒れていく兵士たちがいることを知った。太平洋戦争は実は初戦だけの連続勝利で、今は負け続きらしいと知るが、半信半疑であった。

ミッドウェー海戦（一九四二年六月五日）後の戦い

以後日本軍全敗

ソロモン海戦（一九四二年八～十二月）

ガダルカナル島戦（一九四二～四三年二月）

アッツ島玉砕（一九四三年五月二十九日）

インパール作戦（一九四四年三～七月）

マリアナ沖海戦（一九四四年六月十九～二十日）

サイパン島陥落（一九四四年七月七日）

レイテ沖海戦（一九四四年十月二十三～二十五日）

本土空襲（マリアナ諸島より）（一九四四年十一月二十四日）

東京大空襲（一九四五年三月九～十日）

沖縄本島に米軍上陸（一九四五年四月一日）

沖縄の日本軍守備隊全滅（一九四五年六月二十三日）

●広島原爆投下（一九四五年八月六日）
●長崎原爆投下（一九四五年八月九日）

この間、香蘭は満洲にあった。ステージを終えた彼女が引きあげてくると、そこに李愛蓮が待っていた。人目をはばかる愛蓮をファンの一人と思って花束を受け取った香蘭は、その顔を見て驚愕する。

十年ぶりの二人は旧交を温めながら手短に互いの状況を伝え合う。愛蓮は恋人玉林と一緒に畑を耕したり武器をとったりしているといい、香蘭は杉本のことを話す。今頃は多分南方戦線だろうと思うと。満映の東京事務所から召集令状までの話と、あっという間の辛く哀しい別れを話す。愛蓮は、南方戦線の戦果発表を香蘭がまだ信じているような口ぶりに、新聞に書いてあることは嘘ばかりと言い、今日は仲間に内緒であなたを助けに来たのだと言う。どうしてそんなことをと問う香蘭に、愛蓮は、とにかく一刻も早く日本に帰って、逃げて、早く逃げなければ逮捕される。戦争が間もなく終わるの、日本が負けたのよ。アメリカが原子爆弾を広島と長崎に落としたの。一瞬にして何万人もの人命を奪う恐ろしい悪魔の爆弾だったそうよ。まさか。ソ連軍が中立条約を破って満州に入ってきた。それで私驚いてと語る愛蓮に、香蘭は、でも関東軍がいるでしょうと言う。

関東軍は既に満州から朝鮮に撤退していた。日本は無条件降伏をし、もう戦いは終わったのである。

それじゃ、満蒙開拓団の方々はと問う香蘭に、ひどい目に遭い、皆殺しと答える愛蓮。

一幕初めの法廷の場

上海の軍事法廷。群衆の殺せ殺せの大合唱に囲まれた法廷に川島芳子が連行されてくる。検察官の中国将校が芳子に何か言い残すことはないかと尋ねる。川島芳子、清朝の皇族愛新覚羅顕玗は吐き出すように「バカげた運命、淑子ちゃん、お先に」。

川島芳子の銃殺刑で群衆は勢いづき、李香蘭を殺せ、憎い日本軍に祖国を売った李香蘭売国奴を殺せ、裁け、殺せ、漢奸、満映女優を殺せ、と火に油を注いだような激しさである。

上海の軍事法廷

中華民国（国民党）の軍人（裁判官、検察官、弁護官、記録管）に囲まれる李香蘭。証人、傍聴人多数。場外の群衆の怒りの声、法廷内の傍聴人も口々に死刑を叫ぶ。殺せ、裁け、漢奸。李香蘭、李香蘭、李香蘭。

香蘭は憎しみの圧力に耐えられず、自分の本当の気持ち、自分が生まれ育った中国を、大好きな中国を裏切るわけはない。物心ついてから今日まで一度も中国を傷つけようなどと思ったことはないと陳述する。それに対し検察官は、お前は中国を愛していると言うが、本当のお前が愛しているのは日本ではなかったのか。香蘭は答える。はい、私は日本を愛しています。結果はこんなことになってしまいましたが、私の願いは心から日本と中国、満州が仲良く暮らせるようになればいいと。今まで本当のことを言わないできましたが、私は日本人です。中国人ではありません。日本人なのです。

法廷内は一様に驚きの声と怒号に。

ここで弁護官が起立し発言する。裁判長殿、被告李香蘭の申し立てていることは事実です。李香蘭は日本人です。その証人と証拠もあります（北京の山口家から届けられた日本の戸籍謄本を示す）。これによれば、被告は、日本の九州にある佐賀県に本籍を持つ日本人でありま す

（着席する）。

法廷内騒然となる。

裁判長は法廷内の不満を制して、香蘭に尋ねる。あなたの名前は李香蘭、そうですね。香蘭はその通りですと答える。私のもう一つの名は李香蘭。生まれは奉天省奉天市近く。一九二〇年、二月十二日。日本人、山口文雄とアイの間に生まれ、現在二十六歳で、私の日本名は山口淑子です。

証人の愛蓮が立つ。

愛蓮は証人として名乗る。私の名は李愛蓮、そこにいる李香蘭は山口家の一人娘でしたが、山口家と私の李家が非常に親しくしておりましたので私の父李際春の希望で私の義理の妹でもあるように李香蘭と名付け、両家の末永い交流の絆としたものです。嘘ではありません。香蘭は間違いなく日本人です。そう証言する。

それに対し検察官は執拗に、李香蘭が日本人であるからどうだと言うのだ。そんなことより日本軍に殺された者がどれだけいるのかを思うべきではないか。愛蓮、お前だってそうではないか。お前の許婚玉林は、勇敢に戦って傷つき、日本軍に捕えられて虐殺された。死体は無残に晒しものにされたのだぞ。愛蓮、お前が今ここで、日本人を弁護する姿を見たら、彼、玉林は何と思うだろう。

愛蓮は言う。あの人はいつもこう言っていた。自分が抵抗するのは、日本人の目を覚まさせるためだけで、決して日本を滅ぼすためではないと。

香蘭は愛蓮の話を聞いて、愛蓮に謝る。私は何も知らなかった。愛蓮許して、私を許して。

検察官はなおも追及の手を緩めない。この女が日本人であればこそ、中国と中国人に対して犯した罪は許せない。裁判長、本官はこの女を銃殺刑に処するよう求刑し、最終論告といたします。

裁判長は香蘭に何か言いたいことはないかと尋ねる。あるなら申し述べるようにと。

李香蘭は静かに話しだす。

中国に生まれた私の祖国は中国。両親は日本人なので私は中国で生まれても日本人。私は何の苦労もなく父母の愛と隣人の中国人の方々の愛情を受けて自由に伸び伸びと育ちました。しかし、今こうして私の罪は中国を愛したことだと言われ、何故中国を愛してはいけないのか胸が詰まる想いです。私には父母と祖父母の国日本があり、もう一つ私を育んでくれた奉天と北京がある。二つの祖国を持ってしまった私に罪があるなら罪に服します。でも、私を育んだ大地よ、あなたに聞く。あなたに育てられた私がどのような罪を犯したというのでしょうか。

愛蓮泣く。香蘭、憎しみも悲しみもいつの日か消える。あなたの罪は中国と日本、二つの祖国を愛したことなの。

この私、香蘭に罪があるのなら　裁いてください、明日があるかどうか分からないけれど、道に迷った私を　自分の道を見失った私を　知らぬままに生きてきた私を。

傍聴席の中国市民たちの声もいつしか低い声で、この悲しみ、この憎しみは永久に忘れることはないと。

裁判長が口を開く。戦争は終わり、我らは勝利を得た。敵は残虐の限りをつくし、憎しみを残したが、敵は一握りの日本の軍閥、許しを乞うこの日本の娘に罪はない。許そうこの娘を。憎しみに憎しみで返すなら、争いは未来永劫続くであろう。

裁判長改まって

判決を言い渡す。当上海軍事裁判所は、被告李香蘭を無罪とする。李香蘭は日本人である。日本国籍を証明されたこの娘を漢奸に問うことはできない。しかし、被告、貴女にも道義上の責任はある。それは、中国人を装い、『支那の夜』のような映画に出演し、中国人を侮辱したことだ。当法廷はこれを遺憾なことだと考える。

裁判長　この不幸な出来事が
　　　　後の世のための教えとなるように
　　　　憎しみをすてて　考えよう

徳を以て　怨みに報いよう

法廷内の一同　徳を以て　怨みに報いよう
裁判長・弁護官・愛蓮　争いは未来永劫続くだろう……その連鎖を断つために……

裁判長他法廷の係官・中国市民が全員合唱する。

徳を以て　怨みに報いよう
徳を以て　怨みに報いよう
徳を以て　怨みに報いよう

あらたな世界を暗示する光の中で香蘭と愛蓮、しっかり抱き合う。
合唱、高まるうちに——幕。

浅利の晩年は、『李香蘭』『異国の丘』『南十字星』と続く創作ミュージカル三部作の完成に傾注した。戦争と祖国愛の相克のドラマは、師の加藤道夫の志を継ぐものだった。

浅利慶太の引力

四季株式会社 代表取締役社長 吉田 智誉樹

劇団四季は今年で創立六十七周年。新劇団としては後発だが、それでも十分に長い歳月を歩んでいる。そして一度でも四季に参加した経験がある者にとっては、いつまでも青春の「地点」である。多くの若者たちが、その門戸を叩き、激流に棹差して耐え、時に我を失い、稀にミューズに微笑まれて歓喜し、ある者は去り、ある者は残る。その儼乎《げんこ》たる中心は、言うまでもなく浅利慶太である。彼の引力の強大さは、近付いたものでなければ分からない。疾風の如き浅利の引力圏内で過ごす怒涛の日々。忘れることの出来ない、青春の「地点」たる所以である。

今、四季に所属している劇団員は千三百人を超える。また日本の演劇界には、劇団四季退団者を指す「モトシキ」なる言葉があり、そう呼ばれる（或いは自称する）人たちも数多く存在している。浅利の引力に巻き込まれた経験を持つ人達は、恐らく万を数えるのではないか。だから劇団四季の六十七年間は、様々な人たちの青春の「地点」の集合体である。それは時代や状況によって色合いが変わるものの、今でも綾なす綴織のように燦然と輝いている。

著者の梅津齊さんの「地点」は、一九六〇～七〇年代だろうか。一九五三年の創立から約十年。浅利が四季を職業的な劇団として自立させると同時に、日生劇場の開場に心血を注いでいた頃だ。新進気鋭の若き演出家が、無二の名声を得る端緒を開いた伝説の時代である。一方で私の「地点」は一九八七年から現在まで。四季の名を広く世に知らしめた『キャッツ』は東京初演、大阪公演を終え、南新宿で再演されていた。浅利は、日本にミュージカルの黎明を招来したカリスマとして、或いは政権のブレーンとして、既に演劇界を超越した人物であった。梅津さんと私の間を「地点」が交錯することはなかったし、見えていた劇団の風景や表情も大きく異なっていたはず。後輩達にとっては梅津さんご自身が伝説の人だったし、私の苦労など足元にも及ばないことは自明である。

しかし劇団四季は、二人に取って共に、間違いなく青春の「地点」なのだ。

確かに時間を共有することは無かった。しかし、梅津さんの著書に描かれた浅利は、私の心の中に生きる浅利と同じ人である。「大デチン」の場面を読めば、自分の過去の「その時」を思い出して今でも背筋が寒くなる（これに類するエピソードは、前著『ミュージカルキャッツは革命だった』に、更にリアルに描かれている）。企画会議で、私の押す作品の上演に首肯しない浅利から「これには生きる歓びがない」と面罵された思い出や、稽古場で俳優に出した、「相手の台詞を聞いて、それに心が動いて次の行為になる。段取りで喋るな」というダメ出しに感じたことは、梅津さんが「演劇の回復のために」について書かれた次の一文としっかり符合する。

「浅利は、人生が無目的であると言い、それに意味を与えるのは人間以外にはなく、それは人間の存在が根本的に自由であるからだと説く。この自由だけが人間の持ち得る唯一価値のあるものであり、人間の本質を規定すると。人間の生とはこの自由の実現に向かう全ての行為であり、生きる歓びがあるとするならば、その行為の中にこそあると説く」

また、浅利は言葉の人であった。四季を体験した人々は、本書に描かれた浅利の言葉の強靭さを、それぞれに感じた事があるだろう。繰り返すが、私自身、浅利からの叱責を戦慄と共に思い出すことが出来る。「昔の四季の営業マンには凄味があった。眼光鋭く一部の隙も無い。すれ違えば血の匂いがしたものだ。お前は甘すぎる」。「すれ違えば血の匂いがした」というのはもちろん暗喩だろう。しかし、叱られて縮んでいた私の心にそれは、詩情溢れて届いた。四半世紀も前の事だが、今、悔恨の記憶は何故か温かく在る。このように浅利は、共に過ごす人たちに特別な時間を授ける、特別な人であった。

劇団四季は、そこに参加した全ての人の青春の「地点」の集合体である。その中心に君臨するのは、紛れもなく浅利慶太の思想である。浅利は肉体的な死を迎えてしまったが、彼の理念や言葉は今でも生きているし、血液のように組織の中を流れている。浅利に導かれた万の人の演劇への祈り。この重積が今日の劇団の繁栄の礎であり、これから四季に参加する若者たちにも、必ずや受け継がれていかねばならないものだ。

『浅利慶太――叛逆と正統――劇団四季をつくった男』の中に、浅利は生きている。今の劇団四季を生きる人にとって必読の書であるばかりでなく、その舞台を楽しんだお客様にとっても、精良な解題であることは間違いないだろう。

あとがき

浅利さん死す、の報せにわななく膝を制御できなかった。私の「浅利論」はやっと第八章『なよたけ』（恩師・加藤道夫作）への浅利さんの想いを書き終えたばかりだったからだ。間に合わなかったのは、結局のところ私の生活上、十分な時間がとれなかったからで、これを書くことを終生の仕事としながら思いの外強情な時間と労力に勝てなかったからである。とはいえ、浅利さん、早すぎますよと、それ以外に私は何も考えられなかった。

二〇一七年、浅利さんの無二の同志、俳優日下武史がスペインで客死し、「自由劇場」でのお別れ会で目礼を交わしていたこともあって、私にはこの訃報が青天の霹靂そのものだった。数年前、浅利さんの体調が万全ではないと聞いていた。かねて浅利論を考えていた私は、やらなければ、書かなければと思いながら生活に追われていた。その間、十名だった創立メンバーは欠け続け、浅利さんをはじめ、日下さん、吉井さんの三名になっていた。だから焦ってもいた。にもかかわらず、何故か私の浅利論は間に合う、十分間に合わせられる気がしていた。そして、その根拠のない思い込みは私を嘲笑うように外れてしまった。

劇団四季創立以来、六十五年にわたる浅利さんの演劇改革は、劇作家、演出家にして演劇評論家福田恆存氏が六十年前に予想した演劇運動の次元を遥かに超えた。十名の創立メンバーが描いた夢、即ち日本の平均的家庭の日常に観劇という娯楽を定着させたことであった。私の浅利論はそれらについて十全に応えられなかったが、浅利さんと劇団四季が目指し、積み重ねた実績は変わらず、運動は休むことなく続けられていく。記録は絶えず書き換えられるのである。

令和元年八月三十日の夜、本論十三章は一応完結した。その夜遅く、浅利家からの陣中見舞い、浅利さんがこよなく愛した長野県大町市の銘酒「白馬錦」を開けた。香をかぐ。その途端、喉の奥を流れるものがあった。後を「白馬錦」が追った。その時私は四季山荘の裏を流れる谷川のせせらぎを聴いた。

最後の章は苦しんだ。オリジナルミュージカル『ミュージカル李香蘭』の執筆のため浅利さんは「李香蘭」その人を生み育んだ地、中国の旧満州を中心に取材をし、予想外の収穫を得た。清国の崩壊に伴う大陸の大混乱につけ込むように第一次世界大戦で中国に関わった日本陸軍が起こした満州事変、そして太平洋戦争と敗戦につながる原因をなした地で、浅利さんはその三十年間にどれほどの血が流され、屍が山野に海に消えていったのかを思い、暗澹《あんたん》たる気持ちに襲われたはずである。昭和の歴史三部作の構想はそのようにして生まれたのだと思っている。オリジナルミュージカル『ミュージカル李香蘭』初演十年後に同じくオリジナルミュージカル

『異国の丘』、続いて同『南十字星』が完成するが、この三部作は、三部作として別に扱わなければ戦争に対する作者の核心に迫れないと感じ、今回は『ミュージカル李香蘭』のみで終えることにした。

本書の出版に際しては、劇団四季及び浅利演出事務所に、何かとご厄介をお掛けした。特に創立メンバー唯一の証人となった照明デザイナーの吉井澄雄さんには、お加減が優れない中、お応えいただき衷心より厚く御礼申し上げる。また四季の佐々木典夫会長には、私の数々の不明と不見識をご指摘いただいた。同様に元四季俳優で詩人の大瀧満君は、浅利さんの生前、雑誌「伽羅」に連載中の拙著を仲立ちとして、浅利さんの様子を伝えて、私を励ましてくれた。そうして吉田智誉樹社長には快く跋文を寄せていただいた。共に、心から御礼申し上げたい。

上梓につきましては、版元の日之出出版西山哲太郎社長の大英断でお引き受けいただき、書籍編集室の小川敦子室長は、私の数少ない経験の中ではあるが、最も献身的に拙著の結構にご尽力いただいたことを書き添え、日之出出版に対する私の深甚なる感謝を表する次第です。

梅津　齊

令和二年一月吉日

資料参考文献（順不同）

主な参考文献

『浅利慶太の四季 著述集』（全四巻） 浅利慶太著 一九九九年 慶應義塾大学出版会
『時の光の中で』浅利慶太著 「文藝春秋」二〇〇三年五月号～二〇〇四年四月号 文藝春秋
『劇団四季 半世紀の軌跡―62人の証言』劇団四季編 二〇〇三年 日之出出版
『照明家《あかりや》人生 劇団四季から世界へ』吉井澄雄著 二〇一八年 早川書房
『舞台装置の姿勢 金森馨』四季出版編 一九八一年 リブロポート
『シェイクスピアⅠ』（新潮世界文学1）福田恆存訳 一九六八年 新潮社
『私の演劇白書』福田恆存著 一九五八年 新潮社
『私の演劇教室』福田恆存著 一九六一年 新潮社
『セリフと動き』福田恆存著 一九七九年 玉川大学出版部
『俳優修業』スタニスラフスキイ著 山田肇訳 一九五六年 未來社
『芸術哲学』テエヌ著 広瀬哲士訳 一九三七年 東京堂
『私の演出論』ニコラ・バタイユ著 岡田正子訳 一九八六年 早川書房
『逆説・俳優について』ディドロ著 小場瀬卓三訳 一九五三年 未来社
『演劇論』ルイ・ジュヴェ著 鈴木力衛訳 一九四二年 筑摩書房
『ジロドゥ戯曲全集』（全六巻）ジャン・ジロドゥ著 鈴木力衛・内村直也編 一九五七～一九五八年 白水社
『アヌイ作品集』（第一巻・第二巻）ジャン・アヌイ著 鈴木力衛・岩瀬孝編 一九五七年 白水社
『カミュⅡ』（新潮世界文学49）渡辺守章他訳 一九六九年 新潮社

『サルトル』F・ジャンソン著　伊吹武彦訳　一九五七年　人文書院
『モリエール笑劇集』有永弘人他訳　一九五九年　白水社
『現代作家の叛逆』R・M・アルベレス著　中村真一郎訳　一九五五年　ダヴィッド社
『ランボオからサルトルへ』平井啓之著　一九五八年　弘文堂
『岸田國士全集28』　一九九二年　岩波書店
『加藤道夫集』（全一巻）　一九五五年　新潮社
『ギリシア劇集』田中美知太郎訳　一九六三年　新潮社
『ウィリアム・サローヤン戯曲集』　加藤道夫・倉橋健訳　一九八六年　早川書房
『演劇とその形而上学』アントナン・アルトー著　安堂信也訳　一九六五年　白水社
『技術時代における聖なるもの』ガブリエル・マルセル著　福井芳男他訳　一九六六年　春秋社
『マルセル著作集8 人間の尊厳』ガブリエル・マルセル著　三雲夏生他訳　一九六六年　春秋社
『自然主義・リアリズム』（文芸思想史Ⅱ）　松岡達也他訳　一九五七年　三一書房
『身体の想像力―音楽・演劇・ファンタジー』山口昌男著　一九八七年　岩波書店
『芸術と伝統』大岡信著　一九六三年　晶文社
『鈴木忠志演劇論集 内角の和』鈴木忠志著　一九七三年　而立書房
『劇的言語』鈴木忠志・中村雄二郎著　一九七七年　白水社
『旗手たちの青春』矢代静一著　一九八五年　新潮社
『武満徹著作集1』「音、沈黙と測りあえるほどに」武満徹著　二〇〇二年　新潮社
『武満徹 ある作曲家の肖像』小野光子著　二〇一六年　音楽之友社
『批評草子』吉田秀和著　一九六五年　音楽之友社
『続批評草子』吉田秀和著　一九六五年　音楽之友社

『愛と哀しみのルフラン』岩谷時子著　一九八二年　講談社
『夢の中に君がいる―越路吹雪メモリアル』越路吹雪・岩谷時子著　一九九九年　講談社

『マダム貞奴　世界に舞った芸者』レズリー・ダウナー著　木村英明訳　二〇〇七年　集英社
『「蝶々夫人」と日露戦争』萩谷由喜子著　二〇一八年　中央公論新社
『川上音二郎と貞奴―明治の演劇はじまる』井上理恵著　二〇一五年　社会評論社
『マダム貞奴』杉本苑子著　一九七五年　読売新聞社
新版『演劇五十年史』三宅周太郎著　一九四七年　鱒書房
『李香蘭　私の半生』山口淑子・藤原作弥著　一九八七年　新潮社
『荷風全集　第二十一巻』永井荷風著　一九六三年　岩波書店
『日本の悲劇と理想』平泉澄著　一九七七年　原書房
『「文藝春秋」にみる昭和史　第1巻』文藝春秋編　一九八八年　文藝春秋
『昭和陸軍の研究』保阪正康著　一九九九年　朝日新聞社
『特攻の思想　大西瀧治郎伝』草柳大蔵著　一九七二年　文藝春秋
『あの戦争と日本人』半藤一利著　二〇一一年　文藝春秋
『ミッドウェー海戦―第一部　知略と驕慢―』森史朗著　二〇一二年　新潮社
『ミッドウェー海戦―第二部　運命の日―』森史朗著　二〇一二年　新潮社
『山本五十六の無念』半藤一利著　一九八六年　恒文社
『キスカ戦記』キスカ会編　一九八〇年　原書房

『海軍航空予備学生 予備士官パイロットの生と死』碇義朗著　二〇〇〇年　光人社
『アッツ島玉砕』西島照男著　一九九一年　北海道新聞社

ビデオ・雑誌・新聞他

オペラ『蝶々夫人』ロリン・マゼール指揮、ミラノ・スカラ座公演録画（日時不詳）
浅利慶太演出、高田一郎装置、森英恵衣装、吉井澄雄照明
歌劇『蝶々夫人』ヘルベルト・フォン・カラヤン指揮、ジャン・ピエール・ポネル演出
ミラノ・スカラ座『蝶々夫人』公演内外各紙劇評集（一九八五年十二月二十一日～一九八六年二月九日）
演劇雑誌「四季」三号（一九五七年六月）・四号（一九五八年八月）　劇団四季
「三田文学」一九五九年二月号　三田文学会
「悲劇喜劇」二〇一九年九月号　早川書房
「秋田魁新報」シリーズ 時代を語る①～㊾　佐々木典夫談（二〇一八年三月五日～四月二十三日）　秋田魁新報社
琉球フォーラム講演『劇団四季の公演活動について』四季株式会社 代表取締役会長 佐々木典夫
（二〇一九年十一月十三日）　琉球新報社
「劇団四季創立二十周年記念パンフレット」越見雄二編集　一九七三年　日本ゼネラル出版
「聞き書き《四季》の二十五年」浜畑賢吉構成　鈴木利直文　一九七八年　劇団四季
ウィキペディア（インターネット百科事典）

初出

本書第一章〜第十一章は、大阪の詩誌「伽羅」（書肆るふらん）において
二〇一四〜二〇一九年に「浅利慶太論」として掲載したものに加筆、改題したものです。

本書のカバー及び章扉で使用した写真は、劇団四季よりお貸し出しいただきました。
年月を経ているため、撮影者不詳の写真も使用させていただきました。

日本音楽著作権協会（出）許諾第二〇〇一二二〇－〇〇一号

著者略歴

梅津 齊（うめつ ひとし）

一九三六年北海道稚内市生まれ。樺太泊居町にて終戦。

北海道学芸大学卒。熊本大学大学院日本文学研究科修士課程修了。

一九六二年、劇団四季入団、演出部。浅利慶太氏に師事。

一九七〇～一九八九年、北海道四季責任者として劇団四季公演及び『越路吹雪リサイタル』北海道公演を担当。

一九八五年、札幌市教委、札幌市教育文化財団の共同事業として、演劇研究所「教文演劇セミナー」（夜間二年制）を設立、指導。

二〇〇五～二〇一〇年、熊本学園大学非常勤講師。

一九九四年以降、熊本壺渓塾学園非常勤講師。

●主な演出作品
『オセロー』（シェイクスピア）、『誤解』（A・カミュ）
『宮城野』（矢代静一）、『犬神』（寺山修司）
『ロミオとフリージアのある食卓』（如月小春）
『トロイアの女たち』（エウリピデス、脚色J・P・サルトル）
『サド侯爵夫人』（三島由紀夫）、『シンデレラ』（市堂令）
ミュージカル『私たちの青い鳥』（脚色梅津齊）
ミュージカル『けっぱれ海陸（けーりぐ）』（梅津齊）

●著書
評論『断章 三島由紀夫』（碧天舎）
『ミュージカルキャッツは革命だった』（亜璃西社）

浅利慶太——叛逆と正統——劇団四季をつくった男

2020年4月16日　第1刷発行

著者　梅津齊

発行者　西山哲太郎
発行所　株式会社日之出出版
〒104-8505　東京都中央区八丁堀4-6-5
書籍編集室　☎03-5543-1661
https://hinode.co.jp/

デザイン　藤本孝明（如月舎）
編集　小川敦子（日之出出版）

発売元　株式会社マガジンハウス
〒104-8003　東京都中央区銀座3-13-10
受注センター　☎049-275-1811

印刷・製本　凸版印刷株式会社

ISBN978-4-8387-3096-4 C0074